BASTEI LÜBBE

Karen Connelly

Der Kuß des Drachen

Aus dem Englischen von
Cécile G. Lecaux

BASTEI
LÜBBE

BASTEI-LÜBBE-TASCHENBUCH
Band 12 898

Deutsche Erstveröffentlichung

Die Originalausgabe erschien 1992 unter dem Titel:
TOUCH THE DRAGON
bei Turnstone Press, Canada

Printed in Germany, Dezember 1998
Einbandgestaltung: RST, Köln
Satz: hanseatenSatz-bremen, Bremen
Druck und Bindung: Ebner, Ulm
ISBN 3-404-12898-2

Dieses Buch ist dem thailändischen Volk gewidmet,
insbesondere Ajahn Champa, Goong und Meh Dang.
Cop koon muc muc ka.

Wir haben vergessen, daß wir einmal – wenn auch nur ein einziges Mal – die Welt vor uns gesehen haben: heil und grün und vielversprechend.

Timothy Findley
Inside Memory

Vielleicht sind die Dinge dann am schönsten, wenn sie nicht ganz real sind; wenn man eine Szene als Außenstehender betrachtet und sie sich in ihrer Gesamtheit und auf ewig einprägt; wenn man die Gegenwart mit der Klarheit und dem Empfinden einer Erinnerung lebt; wenn die Welt aus dem Streben nach Zusammenführung heraus größere Tiefe annimmt und zur Kunst wird.

Mark Helprin
»Tamar«

VORWORT

1985, im Alter von sechzehn Jahren, war ich entsetzlich gelangweilt von der Highschool und lechzte danach, die Welt aus erster Hand kennenzulernen. Nachdem ich jahrelang *National Geographic* und Autoren wie Isak Dinesen und Rudyard Kipling gelesen hatte, wußte ich, daß es jenseits der Welt, in der ich lebte, faszinierende Orte gab. Die Wunder Calgarys hatten für mich ihren Glanz verloren. Ich konnte es nicht erwarten, mit eigenen Augen das zu sehen, wonach ich mich so schmerzlich sehnte, und meldete mich beim Rotary Exchange Program, einer Schüleraustauschorganisation, in der Hoffnung, Kanada hinter mir zu lassen und an einen weit, weit entfernten Ort geschickt zu werden. Nachdem ich unzählige Formulare ausgefüllt und ein Auswahlkomitee von meinem Verantwortungsbewußtsein überzeugt hatte, ging mein Traum in Erfüllung. Im August 1986 verließ ich Kanada mit drei voluminösen Gepäckstücken, die ein paar Kleider, viele Bücher sowie einen großen Lakritze- und Papiervorrat enthielten. Die Lakritze fiel schon in der ersten Woche Horden von Ameisen zum Opfer, aber das Papier blieb mir erhalten.

Touch the Dragon brauchte über fünf Jahre und vier verschiedene Länder, um ein Buch zu werden. Eine Rohfassung verfaßte ich in Denchai, um dann, zurück in Kanada, Hunderte von Briefen und Tagebucheinträgen zu sichten, die ich später in Spanien sortierte und neu schrieb, um das Manuskript in der Heimat erneut zu überarbeiten, bevor es schließlich in Frankreich herausgegeben wurde. In diesen Jahren und Ländern überraschte mich die junge Frau, die in Asien gelebt und mit solch rückhaltloser Begeisterung über ihre dortige Welt geschrieben hatte, mehr und mehr. Ich bezweifle, daß ich heute noch flexibel genug wäre, die damals dort herrschenden Lebensbedingungen und Regeln zu akzeptieren, aber mit siebzehn Jahren war ich ein passionierter Neuling in einem Land, das immer realer und schöner wurde, je länger ich dort war. Meine wahre Erziehung begann dort, und ich betrachte es in vieler Hinsicht als mein Geburtsland. Thailand war für mich der Schlüssel zur Welt, und in diesem Buch versuche ich, diese Erfahrung zu beschreiben. Natürlich ist es nur ein Ansatz – nicht vergleichbar mit dem tatsächlich Erlebten –, aber es ist ein Versuch, das Leben an einem Ort zu beschreiben, der sämtliche Entfaltungsmöglichkeiten in mir begründet hat. Ich hoffe, daß *Touch the Dragon* dem Leser die *Realität* solcher Möglichkeiten vor Augen führt.

Thailand war für mich wie ein Geschenk, und dieses Buch ist meine Art, mich dafür zu bedanken.

Lesbos, Griechenland
Juni 1992

DANKSAGUNGEN

Ich möchte den folgenden Personen und Organisationen meinen aufrichtigen Dank aussprechen: dem Calgary Centennial Rotary Club; Lorne Plantje, der mir nahelegte, zu entfliehen; Jorge Romberg, *con un abrazo muy fuerte*; Rod Turnbull dafür, daß er mich ertragen hat; dem Rotary Club von Denchai und all meinen thailändischen Vätern; Rotary International; meinen Thai-Familien; der ehemaligen Alberta Foundation für Literary Arts, die dieses Buch finanziell unterstützt hat, als es noch in der embryonalen Phase war; Christine Cook und Jackie Henry, die die Anfangszeilen gelesen und oft inspiriert haben; Timothy Findley, Nancy Holmes und Leslie Bell für ihre Ermutigung und konstruktive Kritik. Außerdem danke ich Pat Sanders für ihre Arbeit am Manuskript, für ihre Geduld und ihre postalischen Kunststücke.

Kurze Ausschnitte dieses Buches sind in *blue buffalo* erschienen.

ERSTES KAPITEL

21. August 1986

Ich verlasse Kanada. Weit unten ziehen die Berge vorbei: tiefe aquamarinblaue Flecken; blaue Adern, die sich über Steilhänge ziehen; Felskanten, die aus der Erde aufragen wie Knochensplitter.

Wenn ich an die zahlreichen Länder denke, wenn ich mit dem Finger über eine Landkarte fahre, wird mir ganz schwindlig. Ich bin jetzt viel zu hoch oben – ich hätte ein Schiff nehmen und gemächlich in dieses Abenteuer hineingleiten sollen. Als das Land jetzt unter mir weggleitet, wackle ich wie ein Glas auf einer Tischdecke, die unter ihm weggezogen wird, und schwappe über. Die Erde hält die Menschen im Gleichgewicht, gibt ihnen Halt, auch wenn sie sich einbilden, sie würden die Erde beherrschen. Die Erde besitzt und definiert uns. Ohne sie werden wir zu etwas anderem.

Nach einer Zwischenlandung zum Auftanken in Kyoto setzen wir unsere Reise fort, erheben uns in eine andere Zeitzone, eine andere Zeit. Dies sind die ersten Seiten eines fremden Landes. Noch gibt es kaum etwas zu schreiben, weil ich zum gegenwärtigen Zeitpunkt noch so wenig weiß. Ich kann mir nicht einmal meinen Bestimmungsort vorstellen. Ich bin völlig auf mich allein gestellt, ein winziges Staubkorn, das in Asiens tiefgrünes Auge geweht wird. Ich lehne an der Fensterscheibe und blicke hinab auf eine smaragdgrüne Flut, wohl wissend, daß ich nie in der Lage sein werde, diese ganze

Pracht in mich aufzusaugen. Es ist eine Farbe, die zu sehen ich nie erwartet hätte, die faszinierende Leinwand eines noch ungeträumten Traumes.

Auf dem Flughafen von Bangkok trägt ein kahlköpfiger Ausländer drei Gallonen Wasser auf der Schulter. Er erklärt den mißtrauischen Zollbeamten, daß er Wasser von daheim mitgebracht habe, weil das Wasser hier nicht zum Trinken geeignet sei. Gelächter, ein Winken mit dunkeln Armen und hellen Handflächen. Ich stolpere durch den Zoll, behindert durch mein Gepäck und den Jetlag. Ein englisches Wort ertönt: Taxi. Die Welt ist ein nasser Zopf aus Hitze und Leibern, flüchtigen Eindrükken von Goldzähnen, offenen Hemden über glänzenden Bäuchen, tiefroten Tätowierungen und Jasmingirlanden. Über den Horden von Taxifahrern schwebt ein handgemaltes Schild, das Touristen vor Taschendieben, illegalen Geschäften, Drogen und falschen Edelsteinen warnt. Die Luft ist zäh wie Honig. Noch nie habe ich solch tropische Hitze gefühlt.

Dann entdecke ich ein Pappschild mit meinem Namen, das in der Menge auf und ab hüpft. Jemand ist gekommen, um mich abzuholen. Jemand ist gekommen, um mich (noch weiter) weg zu bringen.

22. August

Wir fahren unter tiefhängenden schwarzen Wolken durch eine von grellen Blitzen durchzuckte Dunkelheit nach Norden. In diesem Moment könnte ich tatsächlich glauben, daß die Erde eine Scheibe ist, umgeben von loderndem Feuer. Reisfelder, kleine Wäldchen und schimmernde ovale Teiche tauchen sporadisch aus dem Dunkel auf. Mr. Prasit Piyachinda und Mr. Prasert Jeenanukulwong haben mir vorgeschlagen, sie der Einfachheit halber beide mit *paw* anzusprechen. Paw Prasit spricht Englisch. »Wir werden dich wie eine Tochter behandeln, und du wirst uns behandeln wie Väter.« Der Rotary Club von Denchai hat fast zwanzig Mitglieder. Ich kann keinen einzigen ihrer Namen aussprechen. »Du mußt möglichst rasch Thai sprechen lernen«, erklärt mir Paw Prasit. »Das wird dir nicht schwerfallen. In deiner Gastfamilie spricht niemand Englisch. Du hast keine andere Wahl.« Er dreht sich um und lächelt mich an. Er erzählt von scharfen Gerichten, einem berühmten buddhistischen Mönch, der außerdem ein berühmter Wahrsager ist, von der Schule, die ich besuchen werde, und den Menschen, die es kaum erwarten können, mich kennenzulernen. Als ich frage, warum sie so gespannt darauf sind, meine Bekanntschaft zu machen, kichert er. »Nun, weil du eine *falang* bist.« Ausländerin. Das ist das erste thailändische Wort, das ich lerne.

Plötzlich durchzuckt grelles Licht den sintflutartigen Regen. Ich starre blinzelnd durch die Fensterscheibe, an der das Wasser herabströmt. Die Männer lachen über die Faszination, mit der ich die Landschaft betrachte. »Fürchtest du dich vor dem ... dem ...«

»Dem Blitz«, helfe ich Paw Prasit aus.

»Ah, ja, genau. Fürchtest du dich davor? Meine Tochter fürchtet sich, ja. Sie weigert sich, nachts auf die Felder zu sehen, wenn es regnet.« Er zeigt auf einige Bäume in der Ferne und tippt an die Fensterscheibe. »Drachen. Sie sagt, das wären Drachen.« Er lacht, wendet sich Prasert zu, übersetzt, und sie lachen beide, um nach einem weiteren Scherz in schallendes Gelächter auszubrechen. Ich blicke hinaus; seine Tochter hat recht. Dort sind sie, Baumdrachen, geformt von Wind und Schatten, Dinosaurier mit überdimensionalen Schädeln, die sich im Licht der zuckenden Blitze am Teichufer versammelt haben. Sie beugen sich zum Wasser hinab, ihre schuppigen Flanken schimmern im Regen.

Ich schlafe ein, gleite seitwärts auf den Rücksitz und höre Paw Prasit sagen: »Die Leute auf der Straße werden dich anfangs mit *falang* ansprechen, weil sie noch nicht wissen, wie du heißt.« Ich werde die einzige Weiße in der Stadt sein. »Du wirst bald überall bekannt sein. Es gibt in Thailand auch eine grüne Frucht, die *falang* heißt, und wenn du davon ißt, werden alle lachen und sagen ›*falang* ißt *falang*. Hahaha‹.« Wieder übersetzt er für Paw Prasert (warum haben sie bloß so ähnliche Namen?), und beide Männer schlagen sich vor Lachen ob dieses Wortspiels übermütig auf die Schenkel. Ich finde nichts von alldem komisch, vielleicht weil ich so entsetzlich müde bin. Wie spät ist es hier? Wie spät ist es in Kanada? Kanada? Dieses Wort klingt komisch. Ich gleite noch tiefer in den Sitz und lausche dem Summen der Wagenräder und den Stimmen meiner Begleiter, die sich auf Thailändisch unterhalten. Es klingt wie unverständliches Vogelgezwitscher. Sie reden und reden, und ihre Stimmen spielen wie Noten auf fünf Tonarten und mir unbekannten

Buchstaben. Kein Vergleich mit dem Highschool-Französisch.

Plötzlich, ich weiß nicht wie, stehen sie draußen neben dem Wagen und rufen mich. »Kalen, Kalen, auf Toilette gehen. Wir sind in Phitsanulok. Pipi-Pause.« Sie haben die Tür für mich geöffnet. Ich bekomme etwas Toilettenpapier in die Hand gedrückt und werde sanft in die richtige Richtung geschoben. Ich bin völlig desorientiert und habe die Augen voller Schlaf. Die jungen Männer an den Zapfsäulen starren und starren.

Als ich die dunkle kleine Toilette betrete, holt die Wirklichkeit mich wieder ein; der durchdringende Uringestank entzaubert alles. Ich rutsche auf dem nassen Rand der thailändischen Toilette aus und muß lachen, als ich mir vorstelle, wie peinlich es wäre, mir am allerersten Tag auf einer Toilette den Knöchel zu brechen. Dies ist Thailand, das Land des Lächelns, das Venedig des Orients, die Perle Asiens. Die Reisebürophrasen kommen mir über die Lippen, während sich Mücken auf meinen Schenkeln, meinen Armen und meinem Hals niederlassen. Sind sie Malariaüberträger oder harmlos? Dunkle Schatten huschen die Wände hinauf und hinunter, und ich bekomme eine Gänsehaut, warte ängstlich darauf, daß das undefinierbare Ungeziefer sich auf mich stürzt.

Als ich wieder über den Parkplatz gehe, bemerke ich kleine rötliche Lämpchen hinter einem Käfig mit dünnen Gitterstäben. Ich gehe neugierig auf sie zu, trete ganz dicht vor die Stäbe, immer näher, strecke eine Hand aus ... Paw Prasit schreit noch »Nein, nicht!«, aber es ist bereits zu spät. Kaum daß ich die Gitter berühre, stürzt sich ein halbes Dutzend Gibbons auf meine Hand.

Ich schreie erschrocken auf bei ihrem Gekreische, die Tankstellenangestellten kommen herbeigerannt, und meine Thai-Väter stürzen auf mich zu, um mich von dem Käfig wegzuziehen. Ich entschuldige mich bei allen Betroffenen. Die Gibbons lassen sich nicht so schnell beruhigen, wütend springen und hüpfen sie in ihrem Käfig herum. »Du mußt lernen, vorsichtig zu sein, Kalen.« Paw Prasit nimmt meinen Arm; seine Brillengläser sind ganz beschlagen vor Sorge. »Es gibt hier auch Schlangen, weißt du.« Er mustert mich eindringlich, lacht dann und sagt etwas auf Thailändisch, das auch Paw Prasert zum Lachen bringt. Sogar die Benzinzapfer kichern, treten nach kleinen Steinchen und blicken mit gesenktem Kopf zu mir auf. Ich öffne die Wagentür und krieche in den Fond. Als wir davonfahren, winken die Jungen uns nach. Ich starre noch lange auf die Neonlichter der Tankstelle, die verzerrten menschlich anmutenden Affengesichter noch sehr deutlich vor Augen.

Wir erreichen Denchai im Dunkeln, so daß ich nicht viel mehr erkennen kann als Hunde, die im Scheinwerferlicht über die Straße hetzen und nur knapp einer Kollision entgehen. Schließlich halten wir vor dem letzten Haus der Straße. »Spirituosenladen«, erklärt Paw Prasit. »Das ist der Spirituosenladen von Paw Prasert. Hier wirst du wohnen.« Prasert ist bereits aus dem Wagen und auf eine Bank gestiegen und reckt sich nach einer Türklingel. Als er den Finger krümmt, höre ich Bellen und das Rasseln einer Kette. Der Hund im Inneren des Gebäudes wirft sich gegen die Eisentür. Wir warten, bis der Hund anfängt zu winseln, und hören dann einen alten Mann grummeln und schniefen. Schlüssel klirren, gefolgt von lautstarkem, verschleimtem Husten. Dann endlich schwingt mit einem Geräusch von über Beton schabendem Metall die Tür auf. Ein alter Mann mit schütterem Haar strahlt uns an. Seine Haut ist braun und runzlig wie eine Walnuß, er hat keine Zähne mehr und ist nur mit einer weiten schwarzen Satinhose bekleidet. »Der Alte Vater ist sehr blind«, erklärt mir Prasit. Nachdem sie uns miteinander bekannt gemacht haben, unterhalten sich die drei Männer auf Thailändisch. Ich lächle und lächle. Bevor er uns ins Haus folgt, schlurft der alte Mann an den Straßenrand und spuckt ein kleines Stück seiner Lunge in den Rinnstein.

Als wir den Laden betreten, fängt der Deutsche Schäferhund sofort wieder an, zu bellen und an seiner Kette zu zerren. Er bleckt die gelben Zähne. Paw Prasert grinst stolz, kramt längst vergessen geglaubte Englischkenntnisse aus seinem Gedächtnis hervor und schreit über das Gebell hinweg: »Mein Hund!« Ich erwidere das Lächeln und nicke. »Keine Angst, er tut dir nichts!« fügt Paw Prasit hinzu. Der Hund stürzt erneut auf uns zu und wird von der Kette zurückgerissen. Der alte Mann schlägt ihm auf die Schnauze, und der Hund läßt sich winselnd fallen und vergräbt die Schnauze zwischen den Vorderpfoten. Wir gehen tiefer in den Spirituosenladen hinein, vorbei an Stapeln staubiger Kisten, einer Auswahl von thailändischem Whisky, einem Fernseher und einem alten Schreibtisch, auf dem sich Zeitungen und kleine Reissäcke türmen. Jeder der drei Männer trägt einen meiner Koffer. Sie alle schnaufen hörbar unter dem Gewicht, versichern jedoch, das Gepäck wäre federleicht. Wir kommen zu einem kleinen Kühlschrank. Paw Prasert öffnet ihn und flüstert Paw Prasit etwas zu, woraufhin sich dieser an mich wendet. »Er sagt, du sollst dir nehmen, was du möchtest. Du bist für ihn wie eine Tochter. Verstehst du?«

Ich bedanke mich bei ihnen und werfe einen Blick in den Kühlschrank. Er ist voll mit Wasserflaschen und einigen Töpfen, die dickflüssige Saucen oder Ölfarben enthalten.

Wir steigen eine Treppe hinauf: Badezimmer, das Zimmer der Schwestern, das Kinderzimmer. Paw Praserts Zimmer. Eine zweite Treppe, und wir gelangen in ein unbewohntes Stockwerk. Das einzige Schlafzimmer dort ist mir zugedacht. »Du hast das Zimmer ganz für dich allein.« Ich bringe lächelnd meinen Dank zum Ausdruck. Die Männer wenden sich ab, um zu gehen. Ja, ja, wir sehen uns morgen, um mit dem Thai-Unterricht anzufangen, mit dem Lernen, morgen, ja.

Die Tür fällt hinter ihnen zu. Ich lasse den Blick durch den Raum schweifen: ein niedriges Bett aus Kissen, ein Kinderschreibtisch, ein kleiner Spiegel, ein Stuhl aus Strohgeflecht. Grüne Vorhänge, eine grüne Tagesdecke. Von einem Bild an der Wand starrt ein splitternacktes Thai-Mädchen mit erotischem Lächeln auf mich herab. Dieses Lächeln – als würde sie mich verspotten – bringt das Faß zum Überlaufen. Ich sinke auf die Bettkante, schlinge die Arme um meinen Körper und weine um alles, was nicht da ist. Ich denke an die Hunderte von Tagen, an die abertausend Stunden, die ich hier bleiben muß. Alles, was ich verstehe, alles, was ich besitze, ist in meinem Kopf vergraben, unerreichbar. Ich fühle mich nicht sonderlich tapfer. Ich schniefe, ganz allein, bis auf eine thailändische Pornokönigin und drei verschlissene Koffer. Das alles kommt mir ganz und gar nicht exotisch vor. Die Dunkelheit um mich herum ist erfüllt von den Rufen der Zikaden und Frösche, unterbrochen von vereinzeltem Hundegebell. Und langsam, ganz langsam, senkt sie sich auf mich herab.

23. August

Es stimmt. Ich wohne in einem Spirituosenladen. Sang Som Whisky, Singha Bier, kistenweise, überall, die zahllosen Mäusenester verbergend. Flaschen schlagen gegen staubige Schultern, wenn Jaree, der Hausdiener, sie auf leuchtend orangefarbene Lastwagen hievt. Jedesmal, wenn unsere Blicke sich treffen, verzieht sich sein Gesicht – das Gesicht eines geschlagenen Boxers mit Narben an einer Augenbraue und am Kinn – zu einem Lächeln, bei dem er die abgebrochenen Zähne zeigt. Er springt auf den Lastwagen und fängt an, die Kisten festzuzurren.

Meh und Pee-Moi, Paw Praserts Schwestern, lächeln ebenfalls unablässig und staunen über meine Hautfarbe. Für sie stelle ich eine völlig neue Lebensform dar. Sicher wußten sie über meine Ankunft Bescheid, aber unsere Reaktionen angesichts von so viel Neuem und Unbekanntem sind gleich: sprachloses Staunen. Pee-Moi, Ältere Schwester Moi, ist sehr besorgt um mich und folgt mir in jeder freien Minute auf Schritt und Tritt. Sie nennt mich »Sir«, weil das das einzige englische Wort ist, das sie kennt. »Ja, Sir, nein, Sir, chai, chai.« Geway und Noi, elf und vier Jahre alt, sind Mehs Söhne. Die beiden kleinen Jungen und die Großeltern sind die einzigen, die mich ignorieren, Koon Tah und Koon Yiy, Großvater und Großmutter, sprechen Chinesisch und verbringen den Großteil des Tages damit, sich im Fernsehen chinesische Seifenopern anzusehen und draußen am Steintisch Zeitung zu lesen. Paw Prasert wohnt eigentlich nicht hier, sondern zusammen mit seiner Frau und seinen zwei Söhnen im zwanzig Kilometer entfernten Prae, der Provinzhauptstadt.

Ich habe den Namen des Deutschen Schäferhundes schon wieder vergessen, ebenso wie die der zehn Kinder, die mich heute morgen besucht haben. Einige von ihnen sind buchstäblich gekommen, um mich zu sehen. Sie beugten sich aus sicherer Entfernung über die Lenker ihrer Fahrräder, beobachteten mich und tuschelten miteinander. Andere kamen die Treppe herauf und setzten sich zu mir an den Steintisch, um ihr Englisch zu erproben. An Lin kann ich mich am besten erinnern: sie ist groß, sehr dünn, etwa siebzehn Jahre alt und sieht mehr wie ein Junge aus als wie ein Mädchen. Sie war mehrere Stunden bei mir und hat mir verschiedene Gegenstände auf Thailändisch bezeichnet. Sie wiederholte die Worte immer wieder, während ich phonetische Äquivalente im Englischen aufschrieb. Thailändisch ist im Vergleich mit Englisch und Französisch eine eigenartige Sprache. Manche Worte beginnen mit »ng«, und ein einziges Wort kann je nach Betonung bis zu fünf verschiedene Bedeutungen haben. Ich habe, wie alle anderen hier, einen Spitznamen bekommen. Mein neuer Name, Ploy, bedeutet »Edelstein«. Lin hat mir erklärt, daß ich in der Schule noch einen offiziellen Thai-Namen bekommen werde, den ich auf meine Uniform sticken muß. (Uniform?) Mein eigener Name ist für sie schwer auszusprechen, weil im Thailändischen Rs wie Ls ausgesprochen werden und umgekehrt. In Thai klingt mein Name somit wie Kalen Canary.

Ich schenke den versammelten Nachbarn und Kindern Goody-Lakritze und zeige ihnen Photos von Kanada. Sie sind begeistert von dem blonden Haar meiner Schwester und von meinem jüngeren Bruder (»Er sehr übsch, sehr übsch«). Sie möchten Photos von mir mitnehmen, um sie ihren Eltern zu zeigen. Ich komme mir vor wie eine Neuerwerbung in einem berühmten Zoo. Als ich ihnen ein Photo zeige, auf dem ich Shorts und ein ärmelloses T-Shirt trage, reagieren alle verlegen und peinlich berührt. Paw Prasit, der immer wieder urplötzlich wie aus dem Nichts auftaucht, um nach mir zu sehen, lächelt, als er das Photo sieht. »Nicht gut für Thailand, diese Kleider. Nicht schön. Aber bei Roy Gratong Fest kannst du einen Bikini tragen, verstehst du?« Ich lache und erkläre ihm, daß ich keine Bikinis tragen würde. Als er ein Photo von mir in den Bergen sieht, auf dem ich an Seilen und mit aufgeschürften Knien einen Steilhang hinunterklettere, erscheint ein seltsamer Ausdruck auf seinem Gesicht. Er betrachtet die Aufnahme mit zusammengekniffenen Augen. Zuerst will er nicht glauben, daß ich das bin.

Es war ein anstrengender aber erfolgreicher erster Tag. Ich schätze, daß etwa die Hälfte meiner Photos unter der

Bevölkerung von Denchai weitergereicht werden, um meine Ankunft bekanntzugeben. Die Lakritze kommt nicht so gut an wie erwartet. Es dauerte etwas, bis ich es verstehe, aber dann wird mir klar, daß sie entzückt sind von den bunten Farben der Süßigkeiten, die dunkle Füllung sie aber abschreckt. Schwarze Lakritze sieht *jingjoke eug* zu ähnlich – Eidechsenscheiße.

27. August

Nareerat liegt im Zentrum von Prae. Die Schule wird von annähernd dreitausend Schülern besucht, darunter nur fünfhundert Jungen. »Es hat lange gedauert«, erklärt Ajahn Champa, »Jungen und Mädchen in einer Schule zu integrieren.« Sie ist Leiterin der englischen Abteilung und spricht die Sprache fließend; es ist das erste korrekte Englisch, das ich seit Japan höre, und ich genieße die vertrauten Klänge. Sie hat mit einem Stipendium in Australien und England studiert und strahlt die Weisheit des Alters und der Lebenserfahrung aus. Und sie verströmt Zitronenduft. Sie ist eine überaus gepflegte Erscheinung und scheint nie zu schwitzen. Bei mir sammelt sich immer wieder ein Tropfen Salzwasser am Kinn und gleitet von dort meinen Hals hinunter, als hätte ich ein Loch im Kiefer, aber Ajahn Champas Haut ist völlig trocken und blaßgolden. Sie muß Anfang Fünfzig sein – sie hat mir erzählt, daß sie seit dreißig Jahren unterrichtet –, man könnte sie aber leicht auf Ende Dreißig schätzen. Was mir an ihr am meisten auffällt, sind ihre gepflegten Hände und Füße, zwanzig präzise gefeilte Nägel mit weißen Spitzen.

Sie nimmt an einen der aneinandergereihten Tische im Englisch-Zimmer Platz und beginnt, mir sehr nüchtern alles Wissenswerte zu erklären. Während sie spricht und dabei ihre Worte unterstreicht, indem sie die Hand immer wieder öffnet und schließt, geht mir auf, daß diese Frau meine größte Hilfe vor Ort sein wird. Sie kann sich voller Anmut über jedes Thema unterhalten.

Sie warnt mich, daß die würzigen Speisen Seltsames mit meinem Magen anstellen werden. »Vielleicht hast du es ja bereits bemerkt. Mir ist aufgefallen, daß du, seit du hier bist, schon dreimal die Toilette aufgesucht hast.«

Vermutlich wird meine Periode aufgrund des Höhen- und Temperaturunterschiedes unregelmäßig werden.

Daß ich Malaria bekomme, hält sie hingegen für unwahrscheinlich, »es sei denn, wir würden dich zur Arbeit auf die Reisfelder schicken.«

Die Kinder und auch viele Erwachsene in Nareerat werden sehr neugierig auf mich sein – abgesehen von vereinzelten Touristen, Missionaren oder Vertretern des Friedenkorps lassen sich in Prae keine Weißen blicken. »Du wirst die viele Aufmerksamkeit irgendwann leid sein, aber versuch, dich nicht darüber zu ärgern. Sie alle möchten dich nur kennenlernen.«

Ich darf niemanden am Kopf berühren, da dieser Körperteil bei Buddhisten als heilig gilt. »Und versuch, deinen Kopf tiefer zu halten als den älterer Personen, vor allem Großeltern – das ist ein Zeichen von Respekt. Du wirst am Anfang vieles falsch machen, aber das macht nichts. Die Thais sind sehr tolerante Menschen. Wenn du allerdings denselben Fehler immer wieder machst, werden sie dich entweder für dumm halten oder glauben, du wolltest sie beleidigen, also sei aufmerksam.«

So heilig der Kopf ist, so unheilig sind die Füße, und so muß ich um Hindernisse herumgehen, statt über sie hinwegzusteigen. Es gilt als Verstoß gegen die guten Sitten, Gegenstände oder Menschen mit den Füßen zu berühren. Das erklärt auch, warum Meh sich so aufgeregt hat, als ich die Kühlschranktür mit dem Fuß geschlossen habe.

Ich muß stets einen BH tragen, darauf zu verzichten wäre die achte Todsünde. »Und trage in der Schule weder Schminke noch Schmuck. Das verstößt gegen die Vorschriften.«

Witze über die thailändische Königsfamilie sind tabu. »Im alten Siam waren König und Königin den Göttern gleich; die Menschen durften sie nicht ansehen, wenn sie vorbeikamen. Und wenngleich die heutige Monarchie keinerlei politische Macht mehr hat, wird sie immer noch hoch geachtet.«

»Manchmal wirst du deprimiert sein. Du wirst dich nach deiner Heimat sehnen, vor allem in den ersten beiden Monaten. Keine Bange, das geht vorbei.« Nach einer kurzen Pause fügt sie hinzu: »Natürlich wird es immer wieder Schübe von Heimweh geben. Es ist nicht leicht, in Thailand zu leben. Es ist ein sehr, sehr alter Ort, und du kommst aus einem so jungen Land. Versuch, dich in Geduld zu üben, Karen.« Sie ist die einzige Thailänderin, der ich bislang begegnet bin, die das englische R beherrscht.

Ich habe meinen ersten Schultag mit ihr ver
»Die Schneiderin wird deine Schuluniform in zwei
gen fertig haben. Es verursacht einige Aufregung, eine
Schüler ohne Uniform hier zu haben.« Der Ausdruck auf meinem Gesicht entgeht ihr nicht. »Ja, ich weiß, daß du keine Uniformen magst, aber warte nur ab. Du wirst bald merken, daß du dich auch in einer Schuluniform noch genug von den anderen abhebst. Wenn du sie trägst, wirst du dich mehr wie eine Thai fühlen als du glaubst. Wenn du hingegen keine Uniform trägst, wirst du dich zu stark von den anderen abheben, und die Schüler werden sich dir gegenüber anders verhalten als untereinander.« Schon tauchen kichernde Kinder an den Türen auf. Wenn sie mich über den Schulhof gehen sehen, winken sie und rufen: *»Falang, falang.«* Ajahn Champa sagt: »Wenn sie sich erst an dich gewöhnt haben und deinen Namen kennen, werden sie das nicht mehr tun. Dann reden sie mit dir.« Bevor unsere ernste und doch freundliche Unterhaltung endet, fragt sie mich: »Welches Land kommt dir jetzt traumhaft vor, dieses oder deine Heimat?« Ich bin überrascht von ihrer Frage, weil ich mich etwas ähnliches auch schon gefragt habe. »Meine Heimat«, gebe ich zu. »Obgleich Thailand bis letzte Woche noch mein Traum war.« Sie lacht und nickt. »Ja, es stimmt, nicht wahr? Dinge, die einem so real vorkommen, werden aus der Ferne zum Traum. Thailand wird eines Tages, wenn du von hier fortgehst, wieder ein Traum für dich sein. Alles ändert sich so leicht. Es kommt mir vor, als hätte ich in einem anderen Leben in London gewohnt, so weit weg ist diese Zeit inzwischen.« Sie seufzt, schüttelt den Kopf und nippt anmutig wie

…hrem Tee. Den ganzen Nachmittag über …es, besticktes Taschentuch in der Hand …nmen- und auseinandergefaltet. Jetzt …r. »Das wirst du brauchen. Wegen der …hen wir nach unten, und sie macht mich … den anderen Lehrern bekannt, deren Namen ich gleich wieder vergesse.

29. August

Vieles gleitet, rutscht oder schlittert in Verwirrung. Immer und überall Eidechsen an Zimmerdecken und Wänden; Käfer, die bei Tagesanbruch aus den Rohren krabbeln und im nassen Waschbecken kleben bleiben; die langen schwarzen Zungen der Schmetterlinge, die in den süßen Blumennektar eintauchen. Die Schmetterlinge hier sind rot, blau, grün, purpurn, wie von Kindern gemalt und groß wie Spatzen. Wenn es geregnet hat, kriechen faustgroße Schnecken über Steinmauern, und ihre Vettern, die Wegschnecken mit ihren langen, feuchtschimmernden Leibern, schleimen nachts zu meinem Balkon hoch. Außerdem tropft aus der Schnauze des Hundes ununterbrochen Speichel in silbrigen Fäden auf den Boden. Der Hund hat ein struppiges Fell, und wir beide vertragen die Hitze schlecht. Außer nachts, wenn ich unter dem Deckenventilator fröstelnd aufwache, schwitze ich unablässig.

Das Land selbst schwitzt; die Regenzeit ist noch nicht vorbei. Jeder Pfad ist naß, jeder Morgen seidengrau vom

Regen. Lin, ihr Bruder Deh und ich fahren mit dem Fahrrad die Yantrakitkosol – die Yantrak Straße –, Denchais einzige Hauptstraße, rauf und runter und lachen übermütig, wenn von den Reifen roter Schlamm auf unsere Rücken spritzt.

Thailändische Wörter kommen über meine Lippen, schießen mir durch den Kopf, füllen meine Notizbücher, füllen innerhalb weniger Minuten ganze Seiten. Ich lerne die sechsundsiebzig Symbole des Alphabets – *gaw, gai, khaw khai, kaw quoot, kaw quai* –, die nach Hühnern, Eiern, Wasserbüffeln, Schildkröten, Mönchen, Riesen, Affen etc. benannt sind ... Wie ist es möglich, daß ein Alphabet fünf verschiedene Symbole für den Buchstaben K hat, acht für T, vier für S? Die Kalligraphie der Symbole verändert sich, aber die Abweichungen bei der Aussprache sind zu fein für mich. Ajahn Champa lacht, als ich mit *baw bai* und *phaw pla* kämpfe, den Baum- und Fisch-Buchstaben. »Deine Zunge entgleist leicht«, bemerkt sie. Wieder und wieder übe ich den klanglichen Unterschied zwischen *cow jai*, verstehen, und *gin cow*, Reis essen. Für mich ist *cow* ein Tier mit einem Euter. Thais benutzen die Fragen »Hast du schon Reis gegessen?« und »Wohin gehst du?« als Begrüßungsfloskeln. *»Bai nai? Bai nai?«* ist eine Frage, die ich von jedem höre, sogar von den Rikschafahrern auf der Straße. »Wohin gehst du?« fragen sie, obwohl sie *wissen*, daß ich auf dem Weg in die Schule bin.

Essen ist hier extrem wichtig; die Leute fühlen sich beleidigt, wenn man eine Einladung zum Essen ablehnt. Teilen ist Teil der Freundschaft. Ganz gleich, wie es auch aussieht, ich probiere ein bißchen von allem, was mir angeboten wird, ohne zu fragen, was ich da eigentlich esse. Mir ist noch nicht viel untergekommen, das mich umgehauen hätte – abgesehen von den Gewürzen. Das Essen ist köstlich – gebratenes oder gekochtes Gemüse, Huhn, Fisch, Nudeln, und dazu stets Reis und verschiedene Saucen.

Ajahn Champa sagt, das Komischste auf der Welt wäre, einem *falang* dabei zuzusehen, wie er versucht *goong den* zu essen, tanzende Krabben. Die winzigen lebenden Krabben werden in eine Schüssel in der Mitte des Tisches geschüttet und rasch mit einem heißen Gewürzregen übergossen. Die Gewürze vergiften die kleinen Lebewesen, so daß sie in der Schüssel herumspringen. Noch während sie »tanzen« tauchen alle am Tisch ihren Löffel hinein und verspeisen die Krabben lebend. Zu versuchen, die Krabbe in den Mund zu bekommen, bevor sie vom Löffel hüpft ist wie ein Spiel. Sie sagt, wenn man sie schnell genug erwischt, kann man sie noch im Hals zukken fühlen. Ich weiß, daß ich noch nicht bereit bin für tanzende Krabben (das Gericht wird auf Speisekarten oft als »Disco Krabben« übersetzt). Ich wußte, daß ich für die Zeit in Thailand meine vegetarische Ernährung würde aufgeben müssen, aber ich bezweifle, daß ich es je über mich bringen werde, Disco-Krabben in den Mund zu nehmen. Ajahn Champa sagt, frischer könnte man Meeresfrüchte nicht essen.

30. August

Heute abend habe ich an meinem ersten Treffen im Rotary Club teilgenommen, um den Leuten vorgestellt zu werden, die meinen Aufenthalt hier finanzieren. Sie begrüßen mich auf Thailändisch oder in rudimentärem Englisch, geben ihr Bestes, damit ich mich willkommen fühle, lachen, um unsere Unfähigkeit wettzumachen, mit Worten zu kommunizieren. Nach meiner kurzen Ansprache klatschen alle begeistert Beifall, obwohl keiner außer Paw Prasit auch nur ein einziges Wort von dem, was ich gesagt habe, verstanden hat. Er ist der einzige von ihnen, der Englisch spricht. Die Rotary-Club-Treffen daheim waren völlig anders als die in Denchai. In Kanada kommen freundliche Geschäftsleute in frisch gebügelten Anzügen zusammen, um sich trockene Vorträge von speziell geladenen Rednern anzuhören. Ich war auf mehreren vormittäglichen Treffen, auf denen wir Croissants und Erdbeeren gefrühstückt haben und darauf bedacht waren, keine roten Flecken auf das blütenweiße Tischtuch zu machen.

In Denchai kommen die Rotarier einmal wöchentlich zum Abendessen zusammen und tun das gleiche wie ihre kanadischen Pendants, allerdings ohne Krawatte und Tischtuch; sie werfen ihre Hühnerknochen einfach auf den Boden. Hunde schleichen herein und kauern sich unter den Tisch, um schwanzwedelnd davonzutrotten, während sie die Knochen bereits zwischen den Kiefern zermalmen. Bevor wir die Nationalhymne singen, schlägt der Vorsitzende auf einen großen Metallgong; der metallische Gongschlag weckt alle auf, wenngleich der Effekt nicht lange anhält. Nach wenigen Minuten trockener Diskussion wird wieder geschnarcht, geflüstert oder sogar hinter vorgehaltener Hand gelacht. Noch kann ich kein Wort verstehen, aber Paw Prasit beruhigt mich. »*Mai pen lai*«, sagt er, der berühmte thailändische Satz für »unwichtig«. »Wenn du unsere Speisen ißt, kannst du auch unsere Sprache lernen. Kein Problem. Hier, probier das.« Ich nehme einen großen fettigen Löffel einer gallertartigen Masse – ein Gemüse oder irgendeine Art Seetang. Es ist beinahe durchsichtig und knusprig. Paw Prasit mustert mich mit schalkhaftem Lächeln. Ich glaube, ich esse gerade Seegurke. »Was ist das?« frage ich, nachdem ich den ersten Bissen heruntergeschluckt und mit Wasser nachgespült habe.

Er beißt sich auf die Unterlippe. »Das ist sehr gut für dich. Sehr proteinreich. Wir essen das jede Woche. Das ist hier bei uns ein Leibgericht.«

Ich lächle. »Ja, aber was ist es?«

Er klopft sich auf den Bauch. »Vom Fisch.« Ich runzle verständnislos die Stirn. »Verstehst du? Diese Teile.« Wieder schlägt er sich auf den Bauch. »Aus dem Fischbauch.« Fischinnereien. Ich habe Fischdärme gegessen. Ich trinke noch einen Schluck Wasser. »Ißt man die in Kanada nicht?« fragte er überrascht. Jetzt schiebt er eine Schüssel mit großen Tierinnereien auf mich zu. Diese sind nicht ›verkleidet‹ wie der Fisch; unmöglich, sie für exotisches Gemüse zu halten. Es sind Innereien. Ich erkläre ihm, daß ich satt wäre und keinen Bissen mehr herunterbekäme. Er zuckt die Achseln. »Dann beim nächsten Mal, okay?«

»Okay.« Ich sehe zu, wie er sich den ersten Bissen in den Mund schiebt. »Was ist das genau?«

»Aaaaah, möchtest du doch etwas?«

»Nein, nein, aber was ist es?«

Wieder tätschelt er seinen Bauch. »Von der Kuh«, sagte er und grinst.

ZWEITES KAPITEL

3. September 1986

Das Essen hat mir geschmeckt, bis ich anfing, es zu erbrechen und in peinlicher Verzweiflung die Treppe zum *hongnam* herunterhastete, die Finger mit weiß hervortretenden Knöcheln in den Bauch gekrallt. Jetzt hasse ich das Essen, sogar den duftenden warmen Reis und die süßen Saucen. In den vergangenen zehn Tagen habe ich mehr Reis gegessen als in meinem ganzen bisherigen Leben. Ich sehne mich nach einem Stück Graubrot mit Butter. Ich hasse Fischsauce. Sie riecht wie schmutziges Hafenwasser aus der Flasche.

Heute hasse ich Thailand ganz allgemein. Das nackte Mädchen an meiner Zimmerwand macht mich krank. Die starrenden Augen, das Klatschen und Pfeifen, die Kinder unter meinem Fenster, die meinen Namen rufen, der nicht einmal mein richtiger Name ist, diese verfluchte Uniform, die ich in der Schule tragen muß: all das macht mich wahnsinnig! Ich habe gelogen! Meine Toleranz reicht bei weitem nicht aus, um in einer anderen Kultur zu leben. Ich besitze keinerlei Sprachbegabung und bin schrecklich engstirnig. Es ist mir egal, ob das hier eine einmalige Erfahrung ist. Meine Füße stecken in altmodischen schwarzen Kunstlederschuhen und weißen Söckchen. Dazu muß ich einen dicken marineblauen Rock und eine gestärkte weiße Bluse tragen, fünf Tage die Woche, elf Stunden täglich, von sieben, wenn ich mich anziehe, bis um sechs, wenn ich nach Hause komme. Ich kann nirgendwo allein hingehen. Paw Praserts zehnjähriger Sohn muß mich sogar begleiten, wenn ich nur die Straße hinunter bis zur Post gehe. Wenn ich sage, daß ich auf dem Feld hinter dem Haus spazieren gehen möchte, taucht auf wundersame Weise Lin auf. Und Paw Prasit materialisiert sich stets aus schwüler Luft, um zu fragen, wohin ich gehe. »Ich will nicht, daß du dich verirrst«, sagt er, aber wie sollte ich mich auf der einzigen Hauptstraße des Ortes verlaufen? Es ist mir egal, daß sie es nur gut meinen und aufmerksam sind. Diese ganze Aufmerksamkeit ist unglaublich anstrengend.

Die Wahrheit ist, daß ich mich verloren fühle, seit ich in Kanada ins Flugzeug gestiegen bin. Ich weiß nicht, was ich hier soll; ich habe vergessen, weshalb ich hergekommen bin. In Kanada passiert so vieles ohne mich ... Und ich kann meinen Frust nicht einmal hinausschreien, weil dann ganz Denchai die Treppe heraufgepoltert käme, um zu sehen, was der kleinen *falang* fehlt. Ich habe meine Kostprobe der Thai-Kultur bekommen, und sie hat mein Inneres völlig durcheinandergebracht. Letzte Woche hat meine Regel begonnen, und sie hört einfach nicht mehr auf. Ich habe in meinem ganzen Leben noch nie so viel Blut bei einer einzigen Menstruation verloren. Pee-Moi betrachtet voller Entsetzen meine fleckige Unterwäsche, wenn ich sie unten zum Trocknen auf den Wäscheständer hänge. Warum sich wegen ein paar Blutflecken aufregen? Ich hätte diese Probleme nicht, wenn es in Prae Tampons gäbe, aber die sind in den dunklen kleinen Frauengeschäften nicht erhältlich. Ajahn Champa hat mir erzählt, daß Thai-Frauen davor Angst haben, sie zu benutzen, weil sie glauben, sie würden ein Mädchen entjungfern oder könnten im Körper verloren gehen.

Gott Allmächtiger.

Ameisen haben sich über meine Lakritze und mein Bett hergemacht. Bett? Dieser Haufen Backsteine, die nur mit einem Hauch von Schaumstoff überzogen sind? Die Ameisen sind überall, ziehen in langen Reihen über die Wände, den Fußboden, den Schreibtisch, meine Finger. Immer befindet sich mindestens eine helle Thai-Ameise an meinem Körper oder ganz in der Nähe. Ganz zu schweigen von Käfern und Schaben und der grotesken singenden Eidechse namens *tukae*, die einen angreift, wenn man ihr zu nahe kommt.

Ich muß verrückt gewesen sein. Ich habe einen Mann, eine Familie, ein Bett, meine Muttersprache, Bagels und normale Toiletten, auf die man sich setzen kann aufgegeben, um mich in ein hilfloses Kleinkind zurückzuverwandeln, das sich nicht einmal einen hysterischen Anfall erlauben und sich in seinem Zimmer verkriechen darf. Ich muß rund um die Uhr nett, offen und freundlich sein. Es macht mich krank.

5. September

Ajahn Champa hat mich einiges über Buddhismus gelehrt. Es gibt in Thailand mehr als 30.000 Klöster und zahllose schlichtere Gebetstempel. Ich habe bereits einige dieser Tempel in Hauptstraßen gesehen, inmitten brachliegender Felder, halb verborgen in Gehölzen. Auf ihren Mauern glitzert farbiges Glas. Während der Buddhistischen Fastenzeit in der Regenzeit zwischen Julie und September beträgt die Zahl der Mönche etwa 400.000. Thai-Männer und auch -Frauen treten für ein paar Monate oder für den Rest ihres Lebens ins Kloster ein, um die buddhistischen Schriften und die Kunst der Meditation zu studieren. Bevor sie heiraten, gehen Thai-Männer oft in einen klösterlichen Orden, um sich auf die vor ihnen liegende Verantwortung für eine Familie vorzubereiten.

Neben dem Schulgelände von Nareerat befindet sich ein langgezogenes, hohes Holzgebäude. Die Terrassen sind mit safranfarbenen Kutten geschmückt, die zum Trocknen draußen in der Sonne hängen. Das Kloster von Prae. Wenn ich zum Postamt gehe, pfeifen junge Mönche aus den Fenstern, um meine Aufmerksamkeit zu erregen. Ajahn Champa versucht, ernst zu bleiben, als ich ihr davon erzähle. »Versuch, sie zu verstehen. Sie sind noch sehr jung und neugierig. Es spielt keine Rolle, daß sie Mönche sind. In erster Linie sind sie Thais. Manchmal sind sie sich nicht im klaren darüber, was sie tun.«

Ich glaube, sie wissen verdammt gut, was sie tun. Sie starren auf mich herunter, grölen, kichern und ziehen sich gurrend wie Tauben hastig in die Schatten ihrer Klassenzimmer zurück. Sie sind nur deshalb so mutig, weil ihr Meister unten im Tempel ist; wie alle Kinder schlagen sie über die Stränge, wenn der Lehrer nicht anwesend ist. Wenn wir nicht durch eine Steinmauer und drei Stockwerke voneinander getrennt wären, würden sie mich schweigend vorbeigehen lassen. Draußen auf der Straße springen sie vom Bordstein, um mich vorbeizulassen. Eine buddhistische Lehre, die sie allen Frauen gegenüber befolgen, auch ihren Müttern und Schwestern. Ein Mönch ist keusch und darf weder Frauen noch Geld oder Alkohol anrühren. Ihre gesenkten Lider flattern ängstlich, wenn wir uns auf den gewundenen, schmalen Bürgersteigen von Prae einander nähern. Manchmal wechseln sie die Straßenseite, nur um zu vermeiden, daß mein blauer Rock sie streift.

Das Kloster von Denchai liegt am Ortsrand, an einem spärlich mit Bäumen bewachsenen Berghang. Wie die Mönche selbst ist das Kloster so schlicht, daß es kahl wirkt. Gras wächst zwischen den von Steinen eingefaßten Wegen und den knorrigen Baumwurzeln. Hier weht ein kalter Wind. Es ist so still, daß Deh meint, wir müßten den Motor des Motorrades abschalten und zu Fuß zur *sala* gehen; er möchte das *wat* und seine Bewohner nicht stören. Deh hat mich hergebracht, um mich mit einem ganz besonderen Mönch bekannt zu machen, einem Australier, der seit fast zehn Jahren in Thailand lebt.

Unter dem weißgefliesten Pavillon lerne ich den am merkwürdigsten aussehenden Mann kennen, dem ich je begegnet bin. Dehs Beispiel folgend, verneige ich mich drei Mal und berühre mit der Stirn den Boden, ein Zeichen des Respekts gegenüber dem älteren Mönch, der den Australier begleitet. Ich hatte mir den Durchschnittsaustralier als gutaussehend vorgestellt, blond, mit blauen Augen und starkem Aussie-Akzent. Natürlich ist der Australier kahlköpfig – sogar die Augenbrauen sind abrasiert, so daß die tiefgrauen Augen sein ganzes Gesicht beherrschen. Er hat seine Haut gut vor der Sonne geschützt, sie sieht aus wie gebleicht. Seine Lippen sehen aus wie zwei übereinanderliegende alte Narben zwischen den hohen Wangenknochen in dem schmalen Gesicht. Sein Gesicht wirkt überraschend, weil es so völlig anders ist als die runden orientalischen Gesichter, die ich in den vergangenen zwei Wochen tagtäglich gesehen habe. Er scheint sein ganzes Leben in den Bergen gelebt zu haben, den Blick nach unten gerichtet, regelmäßig heftigen Winden ausgesetzt. Sogar sein Körper ist knorrig, mit dunklen Schatten unter den vorstehenden Knochen. Er ist erschreckend dürr. Jetzt verstehe ich, warum die ernsthafteren Mönche wenig mehr tun als meditieren; sie können unmöglich genug Energie haben, viel mehr zu tun als das.

Aber als wir uns unterhalten, bin ich doch froh, daß wir gekommen sind. Seine Stimme ist tröstlich. Und es ist kaum noch ein Akzent herauszuhören; die Stimme ist wie destilliert – reinstes Englisch. Ein anhaltendes Lächeln erhellt seine düsteren Züge. Er verrät mir nur seinen Thai-Namen, der so lang ist, daß ich ihn sofort wieder vergesse. Als wir uns darüber unterhalten, wie man lernt, in Thailand zu leben, zeigt er großes Mitgefühl. »Ja, ich weiß, aber du wirst die Schwierigkeiten bald vergessen. Die Menschen werden sich an dich gewöhnen und du dich an sie.« Ich verziehe skeptisch das Gesicht. »Doch, es stimmt, ich verspreche es dir. Ich kann mich noch gut daran erinnern, wie hart es anfangs war, aber mit der Zeit wird alles wunderbar. Sogar die Dinge, die du zuvor nicht bemerkt hast. Ah, ich sehe dir an, daß du mir nicht glaubst. Vertrau mir. In ein paar

Monaten wirst du gar nicht mehr nach Hause zurück wollen.«

Ich kann ihm nicht vertrauen, er hat keine Ahnung von meinem Leben, in Kanada. »Haben Sie denn nie Heimweh nach Australien?«

Er denkt nach, bevor er antwortet, und spricht sehr langsam. »Manchmal vermisse ich ... das Meer. Ich habe an der Küste gelebt. Aber der Rest? Nein. Nein, eigentlich vermisse ich nichts.«

»Auch nicht Ihre Familie?«

»Nein.«

Dann liest er ganz beiläufig meine Gedanken und erklärt mir, daß er seit acht Jahren im völligen Zölibat lebe und Sex nicht vermisse. Ich seufze. Vielleicht gehört er zu jenen Menschen, die mit weniger Hormonen als wir anderen ausgestattet sind. Oder er ist einfach nur verrückt. Acht Jahre! Wenn ich anfange ernsthaft darüber nachzudenken, daß mir nur ein einziges Jahr ganz ohne intime körperliche Kontakte bevorsteht, endet es damit, daß ich mindestens eine halbe Stunde in mein Kopfkissen weine. Dieser Mönch, der keinen Tag älter sein kann als fünfunddreißig, blickt hingegen mit dem sanften Gesichtsausdruck einer Giraffe auf den Rest seines Lebens im Zölibat.

Ich blinzle mehrmals und runzle die Stirn. Es gibt keine Möglichkeit, die nächste Frage taktvoll zu stellen. »Und wie schaffen Sie das?«

Er legt den Kopf in den Nacken und lacht mit tiefer Stimme. Dann wendet er sich dem alten Thai-Mönch zu, der sein Lehrer zu sein scheint, und übersetzt ihm unseren Wortwechsel. Wie nicht anders zu erwarten, gurgelte der Thai »Haha haha haha« und musterte mich mit leuchtenden Augen. Die beiden unterhalten sich eine Weile, ehe der Australier sich mir wieder zuwendet. »Der Ajahn sagt, daß er froh ist, jetzt ein alter Mann zu sein.«

Er bietet mir ein Glas Wasser an. Als der Mönch sich über den Holztisch beugt, sehe ich die einzelnen Sehnen an seinem Hals, die bis zu den festen Konturen seines Kiefers reichen. Die Venen, die seine Handgelenke hinaufschießen, sind leuchtend blau und zeichnen sich glatt unter der hellen Haut ab. Er gießt das Wasser sehr vorsichtig ein, wie bei einem Ritual, mit einer völlig unbewußten Anmut. Ganz langsam. Er atmet sogar auffallend langsam.

Ich nippe an meinem Wasser, während er meine Frage beantwortet. »Wie ich das schaffe, so zu leben? Was heißt ›so‹? Das hier ist eine gute Art zu leben. Die westliche Welt liebt Logik, Zahlen und von Computern ausgearbeitete Lösungen. Dort herrscht eine konstante Suche außerhalb des eigenen Ichs, vor allem in Nordamerika. Wenn man den Buddhismus studiert – oder irgendeine andere orientalische Religion – erkennt man, daß neue Autos, Segelyachten und Beförderungen keine Antworten enthalten. Der einzige Weg, wahren Frieden zu finden, besteht darin, zu lernen, den Geist so still zu machen wie einen Teich. Das ist das Ziel der Meditation.«

»Heißt es in einem Sprichwort nicht, daß stille Wasser stagnieren?«

»Aber ein stiller Geist stagniert nicht, weißt du. Es gibt auch das Klischee, stille Wasser seien tief. Wenn ein

Geist stagniert, dann nur, weil ihn etwas von außen bremst.« Er übersetzt für den runzligen Ajahn, der abwechselnd nickt und die Hände aneinanderlegt, öffnet und wieder schließt. Der Mönch fährt fort: »Buddha war kein Gott, verstehst du, nicht im christlichen Sinne. Er war kein Schöpfer und Zerstörer. Er war ein Mann, der glaubte, daß die Menschen Macht über sich selbst erlangen und ihrem Leid entfliehen können, wenn sie die Außenwelt von sich abfallen lassen, wenn sie sich nicht an Dinge, an Ereignisse oder auch aneinander klammern.«

Nach außen hin bin ich so ruhig wie der Mönch und beobachte die großen schwarzen Ameisen, die über die weißen Fliesen marschieren. Ich nippe an meinem Wasser, nicke. Innerlich bin ich in Aufruhr. Es ist unmöglich, die Außenwelt von sich abfallen zu lassen. Ich glaube an die Erdanziehungskraft, daran, an Dingen festzuhalten, an der Geschichte, an anderen Menschen. Wir diskutieren eine Weile darüber. Er ist losgelöst von der Welt, ihren Menschen und Tragödien, während ich mich irgendwie für das alles verantwortlich fühle. Auch wenn ich selbst wenig tue, muß ich über alles nachdenken: Afghanistan, hungernde Kinder, abgeholzte Regenwälder. Der Mönch beharrt darauf, daß ich diese Energie in mein eigenes Leben und das der Menschen, die mir nahestehen, stecken solle; er meint, ich solle kein mitfühlender Jammerer sein. Nachdem wir uns über eine halbe Stunde unterhalten haben, wird mir bewußt, daß er auf jedes Argument meinerseits eine treffende Antwort hat. Als er unser Gespräch unterbricht, um für den alten Mönch zu übersetzen, beginnt der Meister, etwas sehr detailliert zu erklären, wobei er die Hände bewegt, nickt und manchmal leise kichert. Deh, der die ganze Zeit ernst an meiner Seite gesessen hat, lacht laut auf. Der Australier übersetzt. »Der Ajahn sagt, daß es schrecklich wäre, jung zu sein. Ich soll dir sagen, daß du dich vor der Welt in acht nehmen sollst. Es ist wie bei der Hühnerhaltung. Laß dich nicht verwirren. Nimm die Eier und laß die Scheiße liegen!«

Ich muß über dieses unerwartete Bild lachen. Das Gesicht des alten Mönchs verzieht sich zu einem breiten Grinsen. Auch die Partien, an denen die Brauen sich in die Stirn wölben müßten, zieht er nach oben und öffnet dadurch seine Augen ganz weit. Er sagt etwas zu dem Australier. »Er ist froh, daß du verstanden hast – er sagt, dein Lachen zeigt, daß du verstehst. Du lachst genug.« Ich lache gut. Die Ernsthaftigkeit der Unterhaltung ist verflogen. Wir trinken noch mehr Wasser und reden über Ameisen und Mücken. »Du brauchst keine Angst zu haben, dich mit Malaria anzustecken«, erklärt mir der Mönch und erzählt mir von seinem fünfjährigen Kampf mit der Krankheit in seinem Stammkloster im Norden, wo er mehrmals fast an dem starken Fieber gestorben wäre.

Wir reden über den Regen, die würzigen einheimischen Speisen, die Sprache. Nach einer Weile beugt er sich zu Deh und spricht mit ihm, um sich dann in ganz beiläufigem Tonfall wieder an mich zu wenden. »Er will es nicht zugeben, aber ich glaube, er hat Hunger und möchte nach Hause. Er hat heute morgen sehr früh gefischt, und ich glaube nicht, daß er seit Tagesanbruch etwas gegessen hat. Oder war es dein Magen, der geknurrt hat?«

Ich werfe einen Blick auf meine Armbanduhr und verspüre selbst Hunger. Wir sind gegen halb elf gekommen, und inzwischen ist es nach eins. »Vielleicht war es tatsächlich mein Magen. Oder Ihrer? Es tut mir leid, wenn wir Sie vom Mittagessen abgehalten haben.«

»Ich habe schon gegessen. In diesem Kloster geht es verglichen mit einigen anderen im Süden sehr streng zu. Hier essen die meisten Mönche nur ein- oder zweimal täglich, legen sich um zehn schlafen und stehen um drei wieder auf. Aber wenn der Körper sich erst an weniger Schlaf und Nahrung gewöhnt hat, beklagt er sich nicht mehr, grummelt nicht mehr.«

»Ich werde in ein paar Tagen in das Kloster im Norden zurückkehren und dich vermutlich nicht wiedersehen, aber du darfst deiner Muttersprache nicht hinterhertrauern. Du wirst bald Thai sprechen. Und hab kein Heimweh nach deinem Land und deinen Leuten. Die Beziehungen, die man nicht sieht, reichen am tiefsten, und die Thais werden sich deiner annehmen.«

Nachdem ich so lange in der Haltung thailändischer Frauen dagesessen habe – beide Beine seitlich angewinkelt, die Hüfte seltsam verdreht – wollen meine Füße mich nicht mehr tragen. Schmerzhafte Stiche peinigen meine eingeschlafenen Muskeln. Der Mönch, der Ajahn und Deh lachen im Chor. »So ging es mir anfangs auch«, sagt der Mönch, »und es wird noch schlimmer, wenn man anfängt, stundenlang am Stück zu meditieren.« Nach ein paar Minuten bin ich wieder in der Lage, mich zu verneigen und aufzustehen, und wir verabschieden uns. Der Ajahn lädt mich ein, ins Kloster zu kommen, wann immer ich bereit bin.

Nachdem wir das *wat*-Gelände hinter uns gelassen haben, wirft Deh sein kleines Motorrad an, und wir brausen die Straße hinunter, durchschneiden Pfützen und rasen am Stadtrand entlang auf die andere Seite der Brücke, wo die Leute ihre Kleider zum Trocknen über Zäune, Bäume und Dachgesimse breiten. Die blumenbewachsenen Straßenränder verschwimmen zu rotgrünen Bändern. In der Nähe der Eisenbahngeleise hört ein alter Mann mit einer Ladung Holzkohle auf dem Rücken uns kommen und hebt grüßend die Hand. Als Deh das Tempo verlangsamt, um an dem Mann vorbeizufahren, sehe ich an seinen Augen, daß der Mann blind ist.

5. September

Warum ein Mönch? Wie kann er Orange tragen und die ganze Zeit langsam atmen? Manchmal finde ich die Menschheit jämmerlich in ihrer Dummheit, aber ich fange auch an zu begreifen, warum wir so lange überlebt haben. Wir besitzen die bemerkenswerte Fähigkeit, aus nichts etwas zu machen: Erklärungen aus Rätseln, Wahrheiten aus Luft. Die großen Religionen und Glaubensgemeinschaften sind die besten Zaubertricks der Geschichte, obwohl sie weder Tauben noch Kaninchen hervorbringen. Sogar ein aus dem Hut gezauberter Elefant würde verblassen angesichts der verblüffenden Antworten, die wir uns einfallen lassen, um uns selbst zu beruhigen (oder gegebenenfalls zu entrüsten, zu rechtfertigen oder zu rächen). Man muß nicht Buddhist, Christ oder Moslem sein; die Wahrheit findet man nicht nur in alten Schriften. Sie kann überall sein, man muß sie nur zu erkennen wissen.

Wenn ich dem Mönch glauben soll, und das tue ich, formen wir unser Leben nach Träumen und Visionen, deren Substanz reine Einbildung ist. Unsere Wahrheiten sind so zahlreich und unberechenbar wie Windkanäle und ebenso unsichtbar und unleugbar. Das einzige, was man für die ganze Schau braucht, ist Glaube. Mit Glauben findet man seine eigene Wahrheit, ganz gleich, wie absurd sie anderen erscheinen mag. Wenn man eine Vision hat, muß man einfach daran glauben, auch wenn der Nachbar einen für völlig verrückt hält. Was mag die Mutter des Mönches von ihrem brauenlosen, unterernährten Sohn halten, einem geistig völlig gesunden jungen Mann, der nur von Reis, Gemüse und reinem asiatischen Licht lebt. Er hat seine Küste, seine Kleider und seinen Namen aufgegeben, aber er weiß, was er im Austausch dafür bekommen hat. Ich denke gern an ihn, an seine grauen Augen, seine Haut, seinen Mund und den kahlen Schädel, der aus den orangefarbenen Tüchern ragt. Er ist so überzeugt, so überzeugend. Ich denke viel über Menschen wie ihn nach – und über Menschen, die Mönche sind, ohne eine Kutte zu tragen, an jene, die in der lärmenden Welt umherziehen, ihre Götter in den Taschen. Bertrand Russel wurde einmal gefragt, ob er bereit wäre, für seine Überzeugungen zu sterben. Er lachte und antwortete: »Natürlich nicht. Immerhin könnte ich mich ja irren.« Ich lache ebenfalls bei dem Gedanken, wie sehr ich mich möglicherweise selbst täusche. Aber das spielt keine Rolle. Überzeugung und Glaube nähren sich selbst, Wahrheit strahlt wie ein neugeborener Mond.

9. September

Ich habe jetzt zum drittenmal den selben Traum geträumt. Es ist ein Wintertraum, der damit anfängt, daß ein Mann eine Straße hinunter ins Dunkel geht. Ich sehe ihn aus einiger Höhe, durch ein Fenster; ich sehe den Schnee kalt und silbrig durch die starren Lichtstrahlen der Straßenlaternen wirbeln, und das Fensterglas ist zu kalt, um es anzufassen. Oder vielleicht auch zu heiß – in meinem Traum weiß ich, daß ich mich verbrenne, wenn ich es berühre. Ich stehe einfach da und blicke dem Mann nach, aber er dreht sich nicht um und sieht mich nicht an. Das einzige Geräusch in dem Traum ist das gedämpfte Knirschen seiner Schritte im Schnee. Es wird lauter, je weiter er sich von mir entfernt. Irgendwie weiß ich, daß wenn ich nur lange und feste genug gegen das Fenster drücke, es unter meinen Händen nachgeben wird, schmelzen wird, so daß ich raus kann. Aber ich rühre das Glas nicht an wegen der Hitze (oder Kälte). Wenn ich die Lippen nur einen kurzen Augenblick an die Scheibe pressen würde, würde der Mann zurückkommen, aber aus Angst tue ich es nicht. Statt dessen rufe ich seinen Namen und wache auf.

Michael.

Auch wenn ich nicht träume, wache ich nachts auf,

um den Deckenventilator abzuschalten. Tagsüber ist es stickig und heiß; nachts ist es stickig und kalt. Der Luftzug des Ventilators weht unter das Laken, und ich wache fröstelnd auf. Draußen liegt Denchai in tiefem Schlaf, obwohl zwei kämpfende Hunde auf irgendeinem Feld den Frieden stören. Dann kehrt wieder Stille ein, ruht unter einem ständigen Summen und Quaken von Insekten und Fröschen. Ich möchte wach bleiben und dieser Wortlosigkeit lauschen. Wenn ich schon kein Englisch reden und hören kann, möchte ich zumindest das haben. Ich begreife das Schweigen des Schlafes, in sich ganz, abgerundet.

Die Tage hingegen sind nicht abgerundet. Sie bestehen aus abgehackten Worten, zurückgelassenen Worten, angenagten Worten, die zu lang und ungewohnt sind für meinen Mund und meine Ohren. Alles hier hat die falsche Größe. Meine Knochen sind zu groß, mein Verstand zu klein. Ich hätte nie gedacht, daß mir einmal die Worte ausgehen würden, aber hier sind es nicht einmal Worte. Es sind nutzlose Laute, völlig unzuverlässig. Meh, Pee-Moi, Koon Yiy und die Kinder blinzeln mich unschuldig an, lächeln, schütteln die Köpfe. Ganz egal, wie langsam ich sage: »Bitte laßt mich fünf Minuten allein in meinem Zimmer«. Sie werden es nie verstehen. Sie waren ihr Leben lang kaum mehr als einen Meter voneinander entfernt. Sie fürchten sich davor, mich allein zu lassen.

Ich schreibe aus Erschöpfung, Einsamkeit, Sehnsucht. Die Gefahr ist nicht die, daß ich etwas von dem, was ich in Kanada zurückgelassen habe, vergessen könnte, sondern daß ich mich zu genau daran erinnere. Mich einsam zu fühlen ist eine solche Ironie, wo ich doch ununterbrochen von neuen Menschen und ihrem Leben umgeben bin. Die Fahrradrikscha-Fahrer sind ganz erpicht darauf, mir Thai beizubringen; die Kinder in Nareerat beugen sich von den grünen Terrassen herab und rufen meine Thai-Namen Kanikaa und Ploy. Sie sind immer noch sehr scheu, aber wenn ich in dem kleinen Pavillon unter der Tamarinde sitze, nähern sie sich lautlos, vorsichtig wie Rehe. Wenn ich ihnen etwas vorsinge, singen sie im Gegenzug für mich die Gesänge der Morgenversammlung, die ich so gerne lernen möchte.

Es ist schrecklich, inmitten von fast dreitausend singenden, betenden Menschen zu stehen, wenn man selbst nichts zu singen oder zu beten hat. Ich schwanke in den Wellen von so viel strahlender Musik, aber sie umspülen mich, anstatt mich zu durchdringen, weil ich den Schlüssel, um sie einzulassen, nicht besitze, die Sprache nicht beherrsche. Die Kinder unterrichten mich, und sie bringen Rosen ins Englisch-Zimmer, Papiertüten mit kandierten Früchten und süßem Reis. Sie sind sehr schüchtern, mit langen schwarzen Wimpern und samtigem Flaum auf der Haut. Ich gelte hier als seltene Spezies: die blonden Härchen an meinen Armen verblüffen sie, weil meine Augenbrauen so dunkel sind. Meine lange kaukasische Nase ist ihnen ein völliges Rätsel. Sie berühren erst meine Haut und dann die ihre und versuchen, die Unterschiede zwischen uns zu benennen. Wir verständigen uns vorrangig über Gelächter.

Aber Gelächter ist eine zu simple Sprache für mich. Wenn ich glücklich bin, bin ich auch traurig, Emotionen ausgeliefert, Ungeduld, Selbstmitleid. Umfeld und

Tempo in meinem Leben haben sich so rasch verändert; es fällt mir schwer, all das Neue als mein eigenes Leben zu erkennen. In weniger als einem Monat bin ich in etwas völlig Neues verwandelt worden, und das nur wegen eines langen Tages und einer Nacht in einem Flugzeug. Im Englisch-Zimmer gibt es ein Märchenbuch mit Pappfiguren, die sich beim Aufklappen des Buches aufrichten (die Kinder sind fasziniert davon – Ajahn Champa hat das Buch aus England mitgebracht). Ich werde das Bild nicht mehr los: das flache Buch, das aufgeklappt wird, und die zahlreichen braunen Thai-Finger, die eifrig nach den Figuren greifen, die sich wie durch Zauberei beim Umblättern aufrichten. Genauso hat sich Thailand mir geöffnet, hat sich von einem Bilderbuch in greifbare Formen verwandelt, und ich komme immer noch nicht aus dem Staunen heraus. Der einzige Trick, der fehlt, ist der, Kanada dreidimensional vor mir zu entfalten.

Manchmal vergesse ich, daß das alles meinem eigenen Wunsch entspringt; ich wollte herkommen, ganz gleich, was ich dafür alles zurücklassen mußte. Offenbar (es steht irgendwo in einer Akte) wollte ich hierherkommen, um in einer fremden Kultur zu leben und zu lernen, um mich einem Land anzupassen, das sich sehr von meiner Heimat unterscheidet. Im Augenblick erscheint mir das nahezu unmöglich. Sogar Dinge, die ich kenne (Sonnenlicht auf Wasser, Nebelschwaden in Bäumen, weite grüne Flächen) verschlagen mir den Atem, als hätte ich vorher noch nie Farben gesehen. Sterne und Planeten verwirren mich, wenn ich mich nachts hinaus auf die Felder schleiche. Ich drehe mich langsam um die eigene Achse und versuche, ein Sternenbild auszumachen, das mir vertraut ist. Ich sehne mich nach einem vertrauten Anblick. Statt dessen ist plötzlich etwas da, was ich nie erwartet hätte; ich sehe es oder werde davon beobachtet, ertappt. Gestern habe ich eine Gottesanbeterin entdeckt, die außen an meinem grünen Vorhang hing und mit der starren Konzentration einer winzigen seidiggrünen Katze in meine Richtung blickte.

Nachts liegt ein Laken auf mir, und Mücken landen auf meiner Haut. Sonst berührt mich hier nichts und niemand. Nach dem seltsam leeren Traum von Schnee und heißem Glas fällt es mir schwer, wieder einzuschlafen. An einem Ort, an dem es nichts gibt, das einen tröstet, weder Gebete noch Lieder oder Sterne, wendet man sich blind dem eigenen Körper zu, schlingt sich im Dunkeln die Arme um den Leib und streichelt staunend seine hellen Arme. Daran erkenne ich, wie allein ich bin. Meine eigene Haut überrascht mich.

15. September

Heute nacht regnet es so heftig, daß das Blechdach des Badminton-Platzes droht, zu bersten und in einem Schrapnellhagel auf uns niederzugehen. Wir spielen seit sechs Uhr, und ganz Denchai amüsiert sich königlich über die *falang*, die gegen Kinder verliert, die halb so groß sind wie sie selbst. *Hahahahaha*, die ganze Nacht. Die Schnelligkeit des Spiels ist kräftezehrend. Die Thais, die das Spiel erlernen, sobald sie in der Lage sind, einen Schläger zu halten, sind mir gegenüber im Vorteil. Die Kinder fragen sich laut, ob mit meinen Armen etwas nicht in Ordnung ist. Lin wird es bald langweilig, mit mir den Federball über das Netz zu schlagen. Sie sieht immer wieder zur offenen Tür.

»Kalen! Möchtest du *wing*?« *Wing*? Es kommt zu einer kurzen Diskussion, bei der das englische Wort gesucht wird. Dann ein triumphierender Ruf: »Lun!«

»Ah, run, laufen.«

»Ja, ja, laufen.«

Wir lassen die stickige Luft des Courts ohne ein weiteres Wort hinter uns und laufen hinaus in den sintflutartigen Regen. Schon nach zwei Minuten werden wir langsamer, gebremst vom Gewicht des Wassers in unseren vollgesogenen Kleidern und Schuhen. Lachend stolpern wir durch Pfützen. Es ist köstlich, etwas so Unerwartetes zu tun, etwas so Unthailändsiches. Nachdem wir die Brücke überquert haben, wird aus dem Spaß harte Arbeit. Wir planschen an den geschlossenen Läden vorbei, am Friseurladen, dem heruntergekommenen alten Kino, der Polizeistation, vorbei an hundert Leuten und ihren zweihundert Augen die unter den Dachsimsen hervorglänzen. Am Stadtrand machen wir kehrt und laufen zurück, weil Lin sich fürchtet weiterzugehen.

Atemlos und klatschnaß kehren wir zur Badmintonhalle zurück. Wir stürmen durch die Tür wie nasse Hunde, schlammbespritzt und übermütig kreischend angesichts unseres unschicklichen Benehmens. Erst nachdem wir uns vorgebeugt und unser Haar ausgeschüttelt haben, bemerken wir Prasit, der mit verschränkten Armen geduldig in einem Korbsessel sitzt. Offenbar hat er sich schon gefragt, ob ich noch am Leben bin. *»Sawatdee-ka«*, sage ich, und mache einen tiefen *wai*, neige in thailändischer Manier den Kopf in Richtung der gefalteten Hände. Lange sieht er mich nur schweigend an, was mir das nasse Haar, das an meiner Stirn und meinen Wangen klebt, ebenso bewußt macht wie meine durchweichte Bluse. Er wirft Lin, die sofort in sich zusammenfällt, einen vernichtenden Blick zu. Ihre Züge verändern sich in Prasits Beisein; sie senkt den Blick. Sie ist nicht länger das Mädchen, das jemanden mit einem Badmintonschläger töten könnte. Vielmehr sieht es aus, als würde sie gleich in Tränen ausbrechen. Prasit scheucht uns beide vom Platz, und die anderen Spieler (Deh, Boh, Sak, Joum und Suilin) starren hinter uns her. Dieses ganze Theater, als hätten wir böswillig Buddhastatuen zerstört, denke ich bei mir. Er schimpft mit uns. »Du willst doch nicht krank werden, oder? Du mußt schnell nach Hause, ein Bad nehmen und trockene Kleider anziehen, sonst wirst du krank. Schnell, schnell.« Inzwischen sind wir bei Lin zu Hause angelangt, und sie sagt leise etwas zu Prasit, macht betont langsam einen *wai* und zwinkert mir zu. (Die typische *falang*-Angewohnheit zu zwinkern habe ich ihr bereits beigebracht). »Bye-bye«, zwitschert sie und schlüpft in den Laden ihrer Familie.

Prasit setzt mir auseinander, wie kalt der Regen ist und wie schwer krank ich werden könnte. »Aber Paw Prasit«, wende ich ein, »ich bin Kanadierin. Ich komme aus einem kalten Land.«

»Ja, ja, natürlich.« Er nickte nachdrücklich. »Du bist Kanadierin. Wir müssen auf dich aufpassen. Wenn dir etwas zustößt, bekommen wir große Schwierigkeiten mit Kanada. Du bist wie eins von unseren eigenen Kindern.«

Letztens hat Ajahn Champa gesagt: »Manchmal ist die beste Antwort, einfach zu lächeln und zu nicken.« Ich lächle und nicke. Eins von ihren Kindern zu sein, bedeutet, daß ich fast zwei Dutzend Thai-Väter habe. Ein ernüchternder Gedanke. Als wir beim Spirituosenladen ankommen, unterhält Prasit sich mit Pee-Moi, und ich werde raufgeschickt, um zu baden. »Gute Nacht, Miss Kalen«, ruft er mir nach, als ich die Treppe hinaufsteige, triefend von Schlamm und Regenwasser. »Gib bitte auf dich acht.«

Lächeln und nicken. *»Ka«*, entgegne ich, die höfliche, weibliche, in jeder Lebenslage anwendbare Erwiderung. *»Ka*, Paw Prasit. Gute Nacht.« Im *hongnam* gieße ich kaltes Wasser über meinen Körper. Jetzt bibbere ich und wünschte, es gäbe warmes Wasser. Ich bin müde vom Badmintonspielen und Laufen und schaffe es kaum, die Shampooflasche aufzuschrauben; meine Fingerknöchel sind weich wie Gummi. Ich wasche mich, wickle mich in ein Handtuch und laufe naß die Treppe hoch in mein Zimmer.

Draußen stürmt es immer noch. Die ganze obere Etage besteht aus blitzendem Blau und Silber und schwarzen Schatten. Ich trockne mich im Dunklen ab und werde von so heftigen Schauern geschüttelt, die mir den Rücken hinauf und die Beine hinunter jagen, daß ich sie mit dem Handtuch fortreibe, weil sie sich anfühlen, als wären sie Ameisen und Eidechsen. Die schmiedeeisernen gedrechselten Gitter vor dem Fenster werfen lange Schatten auf den Fußboden, kritzeln eine seltsame Kalligraphie, die mich stark an die Thai-Buchstaben erinnert, die ich lerne, voller Haken und Schnörkel. Ich trete in die dunklen Linien und betrachtete die Worte auf meiner Haut, eine Schrift, die ich verstehe, weil sie mich berührt.

Heute nacht habe ich einen anderen Traum. Fremde stehen unter einem dunklen Himmel auf einem weiten blau-grauen Feld. Sie sind nervös, und ihre Blicke huschen rastlos umher. Aus großer Entfernung sehe ich sie zusammengedrängt im hohen, windgepeitschten Gras stehen und in Erwartung des Sturms gen Himmel sehen. Sie zucken zusammen und ducken sich, als ohrenbetäubender Donner ertönt, starren mit offenen Mündern nach oben, verblüfft über die ersten Blitze, die sie in ihrem Leben zu sehen bekommen.

21. September

Es hat so stark geregnet, daß Frösche und Kröten ertrinken. Mindestens eine hat letzte nacht im Haus Schutz gesucht. Nachdem ich heute morgen meinen Schuh nicht anbekam, habe ich eine Kröte herausgeschüttelt. Sie hüpfte träge über den Zementboden, bis Pee-Moi sie einfing und hinaus in den Rosengarten warf. Der Himmel ist unerschöpflich und braut Tag für Tag neue Unwetter zusammen. Flüsse, die es vergangene Woche noch nicht gab, strömen durch Furchen und über Pfade zwischen den Häusern. Ich bin darauf gefaßt, Fische im Rinnstein vorbeischwimmen zu sehen.

Als wir zum Markt gehen, um mit einem *songtow* in die Schule zu fahren, beklagen sich Lin und die anderen Mädchen über das Wetter und drängen sich jeweils zu zweit unter einen Schirm. Ich habe noch nie so leuchtendbunte Regenschirme gesehen. Als wären durch die schweren Regenfälle epidemieartig exotische Pilze aus dem Boden geschossen. Am Marktplatz warten einige *songtows* auf Fahrgäste, und wir kriechen in denjenigen, der den meisten Schutz zu bieten scheint. Diese kleinen Lastwagen werden anstelle von Bussen verwendet und transportieren Pendler von und nach Prae, der Provinzhauptstadt, und in die umliegenden Dörfer. Ich habe mich inzwischen an sie gewöhnt, aber nur, weil ich bei der dritten Fahrt ganz bewußt alle Gedanken an einen gewaltsamen Tod verdrängt habe. Jetzt versuche ich nur noch, die Landschaft zu genießen. Wir sitzen in zwei langen Reihen hinten auf der Ladefläche, unter einem Metallrahmen, der mit Segeltuch, einer Plastikplane oder Aluminium bespannt ist, und gewöhnlich hocken fünf Kinder auf kleinen Holzschemeln im schmalen Mittelgang eingezwängt, zwischen unseren Knien. Oft sind auch Marktfrauen unter uns, die mit Hühnern oder Fisch nach Prae fahren, oder Bauern, die mit ein paar Hacken und einem ihrer altmodischen Gewehre zusteigen. Es ist immer sehr eng. Der Fahrer versucht, bei jeder Fahrt möglichst viele Passagiere unterzubringen, auf die Gefahr hin, daß wir in der Enge ersticken. Drei oder vier Jungen hängen sich, meist windgepeitscht, hinten an den Lastwagen. Mädchen ist das nicht erlaubt.

Es ist nicht gerade bequem, aber es ist immer interessant. Hier gibt es keine Fahrgäste mit ausdruckslosem

Gesicht, die höflich versuchen, jeden Körperkontakt zu vermeiden. In einem *songtow* sitzt man praktisch übereinander. Auch die Fahrer sind sehr verschieden. Thai-Fahrer halten nicht viel von anderen Fahrzeugen. Sie glauben, ihr *songtow* wäre das einzige auf der Welt, und sie weichen rücksichtslos auf die Gegenfahrbahn aus, um Scharen von Fahrrädern und Ziegen zu überholen. Es spielt keine Rolle, ob uns andere Fahrzeuge entgegenkommen – unser Fahrer hält sie für Fata Morganas. Wir fahren so dicht an den Passagieren des entgegenkommenden Busses vorbei, daß wir ihre Zähne erkennen können, aber der Fahrer merkt gar nichts davon. Er fährt einfach weiter, ein brauner Ellbogen aus dem Fenster ragend, das Radio voll aufgedreht.

Gewöhnlich ist vom Reifenprofil nichts mehr übrig, aber das spielt kaum eine Rolle, da der Fahrer ohnehin nicht daran denkt, die Bremse zu benutzen. Sie finden es immer besser, Gas zu geben. Bei meinen ersten beiden Fahrten in einem *songtow* habe ich mir allerlei Unfälle ausgemalt: Eisenstangen, die sich in mein Rückgrat bohren, qualmende Wracks, mein Ende bei fünfundneunzig Meilen pro Stunde, herbeigeführt durch einen dahinschlendernden Elefanten. Es tauchen häufig Elefanten auf den Straßen auf, Menschen hocken auf ihren Nacken wie überlebensgroße Madenhacker. Das wäre eine lächerliche Art zu sterben, finde ich, hier, am Rand von Reisfeldern, in einem kleinen Tonka-Lastwagen mit einem singenden Irren am Steuer.

Natürlich kann ich nicht sterben. Ich werde geliebt, in Kanada wartet jemand auf mich. Wir haben ein langes, perfektes gemeinsames Leben geplant. Ein frühzeitiger Tod ist nicht Teil der Geschichte. Allein die Schwierigkeiten, meine Leiche nach Hause zu holen, würde meine Familie in den Wahnsinn treiben.

An diesem Morgen in dem *songtow* nach Nareerat haken sich die Mädchen unter und beugen sich zähneklappernd weit nach vorn. Sie sagen, der Wind sei eisig, aber ich finde ihn gar nicht so kalt. Die zwanzig Kilometer Felder zwischen Denchai und Prae sind hinter einem wabernden Nebelvorhang verschwunden. Regen sprüht herein, und unsere Blusen kleben an unseren Rücken. Die Wolken draußen hängen sehr tief. Wenn ich über die Felder gehen würde, würde ich mit Wolkenfetzen in den Haaren auf der anderen Seite ankommen.

Mittags hat es eine Weile aufgehört zu regnen und es schien, als wollte es aufklaren, aber um zwei zog sich die Wolkendecke wieder zusammen. Der Himmel ist stahlblau und über dem Zentrum von Prae kohlschwarz. Beißender Wind fegt durch alle offenen Fenster der Schule, weht Prüfungsbögen von Pulten und ganze Zeitschriften auf den Boden. Jetzt ertönt auch Donnergrollen über uns; alle unterbrechen ihre Arbeit immer wieder, um aus dem nächsten Fenster zu sehen. Ich habe Ajahn Champa mehrmals dabei ertappt. Sie ist ganz still geworden und hat angespannt über die blaßgrünen Schulgebäude von Nareerat geblickt. Würde sie noch die Nüstern blähen und die Luft erschnuppern, würde ich an Reinkarnation glauben; sie könnte in ihrem letzten Leben eine Gazelle gewesen sein. Beim Thai-Unterricht bei Ajahn Yupa und Ajahn Sangkaya heute konnten weder sie noch ich uns länger als fünf Minuten konzentrieren. Der Wind blies in unsere Ohren und fegte unsere Köpfe leer. Ajahn Yupa wollte nichts anderes, als sich kichernd mit mir über kanadische Männer zu unterhalten, während ich mit Sangkaya über das Wunder Kontaktlinsen sprach. Die Kinder sind am unruhigsten, galoppieren durch die Flure und schlittern auf ihren bestrumpften Füßen in die Klassenzimmer. Unsere alle gleich aussehenden schwarzen Schuhe stehen aufgereiht draußen vor den Klassenräumen wie schlafende Käfer unter umgedrehten Schirmen. Niemand denkt daran, die Regenschirme zu schließen, bis der Wind anfängt, sie auf den Versammlungsplatz zu blasen und im zweiten und dritten Stock Rufe ertönen. Kinder rennen die Treppen hinunter und jagen hinter den fliegenden Pilzen her.

Dann, nachdem er den ganzen Nachmittag dumpf gebrütet hat, bricht brüllend der Sturm los, läßt grelle, von Donner begleitete Blitze auf Prae niedergehen, die auf den goldenen Minaretten des Tempels glitzern und das bunte Glas in seltsames rötliches Grau tauchen. Die Mönche hasten über die Klosterterrassen wie orangefarbene Ameisen, nehmen ihre zum Trocknen aufgehängten Kutten ab und verriegeln die Fenster. Die Arme voll mit safranfarbener Wäsche blicken sie hinauf zu den Dachgesimsen, wo die Tempelglocken im Wind hin und her schwingen und klappernd gegen die Regenrinnen schlagen. Blitze schießen in langen Adern über den Himmel, entleeren sich kurz, bevor sie sich gleich wieder aufladen. Die Kinder schreien jedesmal, wenn das Licht aufflackert: »Ich habe deine Knochen gesehen! Ich habe deine Knochen gesehen!«

Als der Regen niedergeht, fällt der Strom aus, und mit

der Konzentration ist es endgültig vorbei. Kinder lachen, wiehern und stampfen umher wie kleine wilde Ponys. Ajahn Champa seufzt an ihrem Pult. Sie sagt immer wieder, wie inkompetent die Lehrer dieser Tage seien, weil sie nichts von ihrer Arbeit verstünden und es nicht einmal schafften, ihre Schüler unter Kontrolle zu halten. Sie ist schrecklich ernst. »Ajahn«, möchte ich sagen, »der Sturm ist schuld, daß sie sich so aufführen«, so wie man sagen würde: »Vater, es ist der Teufel ...« Aber ich sage nichts, schüttle nur in stillem Mitgefühl den Kopf und mache mich nützlich, indem ich die Fensterläden schließe.

Innerhalb von zehn Minuten werden Boten zu den verschiedenen Gebäuden geschickt. Die Schüler dürfen nach Hause. In dunklen Räumen mit geschlossenen Fensterläden und Horden wildgewordener Ponys ist Lernen unmöglich. Lin kommt mit einigen anderen Mädchen aus Denchai ins Englisch-Zimmer. Sie versuchen lautstark, sich gegenseitig und das Donnergrollen zu übertönen.

»Wer hat einen Schirm? Ich kann meinen Schuh nicht finden! Ah, da ist er ja! Nein, er gehört der *falang*. Steht er vielleicht hinter der Tür? Wo hast du ihn denn ausgezogen? Ah, hier unter der Treppe. Hast du jetzt einen Schirm oder nicht? Was? Dann können wir nicht zu Fuß durch Prae gehen, wir werden ja ganz naß. Laufen? Die *falang* rennt gerne. Aber der Regen. *Falangs* hetzen immer umher, sie lieben es zu rennen, bewegen sich niemals langsam. *Jai yen yen*. Lin? Lin! *Bai nai*?«

Wir brechen auf, überqueren den Versammlungsplatz, hasten durch die hohen, offenen Tore von Nareerat, am Kloster vorbei und in die gewundenen Straßen von Prae. Wir hüpfen über Pfützen und stolpern über bröckelnde

Bordsteine, unsere nassen Schuhe geben bei jedem Schritt schmatzende Geräusche von sich. Lin nimmt komplizierte Abkürzungen zwischen Gebäuden und über Tempelhöfe, aber wir sind trotzdem völlig durchweicht, als wir endlich die *songtow*-Haltestelle erreichen, wo Deh und Sak bereits auf uns warten. Die kleine Joum, die bei Lins Familie lebt, ist ebenfalls bei ihnen und zieht einen durchweichten Pullover fester um ihre Schultern. Wir steigen in einen leeren *songtow*, und der Fahrer fährt mit quietschenden Reifen los.

Der Regen ist kälter als heute morgen. Joum schmiegt sich an mich. Es wird sogar noch kälter und dunkler, als wir durch den Teakbaumwald auf halbem Weg zwischen Prae und Denchai fahren.

Plötzlich – nur noch viel schneller – werden wir alle wie lose Knochen in einer Büchse durcheinandergeschleudert. Saks Ellbogen stößt in meinen Brustkorb, Joums kleiner Körper wird gegen und über meinen geworfen, prallt gegen das Führerhaus, und Dehs Kopf kracht gegen das Kinn seiner Schwester. In einem zitternden Atemzug kommen wir schlitternd zum Stehen.

Stille. Totenstille.

Wir entwirren unsere Gliedmaßen. Joums Augen sind so weit aufgerissen, daß sie ihr ganzes Gesicht einzunehmen scheinen. Eigentlich müßte sie weinen, weil sie sehr unsanft gegen das Führerhaus geschleudert wurde, aber sie ist zu überrascht. Wir sammeln uns wieder und hören erneut das Prasseln des Regens. Wir riechen kalten Nebel, zermalmte Pflanzen, Benzin. Wir sehen einander an, erschrocken und zitternd, und hören, wie der Fahrer fluchend die Fahrertür zuschlägt.

Deh ist der erste von uns, der einen Laut von sich gibt. Er legt den Kopf in den Nacken, lacht und sagt: »Naa Pee-Kalen shee cao muuc!«, was ich trotz meiner dürftigen Thai-Kenntnisse verstehe. Es heißt: »Das Gesicht von großer Schwester Karen ist ganz weiß!« Alle lachen, aber mein Sinn für Humor ist noch nicht thailändisch genug. Saks Ellenbogen hat mich ziemlich heftig in der Seite getroffen. Ich fange gerade erst an, wieder halbwegs normal zu atmen.

Deh springt vom Lastwagen, um zu sehen, was passiert ist. Ein großer alter Teakbaum ist quer über die Straße gestürzt, sein Stamm ist beinahe so dick wie der Lastwagen hoch. Er streckt sich weit über die Straße, und Hunderte seiner Äste sind zersplittert. Überall liegen Teakbaumblüten, und dreißig Zentimeter große Blätter kleben an der Windschutzscheibe, am Dach des *songtow* und auf der Fahrbahn.

Ich frage nicht. Wozu fragen? Lächeln, nicken, nicht fragen. Außerdem würde der Fahrer mein Thailändisch doch nicht verstehen. Wann ist dieser Baum umgestürzt? Wenn er schon umgestürzt war, als wir in den Wald hineingefahren sind, warum hat der Fahrer dann nicht früher gestoppt? Wenn er gerade erst umgestürzt ist, durch einen dummen Zufall, warum haben wir dann das Krachen nicht gehört? Haben wir das Krachen vielleicht für ein Donnern gehalten? Fallen in diesem Land solche Riesenbäume einfach so um? Unmöglich. Vielleicht wurde er vom Blitz getroffen. Das wäre ein Anblick gewesen. Vermutlich ist es im Laufe des Nachmittags passiert, als der Sturm von neuem losbrach. Der Fahrer hat wohl die Entfernung unterschätzt, als er den

Baum gesehen hat, und mußte darum so abrupt bremsen.

Der Lastwagen muß einen großen Bogen durch den Wald fahren, um an dem umgestürzten Baum vorbeizukommen. Ich stemme haltsuchend die Hände gegen das Dach des *songtow*; der Regen hämmert auf das Segeltuch wie ein Wahnsinniger, der auf eine Trommel einschlägt. Wir rutschen und schlittern zurück auf die Straße, fliegen wieder über den glatten schwarzen Asphalt, rasen dahin, um den Wald möglichst schnell hinter uns zu lassen. Die Fahrbahn ist mit abgebrochenen Pflanzenteilen übersät.

22. *September*

Wo wir gerade von Stürmen sprechen: der Körper hat seine eigenen.

Ich werde wohl zu einem Arzt gehen müssen, ein Gedanke, der mir verhaßt ist. Die thailändische Schamhaftigkeit hat bereits auf mich abgefärbt, aber das ist lächerlich. Eine Menstruation hat nicht sechsundzwanzig Tage zu dauern. Warum tut mein Körper mir das an? Wie kann er nur so rücksichtslos sein? Nach der Hölle der Chilischoten und Gewürze jetzt auch noch das. Dieses ganze Thailand-Abenteuer war eine Schnapsidee. Keine Tapferkeit vorschützen. Ich fühle mich heute ganz elend. Traurigkeit ballt sich zusammen; ich bin nie wegen etwas Bestimmtem traurig, sondern wegen einer langen Kette von Dingen – ich werde so melodramatisch. In den vergangenen zwei Tagen habe ich Stunden auf dem Postamt von Prae verbracht und versucht, in Kanada anzurufen. Wegen des Sturms kam keine Verbindung zustande. Als das Telefon dann heute endlich klingelte, war das auch alles, was es tat. Ich habe am Morgen, am Nachmittag und am Abend angerufen, und jedesmal war der einzige Lohn für all die Mühe ein einsames Schrillen in meinem Ohr. Ich saß frierend in dem klimatisierten Telefonzimmer, während die Männer von der Vermittlung mich höflich ignorierten. Einige Male warfen sie mir lange, samtigbraune mitfühlende Blicke zu wie mitleidige Cocker Spaniel. Ich hätte heulen können. Ich schrieb »Bittebittebitte« auf einen kleinen Zettel neben dem Telefon, aber aus der Ferne zu betteln funktioniert nicht.

Es ist idiotisch, jemanden, der so weit weg ist, so verzweifelt zu lieben. Ich nehme seine Briefe mit ins Bett. Ich schreibe ihm täglich kleine Romane, beschreibe ihm jedes noch so kleine Detail meines Lebens hier. Ich sehe ihn in allem, flüstere den toten Gegenständen, von denen ich weiß, daß er sie schon einmal angefaßt hat – bestimmte Kleidungsstücke und Bücher – zu »Ich liebe dich«. Ich glaube, meine Haut ist zu dünn, das alles festzuhalten, diesen Mann, jenes Land und dazu noch dieses hier. Ich werde aufbrechen und auslaufen, mich auflösen, in diesem heißen Tal zerschmelzen.

Als ich am Nachmittag und dann wieder um sechs zur Post ging, erwarteten die beiden Angestellten mit den Cocker-Spaniel-Augen mich bereits mit einem Glas chinesischem Tee und einem neuen Zettel für meine Stoßgebete an den Gott der Ferngespräche. Während die ersten Freizeichen ertönten (im Raum war es so leise, daß die beiden Männer das Klingen ebenfalls hören konnten), sahen sie beide bedrückt und hoffnungsvoll herüber. Als niemand abnahm und Salzwasser von meinem Kinn auf den Schoß meiner Schuluniform tropfte, wandten sie sich taktvoll ab, spielten mit ihren Maschinen und ließen mich eine Weile ungestört vor dem Apparat sitzen.

Einer von ihnen reichte mir ein sauberes weißes Taschentuch (ich schaffe es immer, keins bei mir zu haben, wenn ich eins brauche). Der andere sagte *»Jai yen yen«*. Kühle dein Herz. Ich fange an, diese Thais zu lieben. Sie sind so sanftmütig.

DRITTES KAPITEL

1. Oktober 1986

Nach dem Badmintonspielen und einem Bad wird der Abend ruhiger. Ich sehe mir mit Noi und Geway Zeichentrickfilme an oder helfe Koon Yiy, Flicken auf eine alte Tagesdecke zu nähen, die, noch während wir alte Löcher flicken, neue bekommt. Ich gehe oft mit Lin und Deh die Yantrak entlang spazieren, und unterwegs machen wir gewöhnlich halt, um mit Joum, Boh oder Sak zu quatschen. Ich fange endlich an, mir Namen zu merken, obwohl ich sie gemeinhin falsch ausspreche.

Heute abend schlendern wir die Straße hinauf, und Lin sagt das Alphabet auf und legt nach jedem Buchstaben eine Pause ein, damit ich wiederholen kann. Es dauert eine Weile, fast siebzig Buchstaben aufzusagen. Zuerst kommen sämtliche Konsonanten und dann an die dreißig Vokale. Wenn wir die Vokale aufsagen, klingen wir wie sonderbare rufende Tiere. Deh läuft lachend voraus. Als wir auf halber Höhe der Brücke sind, beugte er sich über das Geländer, Augen und Mund weit offen. Der Fluß fließt im Dunkeln unter uns. Wir könnten weiter unten nichts erkennen außer den weißen *chong-nang*-Blumen am gegenüberliegenden Ufer. »*Glua pee mai?*« fragt Deh leise. Ob ich Angst wovor habe? Ich frage Lin, und sie erklärt mir, daß *pee* Geist bedeutet. Ob ich mich vor Geistern fürchte? »Was für Geister?«

Deh starrt mich eine Weile an und runzelt die Stirn. »Die Geister, die unter der Brücke wohnen. Sie können einen töten. Man darf nachts nicht runter zum Fluß gehen.« Ich werfe Lin einen fragenden Blick zu, und sehe, daß auch sie daran glaubt. »An allen dunklen Orten in Denchai leben Geister.« Sie betrachtet die Schatten vor uns und fügt hinzu: »Und in Prae.« Sie atmet tief aus. »Und im ganzen Norden.«

Deh schließt mit einem feierlichen Flüstern: »In allen *meu-ung thai*, überall.«

Sie raten mir, vorsichtig zu sein. Unter der Brücke, in dunklen Winkeln, unter umgestürzten Bäumen und im verlassenen Eisenbahnlager lauern Geister. Sie sind wachsam und sehr lebendig.

Wir entfernen uns von der Bedrohung, die unter der Brücke lauert. Lin schlägt vor, wir sollten uns ein Tennismatch ansehen. Wir gehen in Richtung Bahnhof. Ich wußte gar nicht, daß es in Denchai einen Tennisplatz gibt. Tennis ist bei der Badminton-Gruppe verpönt. Es ist zu schwerfällig mit diesem Schläger, der schwer ist wie eine Bratpfanne. Badminton ist leicht und schnell, es entspricht mehr dem asiatischen Körperbau. »Tennis ist *beuuh*«, sagt Lin. Langweilig.

»Dort sind auch Geister, und viele Tennisbälle«, meint Deh.

»Wo?«

»Da drüben.« Er zeigt auf die gegenüberliegende Seite des Courts. Hinter dem hohen Zaun ist ein tiefer Abgrund. Wenn ein Ball dort hinunterfällt, ist er für immer verloren. Der Professor, wie alle den Tennistrainer nennen, hat den Kindern Geld geboten, wenn sie in den Abgrund hinabsteigen und die Bälle einsammeln, aber das Angebot war nicht verlockend genug, sie ihre Furcht vor Gespenstern, dornigen Pflanzen und Schlangen vergessen zu lassen. Niemand ist bereit, die Bälle zu holen, nicht einmal tagsüber. Sie setzen Moos an.

Lin führt mich auf den Platz und macht mich mit dem Professor bekannt, einem gutaussehenden Mann, der beinahe Englisch spricht. Er möchte mir Unterricht geben. »Gute Arme«, sagt er mit einem Blick auf meine Bizeps. Der Tennisplatz ist voll mit guten Armen; mir fällt vor allem eine große schlanke Frau auf, die ihren männlichen Gegenspieler zu schlagen scheint. Noch bemerkenswerter ist, daß sie Shorts trägt.

Nach ihrem Match lerne ich Beed und ihren Mann auf der offenen Tribüne kennen. Sie ist die erste Thailänderin, der ich bisher begegnet bin, die eine laute Stimme hat. Ihr Mann heißt Samat. Auch er ist ungewöhnlich groß für einen Thailänder und hat einen lockigen schwarzen Ziegenbart, der ihm das Aussehen eines legendären birmanischen Riesen verleiht. Ihre Tochter Poun sitzt auf seinen Knien und ißt einen Keks; sie hat sich mit Schokolade vollgeschmiert. Obwohl Beed englisch spricht, lehnt sie es ab, es mehr als nötig zu benutzen und zieht Thai vor. »In zwei Monaten wirst du besser Thailändisch sprechen als ich Englisch, und dann wirst du mich auslachen, ja ja, ich weiß es.« Ich protestierte, beklage mich über die Betonungen, die ich niemals lernen werde. Sie lacht. »Englisch und seine vielen Zeiten ist viel schlimmer als ein bißchen Sprachmelodie.« Während auf dem Platz ein Doppel gespielt wird, üben wir gemeinsam die ansteigenden und abfallenden Klänge. Sie verzieht das Gesicht, wenn ich sie falsch nachspreche. Wenn die Betonung nicht stimmt, verliert ein Wort seine Bedeutung oder wird mit einem anderen Wort verwechselt, zuweilen mit denkbar peinlichen Begriffen.

»Komm zu uns, und ich zeige dir meine Vögel«, sagt Beed. »Ich zeige dir den Garten meines Vaters.« Sie lebt am Rand von Denchai, wo ihre Familie eine Tankstelle unterhält.

Lin und Deh finden es sichtlich langweilig, in der grellen Platzbeleuchtung zuzusehen, wie Bälle über das Netz fliegen. Deh spielt mit einem großen Käfer am Ende eines Stocks. Lin stößt mich an; »Ich bringe dich morgen zu Beeds Haus. Jetzt holen wir uns ein *nampun.*« *Nampun* ist ein Getränk aus zerstoßenem Eis und frischgepreßten Früchten, das von Straßenverkäufern angeboten wird; ein Glas *nampun* ist wie Eis essen gehen. Ich rufe Beed, die bereits wieder auf dem Platz ist, von einer Seite zur anderen hetzt und schnelle, tiefe Bälle über das Netz schießt, einen Abschiedsgruß zu. Als wir gehen, meint Samat, daß seine Frau nur Glück hätte.

(Das war der Beginn meiner Freundschaft mit Beed und ihrer Familie. Sie, Samat und ihre Eltern waren vier der tolerantesten, hilfsbereitesten Menschen, die ich in Denchai kennengelernt habe. Jede Kleinstadt hat ihre Eigenarten, ihren Aberglauben und ihren Tratsch, aber Beed und ihre Familie hatten, obwohl sie das verkörperte »Thaitum« waren, keinerlei Vorurteile. Sie waren bemerkenswert weltoffen, oft sehr weise und waren mir eine große moralische Stütze, vor allem während der ersten sechs Monate meines Aufenthaltes, als es am schwersten war, ein Thai im Körper eines *falang* zu sein.)

5. Oktober

Ich kann die Realität nicht länger ignorieren. Es dauert jetzt schon über einen Monat. Ich muß mir vor Augen halten, daß eine Unterleibsuntersuchung noch nie jemanden umgebracht hat, nicht einmal in Asien. (Und doch – wie soll ich mir da ganz sicher sein?) Ich habe Ajahn von meinem Problem erzählt, und in ihrer Sorge hat sie mir sogar zwei verschiedene Ärzte empfohlen: eine Frau, die kein Englisch spricht, und einen Mann, der gewisse Grundkenntnisse meiner Muttersprache hat. Ich überrasche sie dadurch, daß ich mich für den Arzt entscheide. Ich sehne mich danach, Englisch zu sprechen. Falls ich sterbe, möchte ich nicht über einen Dolmetscher davon erfahren.

Ajahn Yupa bringt mich zu dem alten hölzernen Klinikgebäude nicht weit von Nareerat entfernt, verborgen in einem Wäldchen aus Teak- und Bananenbäumen. Die langgezogene Terrasse ist übersät mit Menschen, die in der Nachmittagshitze vor sich hin dösen. Faltige alte Männer und Frauen hocken auf Schemeln und wischen sich in regelmäßigen Abständen mit einem Taschentuch den Schweiß von Gesicht und Hals. Nachdem wir auf Yupas Motorroller vorgefahren sind, verwandeln sich die gelangweilten Blicke in unsere Richtung in allgemeines Starren.

Yupa führt mich in das kleine Büro, macht mich mit den Krankenschwestern bekannt, drückt mich auf einen Stuhl und hetzt zu ihrer nächsten Unterrichtsstunde. Die Blicke der anderen Thais folgen ihr, als sie die Stufen hinunterhastet, mit einer völlig synchronen Drehung der Hälse und wenden sich dann wieder mir zu. Ich warte eine Ewigkeit, presse die Knie keusch zusammen und schwitze unter meinem schweren blauen Rock. Ich würde ihn gern über den Knien ausschütteln und mir so etwas Luft zufächeln, aber mir wurde gesagt, das wäre undamenhaft. Die Krankenschwestern kichern ständig. Wir gehen alle Thai-Fragen durch, die ich kenne, die ich schon tausendmal gefragt wurde und darum ohne größere Mühe beantworten kann. Es ist gefährlich, ein wenig Thai zu sprechen, weil sie sich hinreißen lassen und reden und reden, während ich längst nicht mehr mitkomme, hoffnungslos verloren bin in der Musik der Sprache und nicht mehr verstehe als ihre Blicke. Die Standardfragen kann ich beantworten: Wie heißt du, wie alt bist du, woher kommst du, bist du heute glücklich, ist Thailand schön, schmeckt dir unsere Küche oder ist sie dir zu scharf, gefallen dir die Thai-Jungen, hast du einen thailändischen Freund, möchtest du einen? Ich würde gern antworten: »Haben Sie einen im Angebot?«, aber ich bin nicht sicher, ob sie den Witz verstehen würden. Sarkasmus geht meist an den Thais vorbei. Ich habe versucht, Ajahn Champa gegenüber sarkastisch zu sein, aber sie nimmt das, was ich sage, ernst oder sieht mich nur komisch an.

Ich traue den Krankenschwestern nicht so ganz. Sie sehen jünger aus als ich, und sie tragen keine kleinen weißen Hauben. Genau genommen mangelt es überall an der Sterilität, die ich an Krankenhäusern so abstoßend und gleichzeitig so beruhigend finde. Sie mögen ja kalt und nüchtern sein, aber wenigstens sind sie sauber. Hier breitet man beispielsweise nicht einmal ein weißes Laken über den Untersuchungstisch. Man sitzt inmitten von Erregern. Knochige alte Leute humpeln einer nach dem anderen herein, machen sich frei, stützen sich nach vorn gebeugt auf die Ellbogen und bekommen eine große Nadel in den Po. Das Ganze findet gleich im Büro statt, während die Krankenschwestern mich über die Schulter hinweg fragen, ob ich einen Thai heiraten und für immer hierbleiben möchte. Ich bekomme Angst, daß sie auch mich in aller Öffentlichkeit untersuchen werden. Die alten Menschen sehen mich unverwandt an und lächeln sogar in ihrer Verlegenheit. Ich erwidere hastig ihr Lächeln und wende den Blick sofort wieder ab.

Über dem Tisch sind Regale angebracht, in denen Zehn-Gallonen-Krüge mit einer Auswahl mehliger Pillen stehen. Unter den Pillen liegen aufgereihte Spritzen. Die Krankenschwestern scheinen jedem eine Handvoll derselben Pillen in einem kleinen Plastikbeutel zu geben und ihm eine Spritze in den Allerwertesten zu verpassen. Ist in der Gegend vielleicht eine Seuche ausgebrochen?

Endlich läßt sich der Arzt blicken, ein fröhlicher Pinguin von einem Mann, der sofort fragt: »Wo liegt das Problem?« Ich fange an, es ihm auseinanderzusetzen. Wie viele Ärzte nickt er wissend, als wüßte er bereits Bescheid und hätte nur aus reiner Höflichkeit gefragt. Nachdem er ein paar Worte mit den Krankenschwestern gewechselt hat, watschelt er den Flur hinunter. Die Krankenschwester schenkt mir ein entschuldigendes Lächeln und bedeutet mir, ihr zu folgen. Wir betreten ein anderes Zimmer. Sie gibt mir pantomimisch Anweisungen und läßt mich allein. Ich bin allein in dem Zimmer und sehe zum Fenster, durch das mich eine Gruppe von *sam-lah*-Fahrern interessiert beobachtet. Ich mühe mich mit der Jalousie ab, bis sie schließlich klappernd herunterkommt. Die Krankenschwester kehrt zurück und legt ein Bündel Lumpen auf den Untersuchungstisch, der mich unglücklicherweise an ein sehr großes Hackbrett erinnert. Unbeschreiblich verlegen ziehe ich Rock und Slip aus und setze mich auf das kühle Holz.

Die Krankenschwester kommt wieder herein und schlägt die Lumpen auseinander. Zum Vorschein kommt ein glänzendes metallenes Instrument, das aussieht wie eine Knoblauchpresse. Im Raum ist es dunkel, seit ich die Jalousie geschlossen habe; ich kann das schimmernde Instrument erst näher erkennen, als der Doktor hereinkommt und es in die Hand nimmt. Er fordert mich auf, mich zurückzulehnen und zu entspannen. Ich erkenne, daß es sich bei dem seltsamen silbernen Gerät um ein Spekulum handelt, wenn auch ein antikes Stück, das in Tücher gewickelt vor Staub geschützt wird und nur einmal im Jahr hervorgeholt wird, um poliert zu werden wie eine Trophäe. Ich kann nicht anders. Bevor er mit der Untersuchung anfängt, frage ich: »Ist das auch sauber? Sind Sie ganz sicher? Wie sauber ist das?« Er lacht und versichert mir, daß alles absolut hygienisch wäre. Ich nehme an, die Flecken auf den Lumpen sind schon alt und gehen beim Waschen nicht mehr raus. Kann etwas, das Flecken hat, überhaupt steril sein?

Während der Untersuchung hält eine Krankenschwester eine Taschenlampe über den Kopf des Arztes, damit er sehen kann, was er tut. Aber was genau tut er? Langsam wird mir klar, daß dies, trotz meiner angespannten Bauchmuskeln, eine Episode ist, über die ich später lachen werde. Es ist eine »wunderbare Erfahrung«. An der Decke entdecke ich eine große Spinne mit dünnen Beinen und einem beeindruckend runden Leib. Ich starre sie während der ganzen Untersuchung an und frage mich, ob sie unter dem Druck meiner Augen irgendwann herunterfallen wird.

Als der Doktor fertig ist, sagt er: »Sie in Ordnung. Haben kleine Infektion, kleines Problem. Nicht genug Eisen. Nichts Ernstes. Wir geben Ihnen etwas Antibiotika und Vitamine, und in einer Woche fühlen Sie sich besser.« Er sagt hastig etwas zu der Krankenschwester, wäscht sich die Hände und schlurft davon, bevor ich Gelegenheit habe, ihn zu fragen, was genau mit mir los ist. Die Krankenschwester wendet diskret den Kopf ab, während ich mich wieder anziehe, und bringt mich zurück ins Büro. Ich bekomme eine Spritze. Die andere Krankenschwester sieht mich und lacht entzückt. *»Sabai dee mai ka?«* Ja, entgegne ich, es geht mir gut. Sie bereitet zwei kleine Beutel Tabletten für mich vor, und ich bezahle eine geringe Summe für die Medikamente. *»Chokedee, na-ka«*, sagt sie, mir Glück wünschend. Ich trete hinaus auf die Veranda, in die Wärme neugieriger Blicke und goldglänzender Luft. Die Bäume werden jetzt aus einem günstigen Winkel angestrahlt, und die Blätter schimmern tiefgrün im eingefangenen Sonnenlicht. Ich umklammere meine kleinen Tablettenbeutel, und als ich die Klinik durch die rostigen Tore verlasse, fühle ich mich schon geheilt.

14. Oktober

Das sind die Photos, die ich nicht schieße, nicht schießen kann, Szenen ohne Erklärung, weil ich keine habe. Bilder nehmen ein einziges Mal oder auch täglich Gestalt an, und es scheint unmöglich, sie einzufangen außer mit meinen eigenen Augen. Auch darüber zu schreiben ist nichts, nicht annähernd genug, nicht real. Mit Worten dringe ich nie ganz bis zum Kern der Dinge vor. Das Leben hier weckt in mir den Wunsch zu malen, Farben und Formen dessen, was ich sehe, festzuhalten. Ich verstehe nicht einmal die Hälfte. Manchmal fehlen mir die Worte für die Fragen, die ich stellen möchte. Ich werde für immer hierbleiben müssen, um all das zu lernen, was ich wissen muß.

Boum, eine Mitschülerin, die ebenfalls in Denchai lebt, spaziert mit mir durch Prae. Wir sind auf dem Weg zu dem Platz, wo die *songtows* warten, als plötzlich ein riesiger blauer Truck mit quietschenden Reifen um die Ecke biegt. Auf der Ladefläche drängen sich Feldarbeiter, weitere klammern sich außen an den Wagen und ans Dach. Sie brüllen oder schlagen eine Trommel oder ein Tamburin. Auch nachdem der Lastwagen die Hauptstraße hinuntergerast und aus meinem Blickfeld verschwunden ist, höre ich noch Musik von den Klostermauern widerhallen. Boum wirft einen Blick zurück – mein Mund steht offen. Sie hat nicht einmal den Schritt verlangsamt, während ich stehengeblieben bin und verblüfft dem Lastwagen hinterherstarre. *»Mai pen lai«*, sagt sie, »unwichtig«, und zieht mich am Arm. Was haben die Männer gesungen? Und warum?

Eines Morgens, als ich Ananas für Meh kaufen gehe und mich beeile, um meinen *songtow* nicht zu verpassen, stolpere ich fast über einen kleinen Gnom, der sich mitten im Passantenstrom niedergesetzt hat. Er hat das schmale Gesicht und den struppigen Bart einer Ziege. Er bläst gelassen in eine Bambusflöte und schließt hin und wieder die schmutzigen goldenen Augen, als hätte er sich mit seiner Musik selbst in den Schlaf gewiegt. Vor jedem seiner Knie stehen je zwei Blechschalen, aber ich habe keine Zeit, ihm Geld zu geben; die Menge schiebt mich in Richtung der Obststände. Als ich zurückblicke, ist er bereits hinter einem Wald von Beinen verschwunden.

Manchmal treffen sich morgens ein Dutzend schwarzhaariger Mädchen unter den Tamarinden, um vor dem Unterricht mit Limonen zu jonglieren. Mit dem Talent vollendeter Clowns singen und tanzen sie beim Jonglieren, und sind verblüfft, als sie erfahren, daß die meisten Kanadier diese Kunst nie erlernen. Sie spielen bis zum ersten Glockenschlag, woraufhin sie unweigerlich im Chor aufkreischen, die Limonen fallen lassen und zu ihren Schulgebäuden laufen. Wenn sie die Hände über den Mund legen, um ihr Kichern zu unterdrücken, stelle ich mir den Limonenduft daran vor. Als sie schließlich alle fort sind, komme ich wieder einmal zu spät zum Thai-Unterricht.

In Paw Praserts Rosengarten haben wir eine wunderschöne lederfarbene Eidechse mit schokoladenbraunen Streifen und dem länglichen, spitz zulaufenden Kopf einer Schlange. Es ist eine sehr dicke Eidechse, an den Luxus üppiger und zahlreicher Mahlzeiten gewöhnt. Die

Schmetterlinge hier haben eine Flügelspanne, die der Breite meiner Hände entspricht, und die Libellen sind so schwer, daß sie langsamer zu fliegen scheinen als in Kanada. Alles ist übergroß und muß für die Reptilien leichter zu fangen sein. (Das stimmt vermutlich nicht, aber es klingt gut.) In Spinnweben, die wie Fischernetze zwischen den Telefonleitungen hängen, zucken gefangene Insekten. Vögel mit roten Köpfen schießen wie Torpedos durch die Luft, Grashalme im Schnabel. Ich begrüße diese sonderbaren Lebensformen voller Überraschung und möchte bei jedem Wimpernschlag *danke* flüstern. So vieles ist lebendig, so vieles singt, kriecht, klettert. Die Welt selbst ruft mir zu. Manchmal schlage ich am Morgen die Augen auf, und eine Gottesanbeterin hockt auf der grünen Tagesdecke und putzt sich Kopf und Vorderbeine, nur wenige Zentimeter von meinem Gesicht entfernt.

Die Thais verstehen meine Faszination nicht, warum ich wie ein Hund am Fenster des *songtows* klebe und hinausstarre. Es gibt keine Linse, mit der man auch nur ein einziges der Felder hier einfangen könnte, keine Linse außer der des Auges, dem gierigen Beobachtungsinstrument des Verstandes. Die überfluteten Felder spiegeln exakt den Himmel wieder, an dem sich meilenweit Wolken bilden und auflösen. Wenn die Sonne tief steht und blendet, schimmern die Reisfelder wie Silber, aber in der Abenddämmerung oder im Morgennebel sind sie überschattet, von einer Art Gitter überzogen wie der Panzer einer Schildkröte. Wälder bedecken die Hügel jenseits von Denchai, mit Wolkenfetzen verwoben, und flüstern mir Geschichten zu von Kindern, die sich in Phantasieländern verirrt haben. Die Thais nehmen ihre Welt nicht so bewußt wahr wie ich, weil sie ihnen schon ihr ganzes Leben vertraut ist und sie sie gedankenlos lieben. Ich für meinen Teil staune immer noch jeden Morgen auf der holprigen Fahrt nach Prae.

20. Oktober

Der Morgen bricht kühl und bewölkt an, der Himmel altrosa und rot gefärbt, goldene Strahlen fallen auf die Hügel hinab. Mit einiger Übung entdecke ich jeden Tag mehr. Anmut zu sehen fällt hier leicht, weil die Menschen hineingeboren werden. Sogar die Frauen auf dem Weg zur Arbeit auf den Feldern bewegen sich mit den schöngeschwungenen Rücken von Tänzerinnen.

Die angeborene Anmut der Thais läßt den Tanzunterricht für mich zu einem Alptraum werden. Man stelle sich einen Gorilla vor, der Ballett tanzt, oder ein überdimensionales weißes Huhn in roten Windeln: das ist Karen beim Lernen klassischer Thai-Tänze. Ich werde zusammen mit den jüngsten und kleinsten Mädchen von Nareerat unterrichtet, den Anfängerinnen. Neben ihnen wirke ich nahezu monströs. Wir tragen weite rote Wickelhosen (sie sehen tatsächlich aus wie längliche Windeln), und die Schnur an meiner Hose ist am Ende der Unterrichtsstunde immer völlig verheddert. Meist muß eins der kleinen Mädchen sie für mich durchbeißen.

Fawn-ram thai ist eine Übung in Kompliziertheit und

Geduld. Anders als beim Jazz- oder Gymnastiktanz ist es unmöglich, noch so kleine Fehler in der Geschwindigkeit und dem Schwung der einzelnen Bewegungen zu übersehen oder zu verbergen. Beim *fawn-ram thai* gibt es keinerlei Schwung. Man bewegt sich sehr langsam in perfektem Einklang mit der Musik, die für mich oft klingt wie Katzen beim Liebesspiel während eines Konzerts ungestimmter Bratschen und Pikkoloflöten. (Selbst Schuld; meine Faszination für Ethno-Musik hält sich in Grenzen).

Fawn-ram thai ist eine Übung in Frustration. Bevor ich damit anfing, hatte ich nie motorische Schwierigkeiten. Ich bin vor Konzentration schweißgebadet, weil man sich im Grunde kaum bewegt. Um die Balanceakte auf einem Bein, die Fingerkrümmungen und die Handbewegungen gleichzeitig in Zeitlupe hinzukriegen, braucht man ein nie gekanntes Maß an Konzentration. Ich persönlich würde ja lieber joggen gehen, aber das ist wohl keine sehr kulturelle Beschäftigung. Ich würde unheimlich gern *moo-aye thai* probieren – Thai-Boxen, die traditionelle Kampfkunst des Landes –, aber Ajahn Champa will nichts davon hören. »Ich bin nicht gewillt, die Verantwortung für gebrochene Rippen zu übernehmen«, hat sie gesagt und sich in einer verzweifelten Geste mit dem Handballen die Stirn gerieben.

Also lerne ich statt dessen tanzen, so nahe bin ich ritualisierter Gottesanbetung noch nie gekommen. *Fawn-ram thai* ist für mich weniger Tanz als Zeremonie. Manchmal, wenn es mir wie durch ein Wunder gelingt, alle Gliedmaßen gleichzeitig zu bewegen, den Kopf zu neigen, zu knien, und die Hände im klassischen *wai* zu falten, habe ich keineswegs eine Routine, einen Tanz vollbracht. Dann habe ich ein stummes Gebet aufgesagt.

VIERTES KAPITEL

1. November 1986

Heute gab es am späten Abend zwei Überraschungen, eigentlich Wunder. Erstens: das Telefon im Spirituosenladen hat funktioniert. Zweitens: ich habe mit Michael gesprochen.

Er ist nicht tot. Er liegt nicht einmal im Sterben und ist nicht ernsthaft erkrankt. Der einzige Grund, weshalb er in seiner Wohnung nie abgenommen hat, war der, daß er nie zu Hause war. Ich habe ihm schon einen langen Brief geschrieben; der Deckenventilator hat die ersten vier Seiten hinter den Schreibtisch geweht, wo die Ameisen dabei sind, eine große tote Motte zu verschlingen. Ich habe bereits einige Stunden geweint und meinen Körper ausgetrocknet. Alles sehr traurig und melodramatisch, aber das ist auch angesagt. Er trifft sich nicht nur mit einer anderen Frau; er schläft nicht nur mit einer anderen Frau.

Er ist zu ihr gezogen.

Er hat von seinem Schmerz erzählt, von seinem Leid und seinen Schwierigkeiten, allein zu leben, umgeben von den »Gespenstern der Vergangenheit«.

Gespenstern! In Thailand wimmelt es förmlich von ihnen. Was ist so schlimm an Gespenstern der Vergangenheit – sie sind immer noch vertrauenswürdiger als thailändische Geister. Er sagt, Briefe wären nicht genug. Okay, aber konnte er sich nicht einfach mit einer Affäre trösten? Warum muß er gleich mit ihr zusammenziehen?

Hier sitze ich, umgeben von neugierigen, starrenden, ewig lachenden Thais, ohne richtige Toilette, Waschmaschine, Englisch, Erdnußbutter und einen einzigen Menschen, der mich wirklich kennt, und Michael jammert mir die Ohren voll über Einsamkeit und Liebe.

Er sagt, sie kocht phantastische Abendessen. Na wunderbar. Ich esse jede Woche lächelnd meine Fischdärme, ich pflücke jeden Morgen gefräßige Ameisen aus meiner Unterwäsche und bete, daß es unserem lieben Michael gut geht.

Wie närrisch.

Plötzlich fühle ich die Welt körperlich, fühle die Kluft der Entfernung. Sogar im Meer gibt es ganze Bergketten und Wüsten. Wie weit bin ich eigentlich genau weg? Die Erde ist kein Globus wie in der Schule, sondern eine knöcherne Faust, ein Labyrinth aus Knochen und Stein, die Vertiefungen überflutet und unergründlich. Das Dunkel Denchais hüllt mich ein; sogar die Hunde sind still. Ich fühle mich häßlich, unberührbar, wie eine rätselhafte oder abstoßende Kreatur: eine Wegschnecke, ein Blutegel, ein mikroskopisch kleiner Käfer. Ich möchte mich auf die Felder hinausschleichen und in Gras und Schlamm schlafen, meinen Atem dem Rhythmus der Erde anpassen. Ich *fühle* Erinnerungen mich durchströmen wie scharfflossige Fische; sie machen zweimal kehrt, tauchen ins Dunkel ein; das Licht gleitet von ihren Schuppen, und sie verschwinden.

»Ich kann mich für dich nicht zweiteilen«, hat er gesagt. Er braucht meine körperliche Anwesenheit, meinen Körper. Er will, daß ich nach Hause komme. Aber dafür ist es jetzt schon zu spät. Er hat gesagt, daß er mich noch liebt, daß ich ihm weiter schreiben soll, weiter ...

Ich weine mich in den Schlaf.

5. November

Gestern nacht ist im *hongnam* eine Eidechse von der Wand ins Wasserbecken gefallen, als ich gerade mit einem Eimer Wasser herausschöpfte. Sie schwamm mit abgespreizten Beinen und stieß immer wieder gegen die Kacheln, ohne Halt zu finden. Ich fischte sie heraus, überrascht davon, wie sich die pergamentartige Haut anfühlte. Ich konnte ihr Herz gegen meine Hand schlagen sehen. Ihre Krallen waren so klein, daß sie sich weich anfühlten, und die schwarzen Knopfaugen starrten mich an, ohne zu blinzeln. Ihr Herz lag da in meiner Hand – ein Schauer jagte über meinen nassen Arm. Vielleicht wären mir ein paar Schuppen gewachsen, wenn ich sie noch länger in der Hand gehalten hätte.

Isak Dinesen bekam in Afrika einmal niederschmetternde Nachrichten. Sie ging nach draußen, um nach einem Zeichen Ausschau zu halten, etwas, das ihr sagte, wie sie sich verhalten sollte. Sie sah, wie ein Hahn einer Eidechse die Zunge herausriß. Hinterher mußte sie das zuckende Reptil mit einem Stein totschlagen. Ich hatte mehr Glück. Ich setzte die Eidechse auf den kalten Boden. Sie blieb eine Weile reglos dort sitzen und huschte dann die Wand hinauf. Als ich einschlief, fühlte ich noch ihr Leben in meiner Hand pulsieren.

6. November

Beed bewahrt mich vor Selbstmitleid. Die liebe Beed mit ihrer unschlagbaren Rückhand und den westlichen Shorts. Langsam gehe ich die Yantrak hinauf (ich gehe jetzt schon seit einigen Tagen sehr langsam) und wünsche mir nur, mit jemandem zu sprechen, der mich versteht und mir zuhört. Ich komme zur Tankstelle, aber Beed ist nicht allein. Die ganze Familie ist draußen und streitet wegen irgendwelcher Geranien. Sie wollen die Tankstelle verschönern, und Beeds Mutter möchte Geranien statt Rosen. »Es sind schon genug Rosen da. Geranien sind selten. Wir müßten sie aus Chiang Mai kommen lassen.«

Sie dämpfen die Stimmen, als sie mich sehen – in ganz Denchai hat sich herumgesprochen, daß die *falang* in den letzten Tagen etwas hysterisch war und sogar in der Öffentlichkeit geweint hat. Paw Prasit besucht mich jeden Tag, um sicher zu gehen, daß ich nicht sterbe.

Beeds Vater lächelt und fragt, ob ich schwimmen war; meine Augen sind so gerötet. Ich bin nicht sicher, ob es ein Scherz ist oder nicht. Ich setze zu einer gefaßten Erklärung an, die jedoch bald in ein schluchzendes englisch-thailändisches Kauderwelsch übergeht. Beed, ihr Mann und ihre Eltern mustern mich eine Weile schweigend. Die kleine Poun, die mich erst wahrgenommen hat, als ich angefangen habe zu heulen, fängt ebenfalls an zu weinen, was glücklicherweise die Aufmerksamkeit von mir ablenkt. Ich putze mir die Nase. (Ausnahmsweise habe ich einmal daran gedacht, Taschentücher einzustekken).

Ein Lastwagen hat an einer Zapfsäule gehalten, und bevor er hinüber geht, um ihn aufzutanken, macht Samat einen seltsamen klickenden Laut mit den Zähnen und sagt: »Kalen, *kohn soo-wai, mai pen lai.*« Hübsche Karen, vergiß es, es ist unwichtig. Ich muß gegen meinen Willen lachen; das letzte, was ich im Augenblick bin, ist schön. Beed nimmt mich bei der Hand und führt mich ins Büro, die immer noch schniefende Poun auf der Hüfte. Ihre Eltern folgen dichtauf. In dem sonnigen Büro holt Koon Meh das chinesische Schachbrett hervor. Der kleine ölverschmierte Chet kommt herein, um mit mir zu spielen.

»Es gibt tausend gute Männer in Kanada«, sagt Beed.

»Und Millionen großartiger Thais gleich hier vor Ort«, fügt ihr Vater hinzu.

»Du solltest dir einen neuen thailändischen Freund suchen, der nicht *rai-jai* ist«, meint Beeds Mutter. *Rai-jai* bedeutet soviel wie »vielherzig«, ohne ein einziges echtes Herz. »Wir alle lieben die Menschen, die uns am nächsten sind. Du bist sehr weit weg. Aber sei nicht traurig. Du bist jung und wirst noch vielen nah sein.«

»Du solltest meinen Bruder heiraten«, zwitschert Chet, der auch für einen Thailänder ziemlich klein ist. »Er ist Polizist und wird gut für dich sorgen.«

Von acht Partien chinesischem Schach gewinne ich nur zwei, jeweils gegen Beeds Mutter. Sie läßt mich gewinnen. Es ist mir egal. Ich bin nicht einmal böse, daß sie das Ganze nicht sehr ernst nehmen. Samat sagt, jedesmal wenn ich wieder in Tränen auszubrechen drohe: *»Mai pen lai.«* »Denk nicht darüber nach«, rät mir Beeds Vater. »Davon bekommst du nur Kopfschmerzen, und außerdem macht es dich alt.« Ich spiele Schach, bis ich halb blind bin, und gehe dann mit leerem Kopf durch das grün-goldene Licht der Abenddämmerung zurück nach Hause. Nach dem Essen – Reis und Huhn – und einer Unterhaltung mit Pee-Moi über Enteneier gehe ich zu Bett und schlafe zum erstenmal seit Wochen tief und traumlos.

9. November

Wir sind irgendwo außerhalb von Piegit. Wir sind über eine schmale, vom Urwald überwucherte Straße in Paw Praserts Dorf gelangt, zu dem Haus, in dem er geboren wurde, und den Straßen, in denen er aufgewachsen ist und die er zum Glück hinter sich lassen konnte. Er hat zehn Brüder und Schwestern, die das Dorf ebenfalls verlassen haben, und nur seine Eltern leben noch hier. (Genau genommen leben auch sie teilweise in Denchai – zwei Wochen hier, zwei Wochen dort.)

Praserts Geschwister sind ebenfalls gekommen, und die Familie verwandelt sich in ein großes, schlangenähnliches Wesen, das in allen drei Stockwerken des Hauses umherhuscht und auf Chinesisch und Thailändisch flüstert und vor Lachen brüllt. Thai kommt mir viel weicher vor als Chinesisch, aber vielleicht liegt das nur daran, daß ich es verstehe. Chinesisch ist mir ein Buch mit sieben Siegeln, wenngleich es vertraut klingt, weil es ebenfalls eine melodiöse Sprache ist. Praserts jüngerer Bruder bringt mir bei, auf Chinesisch bis zehn zu zählen, füttert mich den ganzen Nachmittag mit Mandarinen und stellt so eifrig Fragen, daß es zu keinem Zeitpunkt langweilig wird. Manchmal ist es schwierig, Stunden über Stunden mit Thailändern zu verbringen, weil sie so viel über Essen, das Wetter und Mücken reden. Der Rest der Welt und was dort so alles vor sich gehen mag, interessiert sie nur selten; ich bin überhaupt nicht mehr informiert. Nachdem wir den ganzen Nachmittag Obst und chinesisches Gebäck gegessen und dazu krügeweise gekühlten schwarzen Kaffee getrunken haben, verkündet Prasert, er sei hungrig. Wir gehen hinaus auf die Straße.

Die Straße ist so schmal, daß ich die Leute auf der anderen Seite niesen hören kann. Ich kann in den Häusern die Zeiger der Uhren erkennen. Sämtliche Gebäude sind miteinander verbunden, aus Holz, zwei oder drei Stockwerke hoch, voller Kinder, junger Frauen und Großeltern auf Korbstühlen oder Holzbänken. Ihr Leben hüllt mich ein; ich stolpere unentwegt über chinesische Worte. Es ist, als wäre ich in einem anderen Land oder als würde ich von China träumen. Die vielen Menschen sind nur der erste Eindruck: unter dem Offensichtlichen verbergen sich Geschichten, Ereignisse, all das, was ein einzelnes Leben ausmacht. Plötzlich in dieses Dorf getaucht zu werden, macht mir bewußt, wie weit ich davon entfernt bin, alles zu wissen. Die Menschen starren mich unverhohlen an – hierher kommen nie *falangs.* Frauen kommen von den Garküchen herüber, um mich aus der Nähe zu betrachten. Auf dem Marktplatz begegne ich den Blicken der Obst- und Gemüsehändler. Pee-Moi hakt mich unter und nickt jedem zu. Sie ist stolz auf mich, die

Rarität. In Denchai und Prae hat man sich inzwischen an mich gewöhnt, aber hier fühle ich mich wieder völlig fremd.

Plötzlich ertönt in unserer Nähe ein lautes Krachen, gefolgt von einem Aufschrei. Kinder und Männer rufen durcheinander. Ein Mann, der mehrere Metallstühle trug, ist über einen gelben Hund gestolpert und gestürzt. Niemand scheint verletzt außer dem Hund, der geduckt und winselnd unter ein Podest flüchtet.

Pee-Moi erklärt mir, daß die Bühne für eine chinesische Oper errichtet wurde, was auch die festliche Atmosphäre auf dem Markt erklärt. Noch während wir reden, wird die Bühne in rot-goldenes Licht getaucht. Prasert sagt, daß die Sänger und Akrobaten so lange auftreten, wie sie können. Die besten von ihnen werden noch bei Tagesanbruch auf der Bühne sein.

Der Markt an sich ist schon eine Vorstellung. Ich möchte mir den Ausdruck auf dem Gesicht eines Kindes einprägen, einen Augenblick die Geräuschkulisse auf Band festhalten oder den Duft von geröstetem blauen Mais einfangen. Wassermelonen, geöffnet wie riesige Blüten; Austern, Hummer, Würste und Hühner türmen sich in Pyramiden himmelwärts; Thailands exotisch geformte und stachelige Früchte quellen wie Seeanemonen aus Kisten und Karren. Menschen tragen Silbertabletts mit teuren Orangen, Äpfeln und chinesischem Gebäck zum Tempel. Weihrauchgeruch vermischt sich mit dem Duft von Brathähnchen und gerösteten Bananen.

Als die Oper schließlich beginnt, haben wir so viel gegessen, daß wir nicht mehr aufstehen können. Wir bleiben an unserem Tisch sitzen, statt uns unter die schwitzende Menge zu mischen. Musik brandet so plötzlich auf wie der Wind, und die Mischung von beidem sorgt für Stimmung: die Menschen lachen, werfen Feuerwerkskörper und hüpfen auf und ab. Die rote Markise über uns wellt sich zitternd. Als die Sänger anfangen, bin ich verblüfft vom schrillen Spiel so zahlreicher Zungen. Gleich nach den Sängern kommen die Akrobaten; die Schwerkraft ignorierend, schleudern sie einander durch die Luft.

Die Musik ist mir unverständlich und wird mir möglicherweise noch Alpträume bescheren, aber die Vorstellung an sich ist phantastisch. Die Kostüme sind kunstvoller als alle, die ich je gesehen habe. Chinesisches Make-up verwandelt jedes Gesicht in einen Teufel, einen Wolf, einen Raubvogel oder einen Riesenschmetterling mit Flügeln aus schimmerndem Stoff: rot, seidigschwarz, pfeffergelb und grün. Unglaublich lange Federn verwandeln Menschen in Motten. Als wir aufstehen und uns unter die Menschenmenge mischen, wird mir ganz schwindlig von dem Gedränge und den Lichtern: ich kann einfach nicht glauben, daß so vieles gleichzeitig geschieht und trotzdem vollständig in meinen Kopf hineinpaßt. Kinder rennen übermütig kreischend umher und halten sich mit den Fingern die Ohren zu gegen das Knallen der explodierenden Feuerwerkskörper.

Die Akrobaten fliegen in Salti über die Bühne. Immer wenn einer von ihnen einen Fehler macht und das Gleichgewicht verliert, klatscht die Menge noch frenetischer. Spät in der Nacht heult der Wind durch das Dorf und läßt die Kostüme flattern. Die Markise über uns wogt wie ein rotes Meer. Paw Prasert, Pee-Moi und ihre Geschwister verlangen lautstark nach mehr Akrobaten. Ihre Gesichter sind sich so ähnlich, daß ich sie kaum unterscheiden kann.

16. November

Paw Prasert sagt, daß ich an der jährlichen *Roy Gratong*-Parade teilnehmen werde. »Du mußt sehr schön sein«, erklärt er, »für die Wassergötter.« Am Nachmittag kommen zwei Frauen zu uns, um mich anzukleiden und mein Gesicht anzumalen. Das Ganze dauert geschlagene drei Stunden. Als ich schließlich auf den fuchsiafarbenen Wagen in Form einer Lilie steige, kippe ich beinahe hintenüber, weil der Stoff, in den ich gewickelt bin, meine Beinfreiheit auf ein Minimum reduziert. Gefesselt mit feinsten thailändischen Stoffen. Außerdem trage ich die für den Schönheitswettbewerb vorgeschriebenen Schuhe mit hohen Absätzen.

Das Ganze entwickelt sich zu einer teils faszinierenden, teils grauenhaften Erfahrung. Nach der Parade die Yantrak hinauf, dem Schönheitswettbewerb, den vielen Photos und der Stunde, die ich mit alten Thai-Männern verbracht habe, die mir gestehen, daß sie mich gern im Bikini sehen würden, habe ich es gründlich satt, zu lächeln, mich zu verneigen und ... benutzt zu werden. Ajahn Champa sagt, die Thais wollten mich nur sehen, sie wären einfach neugierig, aber ich bin es so leid. Nach einer Weile – und eine Weile umfaßt etwa zwanzig Minuten – verliert es seinen Reiz. Tausende von Menschen sind zum *Roy Gratong*-Fest nach Denchai gekommen – Dorfbewohner, Viehzüchter und Bauern mit Horden von Kindern und lästigen Hunden. Ich schalte alles ab außer meinem Lächeln und konzentriere mich darauf, die beeindruckende Anzahl von Insekten in meinen Haaren und auf meinem Kleid zu ignorieren. Ich bin nicht allein im Neonlicht des hübschen *Gratong*. Bei mir ist ein ganzer Schwarm Eintagsfliegen. Den ganzen Abend schaudere ich vom Kribbeln der Insekten auf meiner Kopfhaut.

Ich habe also an einem Schönheitswettbewerb teilgenommen und wurde von der Menge bejubelt. Ich hoffe, daß niemals irgend jemand in Kanada die Bilder zu sehen bekommt. Die Thailänder sehen darin keine Ausbeutung – jedes Mädchen träumt davon, an einem Schönheitswettbewerb teilzunehmen –, und alle freuen sich auf die Preise, den Trubel und die Aufregung. Das Publikum wirft Rosen. Aber Menschenmassen machen mich nervös, und künstliche Schönheit langweilt mich. Während ich hinter der Bühne auf einer Kiste sitze und meine wunden Füße massiere, lassen die Mädchen ihre Körper beurteilen, sogar ihre Fingernägel und Füße.

Auf den Schönheitswettbewerb folgt eine Zaubershow. Dann gibt es gräßliche Synthesizer-Musik und eine bizarre Vorstellung singender und Witze erzählender Transvestiten. Alle sind begeistert. Endlich, erschöpft von dem vielen Angestarrt- und Betatschtwerden und dem Geschrei, hinke ich, Blumen und Rock festhaltend (der sich inzwischen auflöst) hinter Prasert her zum wartenden *sam-lah*. So muß sich Cinderella gefühlt haben. Ich bin auf einem geschmückten Wagen gekommen und verlasse das Fest in einer dreirädrigen Rikscha. Der alte Mann, der in die Pedalen tritt, hat dürre Vogelbeine. Um zwei Uhr morgens fahren wir begleitet vom durchdringenden Quietschen und Knarren trockenen Metalls davon.

Der Mond hängt strahlend wie ein von der Sonne angestrahlter Spiegel über Denchai; meine Augen sind zu überreizt, ihn anzusehen. Als wir zu Hause ankommen, ist es fast halb drei. Prasert stolpert davon in sein Zimmer. Ich steige die Treppe zu meinem eigenen hinauf; ich kann es kaum erwarten, mir die Farbe vom Gesicht zu waschen und meinen verschwitzten, insektengepeinigten Körper auszuwickeln. Ich entdecke schnell eine grundlegende Tatsache über die traditionelle thailändische Kleidung. Wenn es anderthalb Stunden dauert, mit Hilfe zweier Frauen eingewickelt und geschnürt zu werden, braucht es noch länger, sich wieder zu befreien, erst recht wenn man auf sich allein gestellt ist.

Ich winde mich heraus und vermeide dabei weitestgehend, den Stoff zu zerreißen, aber die sorgfältig verborgenen Sicherheitsnadeln mache ich eine nach der anderen kaputt. Meine ganze untere Körperhälfte ist blau verfärbt: der Schweiß hat das Kostüm durchtränkt, und der Stoff hat abgefärbt. Ich rieche wie eine Druckerpresse. Aber das Schlimmste kommt noch, als ich runtergehe, um ein kaltes Bad zu nehmen, gibt es kein fließendes Wasser, und im Becken ist auch keins mehr. Ich kann es einfach nicht glauben. Ich würde alles dafür geben, mich waschen zu können. Aus einem rätselhaften Grund wird in Denchai oft stundenlang – manchmal sogar Tage am Stück – das Wasser abgestellt. Aber das ist doch absurd, es ist *Roy Gratong*, und ich habe meinen Teil dazu beigetragen, die Götter der Flüsse und Seen anzubeten. Wo ist das Wasser?

21. November

In Thailand ist die Sonne untergegangen: die Erde versinkt in Dunkelheit, während in Kanada ein kalter Morgen graut. Der Himmel hier ist orange und purpurn und von blassem Blau. Die ersten Sterne funkeln; nein, sie sind so groß, daß es Planeten sein müssen. Ich schreibe im Dunkeln, hoch oben auf der Terrasse der menschenleeren Schule. Zehn Meter weiter frißt eine Katze eine Maus. Im Tal wabern die ersten Schwaden des nächtlichen Nebels. Ich versuche, nicht zu laut zu atmen. Katze, zermalm die Knochen nicht. Niemand weiß, wo ich bin, und ich bin unglaublicherweise allein. Unten läuft ein Mann über das Feld, und seine Schritte hallen dumpf wie Trommelschläge. Ganz in der Nähe heult ein Hund, und Sekunden später, wie um Antwort zu geben, pfeift der Zug nach Bangkok schrill und anhaltend in die Nacht.

Direkt unter mir höre ich ein Rascheln, knirschende Schritte auf Kies und das Schlagen von Schnüren. Die ausgebleichte Flagge vor der alten Schule gleitet den Mast hinab. *Flap, flap, flap*. Ich halte die Luft an, aber die Füße stapfen die moosbewachsenen Stufen herauf. Zuerst sehe ich den Strohhut über dem Gesicht eines alten Mannes. Als er mich sieht, schenkt er mir ein zahnloses Lächeln. »Was machst du?« fragte er. »Schreiben«, erwidere ich. »Was machst du?«

»Ich schließe die Fahne weg.« Er wickelt einen großen Ring aus einem Lumpen und betastete die Schlüssel. Erst jetzt erkenne ich, daß er blind ist. Seine Finger huschen so schnell über den klimpernden Schlüsselbund, daß ich ihnen nicht folgen kann. Als er den richtigen gefunden hat, steckt er ihn mühelos in das rostige Türschloß. Die Schule ist vor Jahren abgebrannt und nie wieder instand gesetzt worden. Lin und Deh sagen, daß am Jahrestag des Feuers Gespenster die Flure bevölkern, und man vor Tagesanbruch die Geister der verbrannten Schüler auf den umliegenden Feldern singen hören kann. (Ajahn Champa hat kürzlich diese wundervolle Horrorstory zunichte gemacht, indem sie mir versichert hat, daß jene angeblichen Geister inzwischen in den Zwanzigern sind – kein einziger Schüler wurde bei dem Brand verletzt.)

Es ist ein einsamer, stiller Ort, den Kinder und Fußballspieler meiden. Die Veranda ist ein hochliegendes Fenster mit Blick auf die Berge und den Sonnenuntergang. Die Wände sind rußgeschwärzt oder moosbewachsen, und es riecht nach Katzen und wildem Gras. An der gegenüberliegenden Steinmauer habe ich riesige Gottesanbeterinnen gefunden, Riesenschnecken und Schlangenhäute so lang wie mein Bein. Alles bis auf den Fahnenmast wurde aufgegeben und dem Verfall überlassen. Die mottenzerfressene Fahne ist geblieben – ein Zeichen für wahren thailändischen Patriotismus. Der alte Mann schüttelt die Fahne aus, faltet sie fein säuberlich und legt sie in den Schrank.

Ich stehe auf, um zu gehen, nachdem ich mich von dem alten Mann verabschiedet habe. Als ich das Feld zur Hälfte überquert habe, verstummt das Klatschen seiner Sohlen. Er lauscht meinen Schritten. Allein gehe ich am Stadtrand entlang, stehle Zeit, genieße die Stille und den Staubgeruch.

Ich bin seit drei Monaten hier: was habe ich gelernt? Ich weiß nicht genug, das kann ich gar nicht. Ich muß das Unmögliche versuchen: alles respektieren, nichts verurteilen, meine Selbstgerechtigkeit für mich behalten. Ich werde nie etwas von diesem Land besitzen, aber es hat bereits einen Teil von mir in Besitz genommen. Das Leben ist hier transparenter. Sogar die Sprache ist direkter. Ich träume jetzt oft auf Thailändisch. Ich habe es endlich geschafft.

Ich kann mir ein Leben ohne diese Menschen nicht mehr vorstellen: Ajahn Champa, Peroontip, Sangkaya, Galianee, Yupa, die Kinder aus Nareerat, die Mädchen in meiner Tanzklasse. Sie füllen meine Tage aus, werden Teil meiner eigenen Landschaft, meiner Gedanken. Als ich noch in Kanada lebte, habe ich einfach darauf gewartet, ihnen zu begegnen. Es gibt eine Stelle auf der Straße, wo die Blätter die Sonne smaragdgrün filtern. Ich gehe oft dorthin, um zu einer bestimmten Zeit zu sehen, wie die Teakbaumblätter schimmern wie buntes Glas. Ich kann mir nicht mehr vorstellen, ohne die Erinnerung an sie zu sein.

Meine Füße schlagen Wurzeln, wenn ich zu lange auf dem Markt verweile, und ich denke voller Panik: ich werde nie mehr fortgehen können, ich kann einfach nicht. Ich vergesse den Rest der Welt, so wie es mir in Kanada nie möglich war. Als ich versuche, die Worte »Krieg« und »Politik« auf Thailändisch zu lernen, fragt mich Ajahn Peroontip: »Wozu brauchst du diese Worte hier?« Und sie bringt mir statt dessen den schnulzigen Text eines alten Liebesliedes bei.

Dann gelingt es mir, für eine Weile zu vergessen. Thailand zwingt es einem auf: Glück, Badmintonspiele, gebackene Bananen. Aber ich weiß nicht, wie ich alles unter einen Hut bringen soll, wenn ich nach Kanada zurückkehre. (Es kostet mich große Willenskraft, nicht »falls« zu schreiben. Falls ich zurückgehe.)

26. November

Paw Prasert steht auf dem höchsten Balkon, auf dem wir unsere Kleider zum Trocknen aufhängen, und schießt Tauben. Ich höre sein Gurren, wenn er die Vögel vom Dach herunterlockt, gefolgt von einem Knall, der mich immer wieder zusammenzucken läßt. Schließlich gehe ich hinaus und frage ihn, warum er unschuldige Tiere umbringt.

»Zum Abendessen«, erwidert er. Ich halte das für einen Scherz.

Als Jaree die Treppe heraufkommt, wie gewöhnlich mit einem breiten Grinsen, helfe ich ihm, die schlaffen Taubenkadaver einzusammeln. Wir bringen sie hinunter in die alte Küche, wo auch der Hund angebunden ist. Sobald er das Blut riecht, beginnt er zu heulen und in die Luft zu springen. Jaree arbeitet seit er dreizehn ist als Diener für Prasert. Jetzt ist er zwanzig und weiß alles, was es über das Verladen von Sang-Som-Whisky und das Rupfen von Tauben zu wissen gibt. Einmal habe ich ihm meinen Photoapparat geliehen, als er das Wochenende heim in sein Dorf gefahren ist, und er hat sich vor Dankbarkeit so tief verneigt, daß ich dachte, er würde mit dem Kopf die Beine berühren. Er ist dankbar für jede Kleinigkeit. Wenn ich leise lächle, lacht er manchmal und verneigt sich scheinbar grundlos. Ganz egal, was ich tue – ob ich aus dem *hongnam* komme oder Wäsche wasche, bis zu den Ellbogen in Schmutzwasser – er fragt *»Sunook, mai?«* Hast du Spaß?

»Sunook, mai?« fragt er auch jetzt. Ich sehe zu, wie er Hände voll grauer Daunen von der Taubenbrust rupft. Der Hund zerrt weiter an seiner Kette. Ich denke, die Tauben sind für ihn. Nackte Vogelleiber stapeln sich auf dem Holztisch. Blut tropft durch die Bretter. Rote Bäche strömen über den Fußboden und stauen sich an Jarees linkem Schuh, der sich ab und an bewegt und das Blut verschmiert. Der Hund heult. Jaree summt lächelnd vor sich hin. Ich gehe nach draußen vor den Spirituosenladen und blicke auf den Rosengarten herab, in der Hoffnung, die fette gestreifte Eidechse zu sehen oder einen riesigen gelben Schmetterling, irgendein lebendiges Tier, das mich von den Kadavern auf dem Küchentisch ablenkt.

Gebratene Taube ist zäh, dunkelbraun und sehnig. Vielleicht war der Vogel, den ich gegessen habe, auch uralt.

Und das Fleisch knirschte zwischen den Zähnen, als hätte der Vogel in seinem Leben große Mengen Sand aufgepickt.

Paw Prasert hat dem Hund nicht mehr gegeben als ein paar Knochen. Ich sollte wirklich dankbar sein, Taube ist immer noch besser als die neuesten Delikatessen, die ich auf dem Markt gesehen habe: lebende Bienenlarven in Honigwaben, köstlich, wenn sie mit reichlich Knoblauch gebraten werden, und große Käfer mit zusammengebundenen, noch zuckenden Hinterbeinen. (Stell sich das einer vor: Käfer, deren Hinterbeine groß genug sind, sie zusammenzubinden.)

Letzte Woche sollte ich rohe, in Zwiebeln und Essig eingelegte Hühnerfüße essen, aber ich habe dankend abgelehnt und die Flucht ergriffen. Hühnerfüße! Könnten sie je Hamburger ersetzen? Die Menschen hier verachten die *falang* Fastfood-Ketten in Bangkok, aber sind Bienenpuppen wirklich so köstlich? Ajahn Champa rümpft die Nase, wenn ich McDonalds erwähne, und sagt, daß das Essen dort nach Plastik und nassen Servietten schmeckt. Hühnerfüße schmecken wenigstens wirklich wie Hühnerfüße.

30. November

Ein leichter Wind weht die Nebelschleier von den Feldern. In der Ferne hängen Ähren zwischen Nebel und Bergen; die Reispflanzen sind jetzt rot und reif, mit goldenen Enden. Wasserbüffel dösen in den Gräben unter ihrem Hirten, der in einem mit Spinnweben durchzogenen Baum sitzt. Wir fahren nach Prae, alles Mädchen in Uniform bis auf eine Marktfrau, die mit einem Korb voller Hühner mit roten Federn in einer Ecke hockt. Durch den Nebel sehen wir die schwarzen Umrisse verbrannter Bäume.

Kurz bevor wir die Stadt erreichen, brennt die Sonne die blasse Haut des Morgens fort und schleudert Licht in alle Richtungen. Plötzlich sind die Felder schreiend grün. Farbe ist jetzt wie Musik: man kann ein Feld auch hören. Wind dringt in den *songtow* und jagt uns Schauer über die Schultern. In dem Lastwagen vor uns stehen zwanzig Männer mit Hacken und Sensen auf hochaufgetürmten Reissäcken. Ihre Gesichter und Köpfe sind unter Schals verborgen. Wir wissen, daß sie lächeln. Als wir in Richtung Prae abbiegen, winken sie.

In der Schule beginnt der Lauf zu den Versammlungsplätzen. Die Musik hat bereits angefangen, aber anstatt mit Lin zu meiner Klassenreihe zu gehen, schleiche ich hinauf ins Englisch-Zimmer. Während die Gebäude sich leeren, beobachte ich das blau-weiße Aufblitzen von Uniformen und die scherenähnlichen Bewegungen brauner Shorts der Jungen. Jetzt stehen alle unten auf dem Platz und beginnen mit den Gebeten. Nach den Gebeten fangen die Kinder an zu singen.

Obwohl ich nur den halben Text kenne, habe ich inzwischen so oft mit ihnen gesungen, daß den Gesang zu hören mir vorkommt, als würde ich das Herz eines anderen schlagen hören. Ich weiß, daß ich nah dran bin, aber der Rhythmus ist immer noch tief vergraben. Ich fühle ihre Geschichte, fühle die Notenleitern ihres Lebens auf meiner Haut. Sie singen und singen, und ich lausche stumm und reglos am Fenster. Es gibt so viele Wörter, die ich noch nicht kenne. Das Geschenk dieses Ortes umschwirrt mich tagtäglich, und ich muß lernen, es zu verdienen. Manchmal kommt es mir vor, als wäre mein Leben als Instrument nicht fein genug für solche Musik.

FÜNFTES KAPITEL

4. Dezember 1986

Jetzt ist die schönste Zeit des Tages, die Stunde, wenn das Licht noch etwas blasser ist als aufgewärmter Honig; würde ich die Hand ausstrecken, würde sie sich mit dieser süßen Farbe füllen. Ich sitze auf der Laderampe am Bahnhof, das Pfeifen des letzten Zuges noch in den Ohren. Er ist jetzt auf dem Weg nach Bangkok, schwer beladen mit genug Reis, um zehn Armeen satt zu kriegen. Die Frachtleute haben Sack für Sack mit Haken auf den Zug gewuchtet. Auf fast allen muskulösen Rücken prangten Tätowierungen. Manchmal denke ich, daß die Männer T-Shirts tragen, bis ich näherkomme und erkenne, daß ihre Oberkörper vollständig mit Tintenspiralen bedeckt sind.

Auf dem Feld voller Unkraut und Wagenfurchen verflucht ein zerlumpter Mann die Teakbäume. Er ist Denchais berühmtester und gewalttätigster Bettler. Ich versuche, mir seine Züge einzuprägen, sein Haar, die Muskeln, die so eng um sein Skelett geschlungen sind. Hätte er weiße Haut, könnte man vermutlich das Netzwerk seiner Venen darunter erkennen.

Ich bin kein Bettler. Diese Feststellung überrascht niemanden außer mich selbst. Die Thais glauben, daß Unglück, das dir in diesem Leben widerfährt, Sühne für Böses ist, das du in deinen vorausgegangenen Leben getan hast, einen aber jedes neue Dasein der Perfektion näherbringen kann. Ich zermartere mir den Schädel über die Mysterien des Buddhismus, aber es ist anstrengend: ein Leben ist mehr als genug. Obwohl der Buddhismus mir in vieler Hinsicht zusagt, möchte ich keine andere Religion. Ich bin noch damit beschäftigt, meine Gliedmaßen aus dem Folterrad des Christentums zu befreien.

Einige der deprimierenden Geschichten aus der Bibel kenne ich auswendig. Den schlimmsten Alptraum meines Lebens hatte ich, als Jezebel aus dem Fenster gestoßen und von Hunden zerfleischt wurde. Ich habe gelernt, warum Gott im Himmel leben muß. Würde er unter uns Menschen leben, würde er uns alle innerhalb einer Woche töten. Als ich von der Sintflut las, habe ich mir die Arche immer von außen vorgestellt und nie aus dem sicheren Inneren; sie sind *ertrunken*, all diese Kinder, Kätzchen und Äffchen. Samsons blinde Macht hat *tanzende Mädchen* getötet, mir war es gleich, daß sie Heiden waren. Und was ist mit den Soldaten und Pferden des Pharao, die vom Roten Meer verschluckt wurden? Mir kam es vor, als gäbe es in jedem Buch der Bibel schrecklich viele *Opfer*. Schon mit elf hegte ich den Verdacht, daß Gott ziemlich brutal ist. Schilder, die vor Steinschlag warnten, machten mir angst; im Winter fühlte ich mich wegen der Lawinengefahr bedroht. Als Kind war mir sehr bewußt, daß Gott mich jeden Augenblick töten konnte.

In Thailand gibt es keinen einzigen verschneiten Berg, vor dem man sich fürchten müßte. Es gibt Überschwemmungen und Erdrutsche, Malaria und Schlangen, aber keine Lawinen. Ich habe keine Bibel mitgebracht. Heilige Gerechtigkeit übersteigt mein Begriffsvermögen in solchem Maße, daß ich gar nicht mehr versuche, sie zu verstehen, aber wenn ich einen Bettler sehe, will ich Erklärungen. Wenn ich an einen verrückten alten Gott mit weißem Bart glauben würde, gäbe es wenigstens jemanden, dem ich für mein Glück danken könnte. Ich verstehe das Bedürfnis nach ernsthaften Zeremonien und geheimen Gesängen, um mit einem Wahnsinnigen in Kontakt zu treten.

Anstatt zu beten gehe ich in Begleitung meines Notizbuchs und eines minderwertigen thailändischen Kugelschreibers spazieren. Die Menschen in Denchai amüsieren sich königlich. Jedesmal, wenn meine jungen Freunde mich erblicken, sehen sie auf mein Heft und kichern. »Wirst du alles vergessen, wenn du es nicht aufschreibst?« Ich beneide die Thais mehr um ihren Buddhismus als irgendeinen Christen um seinen Glauben. Buddhisten haben Gründe, sanft miteinander und mit Mücken umzugehen; ihre Gutherzigkeit bringt ihnen Pluspunkte für ihr nächstes Leben. Sie verstricken sich nicht in komplizierte Interpretationen der Welt, in kleine Netze aus Papier und Tinte. Westler bezeichnen dies als Unwissenheit, aber tatsächlich ist es Weisheit, die gleiche Art von Klarheit, wie wir sie alle für kurze Zeit als Kinder kennen. Die Thais verehren keinen Gott; sie verehren einen indischen Prinzen, Siddhartha Gautama, den Buddha, der seine Kleider und Federn abgestreift und seine Schuppen abgekratzt hat. Er wurde erleuchtet, erleichtert, und die Thais verneigen sich ehrfürchtig vor dieser Leistung.

Aber mich beschäftigt trotzdem die eine Frage: warum sind Bettler das, was sie sind? Wenn sie in Armut geboren wurden, wegen irgendwelcher Missetaten in einem früheren Leben, an das sie sich nicht erinnern können, was genau haben sie getan? In Prae gibt es nur wenige Bettler, aber in Thailand gibt es eine Armee von Verkrüppelten, von stolpernden, gezeichneten Körpern. Ich versuche, mir vorzustellen, wie es wäre, ohne Arme und Beine zu leben, aber es gelingt mir nicht. Die Unversehrten sind nicht so kreativ: wenn ich Hunger habe, esse ich mit den Händen. In Neu Delhi brechen Väter ihren Kindern die Beine, damit sie als Bettler erfolgreicher sind. In Bangkok setzen Anführer von Bettlerringen Menschen mit fehlenden Gliedmaßen bis zum Abend in den Straßen aus, um sie dann zusammen mit den Säckchen voll Kleingeld wieder einzusammeln.

Die Bettler in Denchai sind keine Sklaven irgendwelcher Herrn nach Dickensschem Vorbild. Sie betteln für sich allein, ziehen durch die Dörfer der Provinz, tauchen auf und verschwinden wieder, nach ihrem eigenen undurchschaubaren Terminkalender. Ihre Knöchel sind wie Klingen aus rotem Stein. Manche von ihnen haben keine Zehen, keine Finger, sind vom Tod angenagt. Ich wende den Blick ab und sehe Lins glattes Gesicht, Joums lilageränderten Mund; ich betrachte den im Sonnenlicht glitzernden Fluß, der widerhallt von den Stimmen waschender Frauen. Ich erinnere mich an die lebenden Fäden, die ich hier geknüpft habe: das Gesicht der Gottesanbeterin, die Augen der Eidechse, die in meiner Hand gelebt hat, die kleinen Thai-Mädchen, die um mich herumtanzen. Und dann *ist* es für mich ein Wunder, daß ich aufrecht gehe, daß ich nachts zum Flußufer hinuntersteigen kann, ohne von Geistern verschlungen zu werden.

Was ist ein Wunder ohne Gott? Reines Glück?

Das ist es, was die Bettler tun: Wie verzerrte Spiegel zeigen sie mir, was hätte sein können, zeigen mir die Realität, der ich entgangen bin, weil ich zufällig in einem wohlhabenden Land geboren wurde. Meine Haut ist rosig-weiß wie rohes Geflügel. Bettler scheren sich nicht um die Sonne; sie sind schokoladenbraun, viel dunkler als die anderen Thais. Ihr Haar ist wie geölter Draht; erschreckende Elektrizität knistert unter ihrer Haut, so daß Händler, Marktfrauen und Kinder einen großen Bogen um sie machen. Bettler tauchen die Arme in Abfalleimer, vergraben die Schultern in stinkendem Müll, ohne mit der Wimper zu zucken. Sie hocken sich mit ekstatischem Lächeln auf den Bürgersteig und essen Schalen und Kerngehäuse weggeworfener Früchte, deren Kerne an ihrem Kinn hängen bleiben; sie knabbern an bereits abgenagten Knochen, lecken die Innenseite weggeworfener Süßigkeitentüten ab. Dies alles findet vor den Marmorstufen der Bank statt, wo ein Abfalleimer angebracht ist, und vor Meh Dangs Geschäft, vor dem stets ein Korb fauliger Früchte steht. Es gibt in Denchai keine verborgenen Seitengassen. Das Festmahl eines Bettlers ist ein öffentliches Schauspiel wie das Kopulieren der zahllosen Hunde.

Die üblichen Bettler kenne ich vom Sehen. Paw Prasert hat mir einmal eine Geschichte über den gemeinen Bettler erzählt, der gerade draußen auf dem Feld vor sich hin schimpft. Eines Morgens fand Meh ihn schlafend auf der Steinbank vor dem Haus. Sie schrie ihn an, er solle verschwinden, aber er rührte sich nicht. Entschlossen kehrte sie mit einem Besen zurück und schlug damit auf den Boden auf, um den Mann zu wecken. Er verharrte völlig reglos. Meh stellte den Besen ab und sprach ihn erneut an, diesmal in normalem Tonfall. Langsam kam sie zu dem entsetzlichen Schluß, daß er tot sein mußte. Sie beugte sich über ihn, nicht zu weit, aber doch weit genug, um ihn genauer zu betrachten. Ohne Vorwarnung sprang der Bettler von der Bank und hüpfte die Treppe hinunter, wobei er aus Leibeskräften brüllte und Speichel und Rotz versprühte. Meh schrie und weinte und ging noch am selben Tag zum Tempel, um böse Dämonen auszutreiben, die der Bettler ihr möglicherweise durch sein Gebrüll eingehaucht hatte. Einen ganzen Monat lang brachte sie im Tempel Opfer dar.

Wenn ich spazieren gehe, sehe ich diesen Mann oft. Manche Bettler strahlen die Sanftmut flehentlichen Bittens aus, aber dieser Mann weckt kein Mitleid. Er ist eher ein Streuner auf dem Niveau herrenloser Hunde und Katzen. Nachts ißt er Abfall von der Ration der Elefanten auf dem Marktplatz. Es heißt, er habe in Laos gekämpft und wäre verrückt. Es heißt, er wäre ein Flüchtling aus Kamputschea und verrückt. Es heißt, er stamme aus den Slums von Bangkok und wäre verrückt. Paw Prasert glaubt, daß er von bösen Geistern wimmelt. Wenn man sie sehen könnte, wären sie um seine Gliedmaßen geschlungen.

Ich sitze da und beobachte ihn, in der Hoffnung, überhaupt irgendeinen Geist zu sehen, ob gut oder böse. Er steht unter den Teakbäumen und kämpft für sich allein, sticht wild auf die Luft ein. Er hält nichts in den Händen als eingebildete Messer. Seine nackten Füße wirbeln Staub auf. In Abständen stößt er einen sonderbaren, halb erstickten Schrei aus. Jetzt setzt er sich, um auszuruhen und zu husten; der Staub breitet sich aus und legt sich wie ein roter Fuchsschwanz um seine Beine und Schultern. Er spuckt auf die Dämonen, die so nah bei ihm kauern. Ich wünschte, ich wüßte, wie sie aussehen, diese Kreaturen, mit denen er kämpft, aber unter den Teakbäumen sind die Schatten im bernsteinfarbenen Licht sehr dunkel, so daß ich ihre Gesichter nicht sehen kann.

6. Dezember

Am Wochenende kommen Lin oder Boh in den Spirituosenladen und bitten mich, sie auf neue Abenteuer zu begleiten. Ich gehe fast immer darauf ein, weil sie beleidigt wären, wenn ich es nicht täte. Thais leben gemeinschaftlich, oft mißverstehen sie das Bedürfnis nach Einsamkeit. Es heißt nicht, daß ich krank oder deprimiert bin: gewöhnlich schreibe oder lese ich, wenn ich allein sein möchte. Aber Lin und Deh sind selbst ungern allein und können sich darum nicht vorstellen, daß jemand tatsächlich allein sein *möchte*. Nach den langen Tagen in der Schule, im Laufe derer ich tausendmal dieselben Fragen beantworte und ständig lächeln und freundlich sein muß, muß ich einfach eine Weile für mich allein sein, sonst fühle ich mich völlig ausgelaugt.

Die Thailänder sind nicht einmal nachts in ihrem Schlafzimmer gern allein. Pee-Moi teilt ihr Zimmer mit dem Dienstmädchen, weil sie sich vor Vampiren fürchtet. Manchmal höre ich sie im Dunkeln flüstern; ich wüßte gern, worüber sie sich so spät nachts noch unterhalten, während der Rest der Stadt schläft. Ich stelle mir vor, daß das stille Dienstmädchen Pee-Moi das sagt, was sie mir nicht sagen kann. Vielleicht hat Prasert ihr verboten, mit mir zu sprechen. Aus welchem Dorf sie kommt, wie alt sie ist, welche Krankheiten sie hat: das alles bleibt ein Geheimnis. Sie spuckt Blut. Wenn ich morgens um sechs aufstehe, sind ihre Taschentücher mit unförmigen Mustern bedeckt, roten Schneeflocken und Rosen, die schon halb von den Ameisen gefressen wurden. Sie steht um fünf auf, füllt Reis in kleine Säckchen oder fegt den Laden mit zwei kleinen Besen, die um ihre Füße flattern wie Mottenflügel. Sacht, ganz sacht fegt sie, die Besen schaben mit einem schwachen Keuchen über den Boden. Ihr langes Haar ist im Nacken zusammengebunden, aber ein paar Strähnen lösen sich immer und hängen um ihr Gesicht. Ich lebe seit vier Monaten hier und habe nicht mehr als ein paar Worte mit ihr gewechselt. An ihr ist nichts besonders auffällig, abgesehen von ihren Augen. Ich habe noch nie solche Augen gesehen. Sie sind nicht schwarzbraun wie die der meisten Thailänder, sondern hell schildpattfarben, gesprenkelt, beinahe golden. Pee-Moi sagt, sie kann nicht lesen, und sie kennt niemanden in Denchai. Ich wünschte, meine Thai-Freunde würden sie auf ihren Ausflügen auf die Felder mitnehmen, aber das wäre unschicklich. Sie ist ein Dienstmädchen, etwa sechzehn Jahre alt, aus einem anderen, vermutlich ärmeren Dorf.

Wie schon daheim in Kanada ist mir oft bewußt, daß es noch ein anderes Leben neben dem gibt, das ich derzeit lebe, eine andere Daseinsebene und noch weitere dahinter. Es gibt unendlich viele verschiedene Leben, von denen ich durch jenes, das ich selbst führe, abgeschnitten bin. Ich möchte diese Tiefen kennenlernen und aus dem Tunnel meines eigenen Alltags herausschwimmen. Manchmal mißtraue ich dem, was ich sehe: blicke ich durch die verschiedenen Schichten, habe ich eine weite Sicht der Dinge, weiß ich, welche Illusionen Nebel und Berge schaffen?

Heute kommt Boh, und wir laufen gemeinsam über die Felder im Osten bis zu den Ausläufern der Hügel. Hier lebt sein Großvater in einer kleinen bäuerlichen Gemeinde. Bohs Mutter ist eine hübsche Frau, die mehr erreichen wollte als ihre Mutter. Sie wollte nicht ihr ganzes Leben lang Tabak und Reis anbauen. Irgendwie – wie genau behält sie für sich – hat sie, eine einfache Bauerstochter, den Sohn eines chinesischen Händlers in sich verliebt gemacht. Sie heirateten ohne den Segen seiner Eltern, was damals zu einem Riesenskandal führte. Inzwischen eine füllige Kaufmannsfrau, lacht Bohs Mutter immer noch über ihr Glück. »Sieh dir meine Hände an«, sagt sie manchmal und hält sie ins Licht, so daß die goldenen Ringe und burgunderfarbenen Nägel glitzern. »Die Hände meiner Mutter haben anders ausgesehen.« Bohs Großmutter ist noch vor seiner Geburt gestorben, aber sein Großvater lebt noch in dem alten hölzernen Pfahlbau. Boh sagt, er wäre heute der weiseste und älteste Mann im Dorf, und ich müsse einen sehr tiefen *wai* machen und darauf achten, meinen Kopf tiefer zu halten als er den seinen.

Als wir ankommen, sitzt er mit überkreuzten Beinen unter dem Haus und schnitzt Eßstäbchen aus Bambus. Lange Holzspäne bedecken den Boden um ihn herum. Boh und ich begrüßen ihn, verneigen uns und nehmen Platz. Er ist der weiseste Mann im Dorf, weil er die besten Ohren hat, sagt er. Die Leute erzählen ihm alles, und er hört immer zu und vergißt nie etwas. Er kennt die Erde hier, die Felder, weiß, wer wo was wie anbaut. Er weiß, wann die Ernte am ertragreichsten wird und wann es besser ist, ein Feld brachliegen zu lassen. Um das Dorf herum erstrecken sich Felder, auf denen Sojabohnen, Reis, Erdnüsse, Tabak, Mais und Rüben angebaut werden.

Tagsüber sitzt er hier unter dem Haus und schnitzt Hunderte von Eßstäbchen, die nach Japan exportiert werden. Er ist zu alt für die Feldarbeit, möchte aber nicht untätig sein. Eine seiner anderen Töchter und ihr Mann leben bei ihm; während sie tagsüber auf den Feldern sind, kümmert er sich um ihren kleinen Sohn. Das Kind ist etwa drei Jahre alt, sitzt auf einer großen Strohmatte und starrt uns eindringlich an. Nach einer Weile gähnt der Kleine, reibt sich die Augen und rollt sich zum Schlafen zusammen.

Seidenproduktion ist ein neuer Erwerbszweig in der Gegend, und als einige Farmer sich das erstemal darin versuchten, versäumten sie es, Bohs Großvater vorab um Rat zu fragen. Ihre Bemühungen endeten in einem Desaster. Um Seidenraupen zu züchten, braucht man Maulbeerbäume. Die Farmer pflanzten dreihundert Maulbeersetzlinge und verstanden einfach nicht, warum sie nicht angingen. Die Setzlinge waren vertrocknet und tot, als den Bauern schließlich aufging, daß sie sie falsch herum eingepflanzt hatten. Derzeit – nach langen Gesprächen mit Bohs Großvater, der früher einmal eine Seidenfarm im Norden geleitet hat – starten einige andere Bauern einen zweiten Versuch.

Als Boh vorschlägt, zu den Feldern zu fahren, auf denen die Maulbeerbäume wachsen, stimme ich begeistert zu. Ich stelle mir Blätter vor, die irgendwie an die edle *pah-mai thai* erinnern – Thai-Seide. Höflich trinken wir unseren kalten Tee aus, verneigen uns wieder vor Bohs Großvater und fahren zurück durch die stillen Dorfstraßen, wobei wir einige Hühner und umherstreunende Ziegen erschrecken. Als wir das Feld erreichen, frage ich mich, ob Boh nicht vielleicht irgendwo falsch abgebogen ist oder der alte Mann nicht doch einen monumentalen Fehler gemacht hat. Es sieht aus, als wären die Maulbeerbäume falsch herum eingepflanzt worden, trockene blattlose Äste ragen aufrecht aus dem Boden.

Im Vergleich zu den üppigen Reisfeldern weiter unten im Tal wirkt dieses Feld voller Unkraut und nackter Äste öde. Auf der anderen Straßenseite jäten fünfzig Frauen emsig das gefräßige Unkraut. Es sind über fünfundzwanzig Grad, aber sie alle tragen zwei langärmige Kleider übereinander, dazu große Strohhüte, Schals und Handschuhe, um ihre Haut vor der Sonne zu schützen. Die einzigen ungeschützten Hautflächen sind Teile ihres Gesichts und ihrer Füße: sie tragen wie ich Gummisandalen.

Als ich von dem Motorrad steige, trete ich als erstes in einen Ameisenhaufen. Ehe ich erkenne, was los ist, dringt brennend Gift in meine Füße. Als ich herabblicke, sind meine Zehen mit einem wimmelnden roten Muster überzogen, und ich fange an, kreischend herumzuhopsen. Die Frauen glauben, daß ich tanze. Zuerst lachen sie, aber dann kommt eine von ihnen herüber, und als sie sieht, was passiert ist, gießt sie aus ihrer Trinkflasche Wasser über meine Zehen. Ein paar Ameisen hängen an meinen Knöcheln fest und müssen von meiner Haut gepflückt werden. Ich blicke herab auf die Füße der Feldarbeiterinnen. Wie sie den ganzen Tag ohne vernünftiges Schuhwerk auf den Feldern arbeiten können ist mir ein Rätsel. Ich würde alle fünf Minuten in ein Ameisennest treten. Meine Füße tun richtig weh, so als hätte ich sie mir verbrannt. Boh hat Tränen gelacht. Als ich mich ihm ernst zuwende und frage: »Wie heißen diese Insekten?«, hält er sich den Bauch und lacht noch ausgelassener. Die Thai-Frau antwortet mir: »*Mot dang fai.*« Wortwörtlich übersetzt heißt das rote Feuerameisen.

Als wir durch ein Labyrinth von Feldwegen nach Denchai zurückfahren, strecke ich die Füße von mir, um sie im Fahrtwind zu kühlen. Boh lacht und beschleunigt. Ich halte mich an seiner Taille fest. »Hör auf«, ruft er, »das kitzelt!« Er fährt zu schnell und weicht in Schlangenlinien Pfützen und Wagenfurchen aus. Ich habe Angst, daß wir ins Schleudern kommen und in einem schlammigen Graben landen. Ich schließe die Augen und lehne die Stirn an seinen Rücken. Wie viele Thais riecht er nach frisch gewaschener Baumwolle und Prickly-Heat-Puder. Ich bin sicher, daß ich selbst nie so frisch rieche. Als wir uns Denchai nähern, nehme ich den Kopf wieder von seinem Ruhekissen zwischen Bohs Schulterblättern. Es wäre ihm peinlich, wenn jemand sähe, wie ihn ein *falang*-Mädchen – oder überhaupt irgendein Mädchen – anfaßt.

9. Dezember

Die meisten meiner Freunde vom Badmintonplatz glauben, daß Sak das Turnier in Lampang im nächsten Monat gewinnen wird. Sak ist drahtig und dunkel wie eine Peitsche und fast ebenso dürr, ganz glänzende Muskeln. Ich glaube, er würde sich zum Skelett herunterschwitzen, wenn Meh Dang ihn nicht ständig mit Nahrung bombardieren würde. »Hier«, ruft sie, als er, den Schläger in der Hand, zur Tür läuft. »Nimm das!« Und schon segelt eine Tüte mit zwei Mandarinorangen durch den Laden. Sak hat so gute Reflexe, daß er einmal drei Orangen gleichzeitig aufgefangen und dabei um eine weitere gebeten hat.

Meh Dang ist Saks Mutter. Ich habe sie bei meinem ersten Besuch hier kennengelernt: ich stieß eine Schale von einem der Tische des kleinen Restaurants, und sie sagte: »*Falangs* sind Elefanten!« und gab mir eine neue Schale Eiscreme. Meh Dang war früher Tänzerin; sie hat nicht einen steifen Knochen im Leib. Sie kann immer noch die Finger bis zu den Handgelenken zurückbiegen und kennt noch Dutzende alter thailändischer Tanzlieder.

Ich weiß nicht, wie das möglich ist, aber Meh Dang erinnert mich an meine Mutter, sogar im Aussehen. Vielleicht liegt es daran, daß sie lauter spricht als alle anderen und beim Sprechen nicht stillhalten kann. Ihre Finger und ihre Gesichtszüge sind ständig in Bewegung. Alle paar Sätze lacht sie oder ruft »O mein Buddha!«, mir zuliebe in Englisch. Manchmal ruft sie auch »O my God!« oder »O my Dog!«, wenn sie mich sieht. »Kalen Canary!« Sie hat einen merkwürdigen Sinn für Humor, eine Schwäche und Verständnis für das Außergewöhnliche, und das muß auch der Grund sein, warum sie mich in ihr Herz geschlossen hat. »Du bist sehr groß«, sagt sie, »aber du hast ein hübsches Gesicht. Laß uns tauschen. Ich möchte dein Gesicht und deine Brüste haben, aber nicht den Rest deines Körpers.« Meh Dang knetet meinen Arm. »Aber wenigstens bist du stark«, meint sie. »Möchtest du thailändische Massage lernen?«

Wenn sie nicht in ihrem kleinen Restaurant arbeitet, arbeitet Meh Dang als Krankenschwester in der Klinik von Prae, und sie kennt die Geheimnisse von *nuat thai*. Jedesmal, wenn ich zu ihr ins Lokal komme, setzt sie sich hin und fordert mich auf, mich hinter sie zu stellen. »Fang an«, befiehlt sie, und die nächste halbe Stunde werde ich in der geheimnisvollen Kunst der orientalischen Massage unterwiesen. Meine eigenen Hände und Arme tun nach jeder Unterrichtsstunde schrecklich weh. Ich habe den Verdacht, daß sie sich nur den Nacken kneten und den Rücken walken lassen will, aber sie beharrt darauf, daß dies zu den interessantesten Dingen gehört, die ich in Asien lernen werde. Die »geheimnisvolle Kunst« ist mit lauten Rufen durchsetzt: »Da – nein, nein – da! Etwas höher, weiter nach rechts. Nein, nach rechts habe ich gesagt! Ein bißchen weiter nach links. Ah, perfekt. O my Buddha, bin ich müde.« Sie sagt, daß ich ihr jetzt, wo ich gelernt habe, richtig zu massieren, bei jedem Besuch eine Massage schuldig bin. Etwa zweimal wöchentlich bestellt Sak mir eine Einladung zum Abendessen.

Meh Dangs Restaurant ist immer gut besucht. Da sie als Krankenschwester arbeitet, kennt sie alle Ärzte des kleinen Krankenhauses von Denchai und umsorgt sie wie eine Mutter, wenn sie nach ihrer Schicht bei ihr zu Abend essen. Die Mahlzeiten mit den Ärzten sind eine laute, kunstvolle und köstliche Angelegenheit, während derer Meh Dang Gnop, die in der Küche würzige Speisen aus dem Norden zubereitet, unablässig Befehle zuruft. Ich nehme an diesen Abendessen teil, bemühe mich verzweifelt, der Unterhaltung zu folgen und fürchte – und erhoffe – den Moment, da mir jemand eine Frage stellt. Dann richtet sich die Aufmerksamkeit aller auf mich; ich fühle mich wie ein Blatt Papier unter einem Vergrößerungsglas. Sie lieben es, mich in Verlegenheit zu bringen, und seit ich hier lebe bin ich sehr leicht in Verlegenheit zu bringen. Ich spreche immer noch nicht sehr gut Thai und verstehe weit mehr als ich selbst ausdrücken kann, was mich oft frustriert.

Wenn das passiert, sagt Meh Dang: »*Long pleng falang*«, und ich muß ein Lied auf Englisch singen. Als sie mich das erstemal zum Singen gezwungen hat, war das beinahe so peinlich wie mein holpriges Thailändisch, aber inzwischen macht es mir nichts mehr aus. Die Thailänder lieben englische Musik, je schnulziger, desto besser, und mir wurde aufgetragen, verschiedene Stücke zu lernen, die auf die Tränendrüse drücken. Manchmal, wenn ich im Restaurant singe, wirft jemand, der draußen vorbeigeht, einen Blick herein, bleibt stehen, wendet sich mir zu und starrt mich an. Eine weiße Frau, die, einen Teller klebrigen Reis mit Hühnerfüßen vor sich (ja, inzwischen esse ich sie) »The Way We Were« singt, muß ein etwas befremdlicher Anblick sein. Es spielt keine Rolle, daß ich falsch singe und den halben Text vergesse. Sie klatschen trotzdem und meinen, ich sollte die unsoziale Schreiberei sein lassen und statt dessen Sängerin werden.

Die Gespräche unter den Doktoren sind reich gespickt mit Worten, die ich nicht kenne, Worten, die zu lang sind, um sie mir einzuprägen, Erklärungen medizinischer Verfahren, Beschreibungen geplatzter Rohre in *hongnams*, der Arbeit von verhaßten oder verehrten Krankenhausverwaltern, dem Rückgang von Malariaerkrankungen mit Beginn der kühleren Jahreszeit, die die Mücken umbringt. Die größte Neuigkeit sind die Vorbereitungen für den Besuch des Prinzen im Krankenhaus von Denchai.

»Ich brauche den Prinzen nicht! Ich brauche nur Paw Teerug!« ruft Meh Dang. Paw Teerug ist ihr Mann, unter der Woche lebt er in Bangkok und arbeitet für »Die Bank«. Er kommt nur an den Wochenenden nach Hause und manchmal nicht einmal dann, und Meh Dang leidet sehr unter seiner Abwesenheit. Das Restaurant hallt nur dann nicht von ihrer Stimme wider, wenn sie sich nach oben auf ihr Zimmer zurückzieht, um allein zu sein. Ich habe Meh Dang zwei Dinge tun sehen, die ich bei keiner anderen Thailänderin erlebt habe. Ich habe sie aus Sehnsucht nach ihrem Mann weinen sehen, und ich habe erlebt, wie sie ihn bei der Begrüßung in der Öffentlichkeit geküßt hat. Die meisten Thais sind nicht so offen – küssen in der Öffentlichkeit! –, aber Meh Dang pfeift auf Sittsamkeit und meint, daß Zurückhaltung gegenüber dem Menschen, den man liebt, kein Zeichen von Stärke, sondern von Schwäche ist.

»Thailand ist ein so altes Land!« klagt sie kopfschüttelnd. Einmal hat man ihr einen Job als Krankenschwester in den Vereinigten Staaten angeboten, aber sie wollte Paw Teerug nicht verlassen. Als ich sie frage, ob sie gern in Kanada leben würde, lacht sie: »Bist du verrückt? Dein Land besteht doch nur aus Felsen und Schnee.«

Ihr Lachen begleitet mich. Darum ist ihr Lokal auch immer so gut besucht, darum kommen die Ärzte nach ihren langen Tagen in der Provinz hierher, darum ist die Tischgesellschaft nie vollständig, ehe Meh Dang sich zu uns setzt. Sie gehört zu den seltenen Menschen, die das Leben einhüllt wie eine Decke, die sie auf Wunsch über alles breitet, was sie sieht. Auch wenn ich nicht verstehe, was sie sagt, erkenne ich die Freude auf ihren Zügen und manchmal auch die erschöpfte Trauer. Ihr Lachen ist eine Sprache für sich, die keiner Übersetzung bedarf. Wenn ich sie höre, weiß ich genau, wo ich stehe.

16. bis 31. Dezember

Auf Einladung des Rotary Club von Phuket haben ein Dutzend Austauschstudenten aus Australien und den Vereinigten Staaten (ich war die einzige Kanadierin)

Weihnachten auf den südlichen Inseln verbracht und historische Stätten, Höhlen, Gummiplantagen, Zinnminen, Naturparks usw. besucht. Die thailändische Gastfreundschaft kann ermüdend sein. Was ich mir als Urlaub vorgestellt hatte, entpuppte sich als endlose Fahrerei in einem überfüllten Bus voller lärmender amerikanischer Teenager. Es war nicht leicht, meine zahlreichen Thai-Väter zu überreden, mich allein nach Phuket fahren zu lassen, und als ich dann dort war, wurde mir überraschend bewußt, wie sehr ich Denchai und meine Thai-Familie vermißte.

Ausländer neigen überall dazu, sich zusammenzurotten und Menschen und Gebräuche des Gastlandes zu kritisieren. Einige der Leute, mit denen ich ganze zwei Wochen verbringen mußte, waren den Thais und ihren Sitten gegenüber überkritisch. Ihr Verhalten war mir völlig unverständlich, und ich fühlte mich oft für meine Gastgeber vor den Kopf gestoßen. Das war das erste Mal seit meiner Ankunft in Thailand, daß ich längere Zeit mit anderen *falangs* zusammen war, eine Kostprobe der Schwierigkeiten, die ich später noch haben sollte, mich wieder an das Leben in Nordamerika zu gewöhnen.

Aber das ist unwichtig. Was mir von Südthailand, das ich nur so kurze Zeit erlebt habe, im Gedächtnis geblieben ist, sind die interessanten Geschichten von Paiboon Upatising, einem Rotary-Club-Mitglied, mit dem ich mich stundenlang über die verschiedensten Themen von thailändischer Poesie über Wahrsagerei bis hin zu Mangrovensümpfen unterhalten habe. Das zweite ist eine Sammlung undatierter Notizen, die ich mir zwischen den

Bus- und Bootsfahrten spätabends oder frühmorgens gemacht habe.

Land und Leute verändern sich je weiter wir nach Süden fahren. Die Thais sind hier dunkler, sie ähneln den Indonesiern. Die Männer waschen sich draußen in rockähnliche Stoffbahnen gewickelt – wie nennt man sie hier im Süden? Die Häuser entlang der Straße haben Strohdächer und unterscheiden sich auch in der Bauweise von den Gebäuden im Norden. Berge ragen senkrecht aus dem Boden auf, und Bäume wachsen aus dem nackten Fels.

Ich weiß nicht, wo wir sind, als Männer mit Maschinengewehren in den Bus steigen und sich trotz der Hitze die Augen aller weiten. Plötzlich schläft niemand mehr, alle setzen sich sehr gerade hin und starren. Es wird sehr still. Ich weiß nicht, wer sie sind und warum sie mit uns mitfahren wollen. Militärs würden Uniform tragen. Jäger hätten keine Maschinengewehre. Ich habe noch nie solche Gewehre gesehen, aber zwei der Männer stehen ganz in meiner Nähe, und ich habe eine der Waffen eine halbe Stunde lang auf Augenhöhe.

Als einer der sechs Männer dem Fahrer ein Zeichen gibt anzuhalten, atmen wir alle gemeinschaftlich auf. Die Männer springen ab, noch bevor der Bus ganz zum Stehen gekommen ist. Sie laufen in den Dschungel und werden vom Urwald verschluckt. Wir beruhigen uns wieder, und der Bus braust weiter.

Bei der Ankunft in Phuket werden wir von Paiboon Upatising empfangen, einem Rotary-Club-Mitglied, das sich erboten hat, unseren Aufenthalt hier vor Ort zu organisieren. Die Mädchen bleiben in einem leerstehenden Haus, das einem anderen Rotary-Mitglied gehört, die Jungen werden paarweise bei verschiedenen Familien untergebracht. Wir sind von der langen Fahrt erschöpft und verbringen den ersten Tag damit, herumzugammeln. Ich bin überwältigt von der Blumenpracht! Ich dachte, Denchai wäre schon unübertrefflich, aber hier entdecke ich unglaublich riesige Blüten, Blumen wie aus einem Science-fiction-Roman.

Am zweiten Tag fangen wir mit den Besichtigungstouren an. In der Phangnga-Bucht herrscht ein reines Felsenchaos – die Felsen wurden aus dem Meer geschleudert, Dutzende von Metern hoch aufgetürmt und ragen jetzt wie bucklige Riesen vor einem auf. Paiboon sagt, das wären mit die ältesten Kalksteinformationen in Südostasien; prähistorische Malereien schmücken die Wände der Höhlen. Vor langer Zeit, bevor die Insel berühmt wurde, spaltete sich ein Berg und stürzte in sich zusammen. Zwei lange Felsbögen lehnen aneinander. Dort ist auch eine Eisenplatte angebracht. Paiboon liest mir das Gedicht vor: »Dieser Fels stützt sich auf mich wie meine Liebste/wie ich mich auf sie stütze/wir halten einander gegenseitig aufrecht.« Urwald beginnt und endet nach wenigen Minuten wieder, weil die Insel so klein ist. Überall schimmert Licht, Licht, wie ich es noch nie gesehen habe: die Sonne lodert auf dem Meer. Ich hatte vergessen, daß man vom glitzernden Rand der Erde herabblikken und den Horizont abfallen sehen kann.

Das Andamanen-Meer verbindet den Süden, vereint die isolierten moslemischen Fischerdörfer und strömt abwärts in die Mangrovensümpfe. Die Sümpfe sind ein Labyrinth aus Wurzeln und Schlamm, in dem es von Wasserschlangen wimmelt. Vom Rand eines flachen Bootes aus sehen wir wie ein langhalsiger Vogel sich in die Lüfte schwingt wie ein Traum, beinahe zu langsam, um real zu sein. Der Thailänder, der das Boot durch das Wasser steuert, ist lustlos und hat schwere, halb geschlossene Lider. Ich habe Angst, die Augen zu schließen. Die Mangroven sind wie Käfige, Reihen für Reihen identischer Tunnel. Wenn ich gerade glaube, daß unser Führer eingeschlafen ist, und wir uns auf ewig in diesem Gewirr verirrt haben, gleiten wir wieder hinaus ins Licht, unter einem Himmel, dessen Farbe ein treffenderes Wort verdient hat als blau.

In der Phangnga-Bucht schwimme ich mit Tauchermaske und Flossen, ich halte den Atem an und bete, daß ich mich plötzlich verwandle und Kiemen unter meinem Badeanzug entdecke. Fische. Noch nie habe ich so viele bunte Fische gesehen. Zum erstenmal schwimme ich durch eine ganze Mauer aus Fischleibern, fühle, wie sie sich voneinander lösen und wie Paillettenvorhänge auseinanderfallen. Ich schwimme in einem Aquarium. Vom Heck eines Fischerbootes gesprungen und stundenlang ohne den Grund zu berühren im Wasser, fühle ich mich schwerelos. Wasser wäre ein wunderbares Element, darin zu leben. Nachts träume ich von Unterwasserlandschaften voller Korallen und Felsen in allen Regenbogenfarben. Am Tag erzählt Paiboon mir Märchen von Meerjungfrauen.

Später, Tage später – hier verschwimmt die Zeit – wandere ich durch die Höhlen, unter riesigen gezackten Kuppeln, durch Kammern, die sich im Inneren der Berge auftun. Paviane hocken um den Eingang herum und in den Bäumen und beobachten uns argwöhnisch. Sie kreischen wie zornige Kneipiers, und ihre Stimmen hallen vom kalten Stein wider. Die kleinen buddhistischen Nonnen, die Geld für das Kloster sammeln, sagen ihnen, sie sollen ruhig sein. Thai-Jungen nehmen uns bei der Hand und zeigen uns unwirkliche Felsformationen in Form von Elefanten, Soldaten, Skorpionen und nackten Frauen. Ein Stück weiter stoße ich auf Dunkelheit über Dunkelheit, schwarze Kokons, die zwischen den Stalaktiten hängen. Erst als einige von ihnen in Spiralen herabstoßen und tiefer in den felsigen Schlund fliegen, wird mir klar daß es sich um Fledermäuse handelt. Hunderte und Aberhunderte von Fledermäusen.

Am Abend gehe ich hinunter zum Wellenbrecher hinter dem alten Hotel und lasse die Beine über den Wellen baumeln. Sie brechen sich weit unter mir und breiten Silber über schwarzes Gestein. Jedesmal, wenn ich den Puls des Wassers höre, möchte ich schwimmen oder tanzen.

Der Himmel breitet sich wie ein ebenholzfarbenes lichtgesprenkeltes Segel über das Meer. Zwei Sternschnuppen flammen auf und verlöschen nur Sekunden nacheinander. Viel später, nachdem ich durch von Blumengärten duftende Straßen nach Hause gegangen bin, wird mir bewußt, daß ich vergessen habe, mir etwas zu wünschen.

1. Januar 1987

Frohes neues Jahr. Ich sitze in einem Bus nach Surat Thani und vergehe vor Hitze, Erschöpfung und Kopfschmerzen. Ich bin um vier ins Bett gegangen, nachdem ich die ganze Nacht mit hübschen italienischen Touristen im Hotel getanzt habe. Ich bin sicher, daß ich einen Zusammenbruch erleide, noch bevor wir Bangkok erreichen, wo ich quer durch die Stadt stolpern muß, um einen Zug zurück nach Denchai zu nehmen. Die Thais um mich herum glauben, ich hätte Malaria. Es muß sich so ähnlich anfühlen.

3. Januar

Als ich wieder in Denchai eintreffe, stelle ich fest, daß man in bezug auf mich einen Entschluß gefaßt hat. Das kommt häufig vor. Ich fange an, mich daran zu gewöhnen, aber dieser spezielle Beschluß erschüttert mich doch.

Ich soll aus Paw Praserts Haus ausziehen, fort von Pee-Moi, den Jungen und der Gottesanbeterin. Einfach so, von einem Tag auf den anderen, wird jede Spur von mir aus dem Spirituosenladen getilgt. Ich bin immer noch erschöpft von Phuket, aber Prasit kümmert das nicht: er sagt, daß alle Austauschstudenten die Gastfamilie wechseln, um verschiedene Lebensweisen kennenzulernen, und jetzt ist es auch für mich soweit. Ich finde, sie hätten mir wenigstens eine Woche im voraus Bescheid geben können. Thais können wahnsinnig langsam sein, wenn es darum geht, irgendwelche Pläne umzusetzen, aber manchmal glauben sie, Fremde wären Gummis, die jede Entfernung überwinden können.

Ich möchte mein Zimmer mit den grünen Vorhängen nicht verlassen. Diese Veränderung in meinem Leben ist zu ermüdend. Langsam packe ich meine Taschen und Kisten, widerstrebend, voller Angst vor meinem neuen Zuhause. Plötzlich habe ich wieder Heimweh nach Kanada. Das Packen erinnert mich daran, daß ich nur vorübergehend hier bin. Das gleiche Gefühl durchströmt mich, als ich die verwischten Stempel und die Kritzeleien von der Einwanderungsbehörde betrachte: mein Leben hier ist nicht das, wonach es aussieht, nicht das, als was ich anfange, es zu betrachten, es ist ganz und gar kein echtes Thai-Leben. Es wird von Terminen und den Unterschriften irgendwelcher Beamter bestimmt. Der Auszug aus dem Spirituosenladen ist ein Vorgeschmack auf meine Rückkehr nach Kanada im nächsten Sommer. Ich will nicht daran erinnert werden. Diese Entwurzelung von Körper und Geist ist wie ein kleiner Tod.

10. Januar

Ich lebe jetzt in meinem neuen Thai-Zuhause. Noch eine Erkenntnis: Wäsche waschen ist unausweichlich, wenn man als Frau in Thailand lebt, und diese Pflicht ist gefährlicher als man denkt. Man vergeudet Stunden seines Lebens damit, Baumwolle über ein Waschbrett zu rubbeln. Es ist ein notwendiger Brauch, täglich frische Kleider anzuziehen – meine Freunde ekeln sich, wenn ich zwei Tage hintereinander dasselbe anziehe –, und so müssen die Frauen täglich waschen. Mit der Hand zu waschen, macht einen wahnsinnig. Man bekommt Rükkenschmerzen, und es ist tödlich langweilig, vor allem, wenn es große Teile sind, etwa Bettlaken. Der Buddhismus erschwert das Ganze noch zusätzlich. Der Kopf ist der heiligste Körperteil, die Füße der minderwertigste. Das bedeutet, das alles, was am Oberkörper getragen wird, in einem speziellen Zuber mit einer speziellen Bürste gewaschen wird, während alles, was an der unteren Körperhälfte getragen wird, in einem anderen Zuber mit einer anderen Bürste geschrubbt wird. Wenn man das Zuber-Bürsten-Problem gelöst hat, hockt man sich hin, schrubbt seine Kleider in Fetzen und wringt sie auf eine Art und Weise aus, die Millionen von Falten garantiert, die hinterher ausgebügelt werden müssen. In dieser Hitze zu bügeln ist mit einem Saunabesuch vergleichbar.

Auch wenn man die Kleider zum Trocknen aufhängt, wird man vom Buddhismus verfolgt. Als ich meine Sokken auf die Leine hängte, sah Meh mich entsetzt an und flüsterte »Was tust du da? Macht man das in Kanada so?« Sie schnalzte mit der Zunge und nahm alle meine Sachen wieder von der Leine. Sie hängte meine unreinen Slips und Socken in die unterste Reihe und meine Oberbekleidung nach oben. »Der Körper hat verschiedene Werte«, erklärte sie mir. »Die Wäsche muß auf diese Art aufgehängt werden. Das ist so üblich bei uns.« Ich erzähle ihr, daß Kanadier ihre Kleider nach Farben sortiert in einer Waschmaschine waschen würden, woraufhin sie mich skeptisch ansieht: »Wenn eine Maschine das alles täte, würde das alles kaputt machen. Was würde ich denn dann tun?«

Was sie dann tun würde? Sie arbeitet bereits den ganzen Tag im Laden, verkauft Ventilatoren, Fernseher und Radios und verleiht Videos. Meh Somjit nenne ich sie, und ihre drei Kinder sind meine neuen Thai-Geschwister: Kwan, neun Jahre; Boe, der achtjährige Sohn; Nong Meh, das vierjährige Püppchen. Paw Sutapes Arbeit im Laden besteht darin, vorwiegend herumzustehen und Dow, die hübsche junge Angestellte, herumzukommandieren. Pla lebt ebenfalls hier, Paw Sutapes zwanzigjährige Kusine aus Chiang Rai, sie geht zur Schule und hilft im Laden. Pla erledigt alle Pflichten mit stiller Traurigkeit. Sie ist der erste sichtlich unglückliche Mensch, dem ich in Thailand begegnet bin.

Paw Sutape geht alle fünf Minuten hinaus an den Straßenrand, um zu spucken. Genau das tat er gerade, als ich herkam; es kam mir beinahe vor wie eine Willkommensgeste. Er ist nicht Mitglied im Rotary Club, aber der jüngere Bruder des Vorsitzenden; er war gezwungen, mich aufzunehmen, weil er in seinem Haus ein leeres Zimmer hatte. Es liegt im obersten Stock, wo Kisten gelagert werden. Am Tag meiner Ankunft setzten wir uns zusammen, und er erklärte mir: »Du wirst mir stets sagen, wohin du gehst, warum und mit wem. Du mußt jeden Abend vor neun zu Hause sein. Du mußt Meh helfen, weil wir alle Meh helfen. Du mußt deine Kleider selbst waschen.«

Und genau das tue ich. Ein Laken habe ich zur Hälfte geschafft, und meine Hände sind schon ganz verschrumpelt. Das schlimmste am Wäschewaschen ist, daß es sich ständig wiederholt. Thailand ist ein so staubiger, klebriger Ort. Nach fünf Monaten verstehe ich immer noch nicht, warum die Thais immer sauberer aussehen als ich selbst. Meh badet mindestens zweimal täglich, auch in der kalten Jahreszeit, wenn das Wasser bei Tagesanbruch eisig ist. Sie ist jeden Morgen schon um halb sechs draußen im Hinterhof und wäscht. Ich wache regelmäßig vom rhythmischen scheuern einer Bürste auf Baumwolle auf.

20. Januar

Während ich in Nareerat war, hat Meh Somjit mein Zimmer umgeräumt. Sie hat das Bett und das kleine Regal umgestellt und meinen kleinen heiligen Stapel Bücher, Kleider und Papier umsortiert. Sie ging mit mir rauf, um mir ihr Werk zu zeigen und mir die perfekte Logik zu erklären, die Symmetrie, die »Thaiartigkeit«. Ich sah mir an, wie alles umgestellt worden war, und lächelte nur, lächelte und sagte: »*Cop koon ka*« (Danke). Ich schob sie aus dem Zimmer, setzte mich hin und weinte, nicht aus Trauer, sondern aus Wut – die nächstbeste Reaktion, wenn man keinen hysterischen Anfall erleiden will. Dasselbe passierte, als Paw Sutape mich gestern abend nicht mit Meh Dang nach Prae fahren lassen wollte. Er sagte, es wäre zu gefährlich. Ich erklärte ihm, daß ich die Strecke zweimal täglich in einem *songtow* zurücklege. Er sagte nur, daß er nicht darüber diskutieren wolle. Er mag Meh Dang nicht. Sie lacht zu viel und stammt aus dem Norden. Paw Sutape ist hundertprozentiger Chinese. Obwohl es Millionen vollkommen integrierter Chinesen in Thailand gibt, bestehen immer noch zahlreiche Unterschiede zwischen beiden Völkern. Manchmal glaube ich, daß Paw Sutape nicht einmal Chinese ist, sondern ein Wesen aus »Krieg der Sterne«. Erinnern Sie sich an *Jabba the Hut*?

Ich hätte gern die Erlaubnis, mich zu bewegen, zu atmen und zu sprechen, ohne die Stimme zu senken. Ich bin es leid, zu flüstern, zu lächeln und mich zu verbeugen. Manchmal könnte ich fast sagen, daß ich Thailand hasse, und doch weiß ich, daß das nicht stimmt. Ich fühle mich hin und her gerissen. Wenn ich es auch manchmal hasse, liebe ich es doch immer mehr. Die Lösung besteht nicht darin, *wie* ein Thai zu sein, sondern ein Thai zu sein, und das ist unmöglich. Ich werde niemals Bettlaken mit der Hand waschen, ohne mit den Zähnen zu knirschen. Ich werde nie eine Uniform tragen, ohne insgeheim darüber zu lachen.

Wenn es möglich wäre, würde ich die reine Existenz vorziehen. Ich möchte wirklich an die Geister unter der Brücke glauben; gern würde ich vom Geist einer verrückten Großmutter heimgesucht, die Essen und Respekt verlangt. Die Geisterhäuser vor jedem Wohnhaus, sogar den Hütten der Bettler, halten die sanften Dämonen draußen, fern von den Menschen. Ich würde gern Opfergaben auf diese Miniaturtempel legen, auch wenn ich täglich sehe, daß Spatzen und Ameisen sich darüber hermachen. Aber das Maß dessen, was ich glauben kann, ist begrenzt. Ich bin bereits ich selbst, an meine eigene Haut gewöhnt. Die kulturellen Tabus und Fallstricke ärgern mich. Ich wünsche mir ein einfacheres Thailand, was absurd ist, da alles, was einfacher wäre, nicht so kostbar sein könnte.

23. Januar

Es gab eine Zeit, da wußte ich gerade mal, daß es Thailand überhaupt gibt, es war nur ein unbestimmtes Land, das ich nicht einmal auf einer Landkarte hätte einzeichnen können. Was hat mich also mitten ins Herz dieses Landes gezogen? Wenn ich für Meh Somjit Obst kaufen gehe, frage ich mich angesichts des friedlichen Durcheinanders auf dem Markt, warum ich nicht hier geboren wurde. Ich sehe stundenlang dabei zu, wie Frauen Messer so scharf schleifen, daß man mit ihnen Knochen schneiden kann. Ich laufe ziellos durch die Gassen und betrachte fremdartige Fischpasteten und Früchte und gerupfte Hühner.

Die Hühner! Ihre rosigen ledrigen Leiber, Köpfe und Füße noch aneinander festgebunden, sind zu so hohen Pyramiden aufgetürmt, daß ich manchmal fürchte, sie könnten einstürzen und ein Kind unter sich begraben. Sie ähneln den Gummikarikaturen von Hühnern, wie man sie in Scherzartikelläden findet. Ich kann kaum glauben, daß sie echt sind. Jeden Morgen höre ich Hähne krähen, entstaube das Englisch-Zimmer mit einem Staubwedel aus Federn und esse regelmäßig Brathähnchen zu Abend. Sie sind überall.

Der Markt pulsiert, verändert sich ständig im Wandel

der Jahreszeiten. Allein die Fülle von *Dingen*! Was wollen Sie? Wilde Zwiebeln, Bambussprossen, süßen Reis in Bananenblättern, zuckende Aale in Plastiktüten, riesige Frösche, die gegen ihre Netze hüpfen, Welse, die in niedrigen Wannen schwimmen? Letztens hatte die Ananashändlerin einen *dug-oo-wat* zu verkaufen, sie sagte, sie würde ihn mir zu einem wahren Schleuderpreis überlassen. Aber was sollte ich mit einer grau-grünen Eidechse anfangen, die größer war als ein Leguan? Die Ananasverkäuferin sagte: »Essen natürlich. Gebraten schmecken sie köstlich.« Dann erklärte sie mir, wie man einen *dug-oo-wat* über einem offenen Feuer röstet. Währenddessen wand sich die Eidechse unter uns, Kiefer sowie Vorder- und Hinterbeine zusammengebunden. Angeblich können sie einem Mann einen ganzen Finger abbeißen.

Die Marktfrauen tragen lange *pasins*, Röcke mit Batikmuster, Jeans oder alte Pullover. Wenn es morgens noch kühl ist, lehnen einige von ihnen noch ganz verschlafen an den steinernen Pfeilern. Entlang der Deckenbalken und in den Ecken hängen Spinnweben, die stark genug sind, kleine Vögel zu fangen, die schrill piepsen, bis sie sich wieder befreit haben. Einige der Frauen haben keine Zähne mehr, und es sind Großmütter dabei, die beim Lächeln Goldzähne zeigen und deren Fleisch an Hühnerhaut erinnert. Manche sind junge Mädchen, noch brummig vor Müdigkeit, während andere bereits hellwach sind, lachen und über Stapel grün-roter ramputan oder gna – Früchte, die aussehen wie rote und grüne Seeigel – hinweg meinen Namen rufen. Sie fragen, wann ich nach Hause fahre, ob ich überhaupt zurückgehe, wann ich meinen Thai-Freund heiraten werde. Ich rufe zurück: »Was für einen Thai-Freund? Sie sind mir alle zu kurz geraten!«, worauf die Tomatenverkäuferin ruft: »Ja, und die Männer in Kanada sind für uns zu groß!« Sie läßt Schultern und Hüften kreisen und reißt die Augen weit auf, bis wir brüllen vor Lachen.

Menschen kommen mit leeren Körben und schleppen Kohl, Grashüpfer, Trauben und Bahnen blauen Stoffs für traditionelle Thai-Kleider nach Hause. Frauen, Männer und Kinder balancieren Bambusstäbe auf den Schultern und tragen Körbe voller *lang-sa* und Mandarinorangen davon, die sie von Haus zu Haus ziehend verkaufen. Diese Stange mit den Körben zu balancieren ist eine Kunst, die auch von Kindern und winzigen alten Frauen beherrscht wird, die mit zügigen rhythmischen Schritten ihre Last tragen.

Rosige getrocknete Tintenfische hängen fein säuberlich aufgereiht an den Ständen, hübsch wie Puppenkleider. Ich sehe Haifischfleisch, getrocknet oder gesalzen, und hundert verschiedene Arten von Fischen, silbern und rotgeschuppt, die in seichtem Wasser planschen oder tot zu hohen Stapeln aufgetürmt sind und von Frauen verkauft werden, die mit Fächern und Tüchern die Fliegen verscheuchen. Die Augen gebratener Garnelen starren blind an die Decke, und Gänseköpfe hängen herab. Überall handeln, murmeln und lachen Thai-Stimmen. Der Markt am Morgen macht mich so wunderbar satt, daß ich oft ohne Frühstück zur Schule fahre.

26. Januar

Lin sagt, das gehöre zu den Dingen, für die man mich in Erinnerung behalten werde. Ich habe mir gar nichts dabei gedacht.

Während ich beim Tanzunterricht war, hat Ajahn Champa das Englisch-Zimmer abgesperrt und ist im Verwaltungsgebäude verschwunden. Als ich nach dem Unterricht in das Klassenzimmer wollte, um mein Portemonnaie zu holen und mir etwas zum Mittagessen zu kaufen, konnte ich sie nirgends finden. Ich hatte Hunger und brauchte meine Geldbörse. Was habe ich getan?

Das einzig Logische, wenn man keine Höhenangst hat.

Ich stieg über den Balkon und spazierte über den breiten Sims zum Fenster des Englisch-Zimmers, sprang hinein, holte meine Tasche und war schon wieder draußen. Das Ganze dauerte keine fünf Minuten. Wäre es gefährlich gewesen, hätte ich es nicht getan. Und ich hätte es auch nicht getan, wenn mich jemand dabei beobachtet hätte – ich trug meinen Uniformrock. Aber es war nicht gefährlich, und alle anderen waren bereits zur Schulkantine gegangen. Ich dachte, niemand würde etwas merken.

Ich ahnte ja nicht, daß ich heimlich von hinter den Rosenbüschen beobachtet wurde. Der Hausmeister – was für eine harmlose Bezeichnung für einen Spion – verfolgte das Ganze, ergötzte sich vermutlich am Anblick meiner Unterwäsche und lief geradewegs zur Schuldirektorin, die sich umgehend bei Ajahn Champa über die verrückte *falang* beschwerte. Verfluchter Hausmeister. Wahrscheinlich hatte er gar keine Angst um mich, er hat sich nur vorgestellt, ich könnte ausrutschen, Dachpfannen ins Rutschen bringen, die Regenrinne herunterreißen und dann drei Stockwerke tiefer auf das Kopfsteinpflaster klatschen – ein Durcheinander, das er dann aufräumen müßte. Jetzt ist Ajahn Champa böse auf mich, wegen meines »Selbstmordversuchs«. Sie bekundet ihre grenzenlose Enttäuschung dadurch, daß sie alle fünf Minuten einen hörbaren Seufzer ausstößt. Ich habe einige Freistunden und arbeite mit ihr an englischen Spielen und Puzzles für die Kinder, aber wir sind nicht mit dem Herzen dabei. Sie hat erkannt, daß ich immer noch eine Wilde bin, und ich habe nichts unternommen, ihre Meinung zu ändern. Ich bin nicht bescheiden, still und sanft genug, eine Thai zu sein, und so langsam wird uns das klar.

Prasert erklärt mir immer wieder, daß es sich für eine Frau nicht schickt, allein zu reisen oder zu viel über gewisse Dinge zu reden. Jetzt, wo mein Thailändisch konkrete Formen annimmt und mir wie durch ein Wunder glatt über die Lippen kommt, zögere ich nicht, es auch zu benutzen, wobei ich manchmal den Fehler mache, in Thai genauso zu sprechen wie ich es im Englischen tun würde. Zu viel Wahrheit kann ebenso schädlich sein wie Lügen. Manchmal kommt es mir vor, als würde ich in Thailand rückwärts leben, regredieren. Das, was es mir ermöglicht hat herzukommen – Unabhängigkeit und Kraft –, wird bei Frauen einer so enggestrickten traditionellen Gesellschaft unterdrückt. Furchtlosigkeit wird Thai-Mädchen nicht bewußt beigebracht. Und auch nicht der Drang, zu kritisieren und zu widersprechen. Oder aus Fenstern zu steigen. Wenn ich von der Armut im Nordosten spreche, von den ausgebeuteten Dreizehnjährigen in Bangkok oder der Zerstörung der Regenwälder, hören sie mir belustigt zu und versichern mir, daß ich wirklich sehr gut Thailändisch gelernt hätte. Nur bei Meh Dang, wenn die Ärzte da sind, und Surapong, dem berühmten Anwalt, hört man mir wirklich zu. Nicht einmal meine Thai-Lehrer nehmen mich ernst. *Mai pen lai* ist die typische Antwort auf alles, was ich sage. Die Menschen trinken Eiskaffee und sehen sich chinesische Seifenopern an. Anders als die Nordamerikaner täuschen sie nicht einmal Interesse vor. Ich nehme an, daß sie so sind wie die meisten Menschen überall auf der Welt, ich habe nämlich vergessen, daß die Kanadier nicht anders sind: ihr eigenes Leben ist ihnen genug. Ajahn Peroontip mit ihrer Schwäche für lange Haare, Liebeslieder und weiße Spitzenkleider hat letztens zu mir gesagt: »Aber Kalen, Thailand ist so klein und so weit weg.« Und ich fragte: »Weit weg wovon?«

Es ist nur auf der Landkarte ein kleines Land: ich lerne hier eine ganze Welt kennen, lerne, daß Länder Konstellationen sind, Lichtpunkte, die durch unsichtbare Linien miteinander verbunden sind, und Entfernungen nur in der Begrenztheit des Verstandes existieren. Ich lerne, daß Thais Konformisten sind, freitags Uniformen tragen, sich von ihren Frauen Tee auf einem Tablett servieren lassen und Bräuchen anhängen, die ich in Frage stelle. Ich kann nicht darüber urteilen oder mehr verlangen, als da ist. Ich habe gelesen, daß es in Thailand sogar ein Gesetz gibt, das den Höchstbetrag festlegt, mit dem man legal einen Staatsbeamten bestechen kann. Wieviel mehr an Demokratie könnte man sich wünschen? Alles ist gesetzlich geregelt, sogar Bestechung.

SECHSTES KAPITEL

6. Februar 1987

Der Schulhof besteht teils aus Staub, teils aus vertrocknetem Gras. Abgesehen von den zwei kämpfenden Hähnen in der Mitte des Platzes ist es sehr still. Über ihnen wiegt sich ein Mann vor und zurück. Als ich nähertrete, sehe ich, daß die Vögel wirklich ernst machen. Ihre leuchtendroten Hälse und die gesprenkelten schwarzen Schulterfedern sind aufgeplustert und ihre Federschwänze peitschen vor und zurück. Auf dem Hof ist außer den kratzenden Geräuschen von Krallen im Staub nichts zu hören. Die Sonne wirft erstes Licht über die Backsteinmauer, die den Schulhof einfaßt. Jetzt höre ich die Vögel knurren. Dann stürzen sie sich zornig aufeinander und hacken sich gegenseitig mit den Schnäbeln auf die Schultern, unter die Flügel und auf die rote Brust des Widersachers. In Abständen langt der Mann nach unten und löst die Kämpfenden voneinander wie man Angelhaken aus der Haut löst. Ich unterhalte mich eine Weile mit ihm über Kampfhähne. Er erzählt mit, daß es hinter dem alten Schulhaus eine kleine Kampfgrube gibt und lädt mich zum nächsten Wettkampf ein.

Ich verabschiede mich von ihm und gehe am Rand der Felder entlang in Richtung des Tempels im Nordwesten. Dieses Kloster ist sehr groß, anders als das Kloster in den Bergen, in dem ich den australischen Mönch kennengelernt habe. Das Labyrinth von Pfaden ist von Mauern eingefaßt und wird von Flamboyants und alten Teakbäumen überschattet. Ich habe hier einen Mönch kennengelernt, Ajahn Ramyong, der mich das Meditieren lehren möchte. Als ich im Kloster ankomme, frühstückt der Ajahn gerade Reis, Obst und Fisch, und so schlendere ich auf dem Klostergelände umher, während er seine Mahlzeit beendet. An kühlen Abenden kommen die Kinder aus Denchai zum Radfahren her. Jetzt sind nur junge Novizen hier, die Blätter von ihren Türschwellen fegen und frisch gewaschene Kutten zum Trocknen aufhängen. Thailand wird für mich immer das grüne Land sein, aber die Schwesternfarben sind das Orangegelb der Kutten und der dunkle Kupferton der Haut der jungen Thai-Mönche. Manche von ihnen sind erst elf oder zwölf Jahre alt und bringen es nicht über sich, mich anzusehen, wenn sie nicht in einer Gruppe sind und ihre Gesichter hinter den Schultern der anderen verbergen können. Um mich herum ist es still bis auf das Geräusch leiser Schritte – die jungen Novizen gehen mit Wasserflaschen und Blechdosen mit Nahrung für ihre Lehrer von Hütte zu Hütte. Ich fühle mich oft, als wäre ich unsichtbar, wenn ich herkomme. Die stille Aktivität hat nichts mit mir zu tun. Hier bin ich schwerelos. Die silbrige Morgenluft verstärkt diesen Eindruck noch. Ich schwebe beinahe die Stufen der kleinen Pagode hinauf, in der Ajahn Ramyong mich erwartet.

Er ist ein kleiner Mann mit Nickelbrille, glitzernden schwarzen Augen und beinahe auf britische Art geistreich, etwas, was mir noch bei keinem anderen Thailänder untergekommen ist. Außerdem zwinkert er – eine ebenfalls untypische Geste. Er sagt, er hätte das von einem Mönch aus Sri Lanka gelernt, der in Oxford studiert hatte und das Kloster beinahe wegen einer blinden britischen Philosophiestudentin verlassen hätte. Aber dann kam er wieder zu sich, vor allem da sie sich strikt weigerte, ihm nach Sri Lanka zu folgen. Später sagte jener Mönch dann, daß nicht einmal eine schöne Frau England lebenswerter machen könne – heute lebt er in einem Kloster mitten im Urwald. Ajahn Ramyong ist seit zwölf Jahren Mönch und ist viele Male durch Thailand, Sri Lanka und Laos gereist. Als ich ihn frage, was er gemacht hat, bevor er ins Kloster eingetreten ist, sagt er, er habe keine Ahnung. Er kann sich nicht erinnern. »Es war uninteressant.« Sein Verstand ist eine Fülle loser Blätter, kleiner Geschichten, Zitate und Auszüge aus thailändischen Gedichten. Ich könnte den ganzen Tag damit verbringen, ihm zuzuhören, aber er besteht darauf zu meditieren. »Wie willst du jemals lernen, richtig zu denken, wenn du nicht meditieren kannst? Das ist der erste Schritt, um dein Gehirn wie einen Muskel zu trainieren.«

Ich habe ihn vor zwei Wochen hier kennengelernt, als ich kleine Steinchen in den Brunnen warf und auf das Plätschern lauschte. Er lud mich zu einem Glas Wasser ein. Als wir uns unterhielten, sagte er mir, daß er nicht wolle, daß ich Steine in den Brunnen werfe. »Sonst machen das bald alle Novizen nach, und irgendwann holen wir dann nur noch eimerweise Steine aus dem Brunnen.« Dann gab er mir etwas Wasser und sprach vom Buddhismus, erklärte mir das Prinzip der Meditation. Ich fing an, sie in der klassischen Haltung mit übereinandergeschlagenen Beinen zu lernen und versuchte, mich länger als zwei Minuten auf den Strom meines Ein- und Ausatmens zu konzentrieren. Unmöglich. Ich registrierte das Summen und Zirpen vier oder fünf verschiedener Insektenarten. Ich spürte ein Jukken an der Hüfte, dann am Fuß. Plötzlich nahm ich das endlose Gezwitscher der Vögel wahr, Motorräder in der Ferne, die sanfte Brise auf meiner Haut. Neben all den Sinneseindrücken hatte ich auch mit meinem Verstand zu kämpfen, mit einer Flut von Gedanken, Ideen und Erinnerungen an vergangene Gespräche. Bevor wir anfingen, hatte ich mich noch gerühmt, daß meine Konzentrationsfähigkeit recht gut wäre. Er lachte, als ich den Versuch nach fünf Minuten abbrach und meinte, daß ich auf die Toilette müsse.

Heute lerne ich, wie man im Gehen meditiert und sich allein auf den Boden unter seinen Füßen konzentriert, aber das ist auch nicht viel einfacher. Wir schlendern einige Minuten die Wege entlang und setzen uns wieder, um zu reden. Ich mache mir in einem kleinen weißen Block Notizen und schreibe mir lange theoretische Begriffe auf Thailändisch auf, die ich innerhalb von zwei Stunden wieder vergessen haben werde. Ajahn Ramyong spricht über Buddhismus und korrigiert meine thailändische Schreibweise. Zu den interessantesten Dingen, die er sagt, gehört, daß Buddhismus nicht die mystische Religion ist, wie sie in Büchern von westlichen Gelehrten dargestellt wird. »Es ist eine Lebensweise, die auf Vernunft, sorgfältiger Überlegung und der Überzeugung basiert, daß alles Leben heilig ist.« Der Zweck der Meditation, einem wichtigen Bestandteil des Buddhismus, besteht darin, den Geist zu beruhigen. »Nur ein friedlicher Geist kann Weisheit erlangen. Ist dein Geist erst frei und klar, wird er erleuchtet. Dann erreichst du das *samadhi*, ein friedliches Bewußtsein.«

»Glück.«

»Nein, nein, nicht Glück. Glück ist nicht friedlich. Im Glück ist der Geist ständig in Bewegung und fürchtet den Verlust des gegenwärtigen Zustandes. Glück ist eine verfeinerte Form des Leidens. Glück ist das Schwanzende des tollwütigen Hundes. Der Kopf ist das leidende Ende; berührst du ihn, wirst du sofort gebissen. Aber auch, wenn du den Schwanz packst, wirst du früher oder später gebissen. Verstehst du? Glück ist nicht das Ziel. Das Ziel liegt jenseits von Glück und Trauer, jenseits von Gut und Böse. Der Geist kann sich über diese Dinge erheben.«

»Für dich ist es sehr schwierig, weil du Anfängerin bist. Und du bist keine Thai. Du hast deinen westlich geprägten Geist. Das ist nicht weiter wichtig, außer daß es bedeutet, daß du Antworten willst. Du mußt alles aufschreiben. Es ist schwierig, weil du aus dem, was ich sage, keine Wahrheiten schöpfen wirst. Die Wahrheit liegt nicht in den Worten. Du mußt allein in dich gehen, die Worte überwinden. Verstehst du?« Er mustert mich eine Weile, blinzelt aufgeregt und nippt hastig an seinem Wasser. »Und jetzt geh noch eine Weile auf und ab, denk an den Strom deines Ein- und Ausatmens und beweg dich nicht durch deinen Geist, beachte die Insekten auf dem Boden nicht. Du mußt versuchen, bedächtig zu sein, ruhig. Konzentriere dich.«

Ich stehe auf und fange wieder an zu gehen. Mein Kopf ist wie ein Schrank, der Jahre nicht mehr ausgemistet worden ist. Ich kann mich eher an Bilder erinnern, die ich mit acht Jahren gemalt habe, als länger als drei Minuten dem Strom meines Atems zu folgen. In meinem Kopf herrscht ein solches Durcheinander! Als ich stehenbleibe, um es dem Ajahn zu sagen, sagt er: »Geduld, Geduld. Es ist nicht leicht. Du mußt es langsam kommen lassen. Zwei Tage sind nur ein allererster Schritt. Du mußt auch allein üben.« Später, nach einem weiteren Glas Wasser und einer kurzen Unterhaltung über das Wahrsagen – er glaubt nicht daran –, verneige ich mich zum Abschied dreimal vor ihm und gehe in der noch frischen Morgenluft durch Denchai zurück nach Hause. Ich versuche, mich auf meine Füße zu konzentrieren, auf den Strom meines Atems, aber die Stadt ist bereits wach und pulsiert, und mein Geist schwingt auf, um den Lärm willkommen zu heißen.

10. Februar

Ajahn Champa war nicht begeistert – sie meinte, es wäre zu gefährlich –, aber hier bin ich, einhundert Meilen von Prae entfernt in einem Waldlager, in dem ganze Armeen von Thai-Mädchen schwitzend auf den Abend hinarbeiten. Sie schleppen Bambusstämme, gigantische Taurollen und riesige Segeltuchplanen über die staubige Lichtung. Sie ähneln einem Ameisenvolk, das einen ganzen Urwald Zweig für Zweig und Blatt für Blatt abträgt. Die Zelte riechen nach Trockenobst und Asche. Es gibt keine Bodenbedeckung, und jedes Mädchen bekommt nur eine Wolldecke. Die Musik wird die ganze Nacht spielen, und das Licht wird erst bei Tagesanbruch abgeschaltet. Ajahn Peroontip trägt anstelle der üblichen weißen Spitze blaue Baumwollkleider und einen Strohhut wie eine Bäuerin. Sie erklärt mir, daß die Nacht sehr unbequem werden wird, weil der Boden so hart ist und das grelle Licht durch die Augenlider hindurchschimmert. »Warum müssen wir das Licht denn überhaupt anlassen?« frage ich. Es ist von der einschüchternden Sorte, wie es Wachen mit versteinerten Gesichtern auf Wachttürmen einsetzen. Ajahn sieht mich verwirrt an. »Wir müssen Licht machen für die Kinder, die sich im Dunkeln fürchten.« Ich nicke. Natürlich. Campen auf thailändische Art bedeutet wenig schlafen und reichlich essen. »Du wirst nie wieder so köstlichen *som-tam* bekommen«, verspricht sie.

Nachdem ich geholfen habe, das Lager aufzuschlagen, drei englische Lieder gelehrt und Laufknoten und Dosenfußball vorgeführt habe (ein Spiel, für das Thai-Mädchen keine Begeisterung aufbringen), erkundige ich mich nach den sanitären Einrichtungen und werde zum Fluß geschickt. »Aber du mußt warten, bis du dran bist«, wird mir gesagt. Baden ist ein kompliziertes Unterfangen und muß schichtweise erfolgen, weil insgesamt dreihundert Mädchen sich Staub und Schweiß abwaschen wollen. Die Thai-Mädchen tragen beim Baden den traditionellen sarongartigen Rock. Sie seifen sich durch den Stoff hindurch ein und spülen dann mit klarem Wasser nach, so daß sie zu keinem Zeitpunkt nackte Haut zeigen. Mit verblüffender Geschicklichkeit entledigen sie sich des nassen *pasin* und schlüpfen in einen frischen, ohne daß dieser mehr als leicht feucht wird. Hunderte von Mädchen ziehen sich vollständig um, ohne auch nur eine Sekunde nackt zu sein. Man sieht nur Schultern und Schienbeine. Das erste Mal, das ich dieses Manöver probiere, ist auch das letzte, weil ich beide *pasins* in den Dreck fallen lasse und nackt daneben stehe, umgeben von kreischenden Mädchen. Es ist viel leichter, Shorts und ein T-Shirt zu tragen. Als ich Ajahn Yupa frage, ob ich meinen Badeanzug anziehen und den Fluß ein Stück hinaufschwimmen darf, ist sie entsetzt. »Du kannst doch nicht wissen, was sich alles im Wasser verbirgt. Was würde Ajahn Champa sagen, wenn du ertrinken würdest? Hmmm?« Sie beugt sich zu mir und flüstert: »Außerdem liegt gleich neben dem Camp ein Holzfällerlager.« Ihrem Tonfall nach meint sie damit vor allem, daß flußaufwärts *Männer* sind. Ich denke etwas weiter, nämlich an die tiefere Ironie, daß ein Holzfällerlager gleich neben einem Naturreservat liegt. Sehr thailändisch.

Ohne zu widersprechen stimme ich ihr zu, was die schrecklichen Gefahren betrifft, die Schwimmen im Fluß birgt, lächle und gehe hinunter zu den anderen Mädchen am schlammigen Ufer. Sie haben den Kopf in den Nacken gelegt und lachen schallend. Überall blitzen weiße Zähne. Die jüngsten rutschen mit ausgestreckten Armen die glitschigen braunen Uferbänke hinunter und ziehen im Fallen ihre Freundinnen mit sich. Chet und Siphon, Mädchen aus meiner Klasse, animieren uns alle kreischend zu einer Schlammschlacht. Nachdem ich sechs Meter durch trübes Wasser getaucht bin, tut sich beim Auftauchen ein wahrer Regenbogen vor mir auf: grüne Ufer, ein sonnendurchfluteter Himmel, Mädchen in Rot, Grün und Purpur. Sie bewerfen sich mit Schlamm und kichern, bis sie so erschöpft sind, daß sie die Arme nicht mehr heben können. Atemlos lassen sie sich ins seichte Wasser fallen, seifen ihre Haare ein und lehnen sich auf die Ellbogen gestützt zurück, um es auszuspülen. Jemand fängt an zu singen, und innerhalb von Minuten stimmen alle, die den Text kennen, mit gerötetem Gesicht lauthals ein. Ihre Stimmen sind von derselben Farbe wie ihre nassen Baumwollwickel. Die Sonne ist eine aufgeschnittene Frucht, die die Flußoberfläche vergoldet. Ich rieche Lehm, Wasserlilien und Seife. Die Stimmen berühren mich, umschlingen mich, stark wie Hände, lebendig.

11. Februar

Nach dem Tauziehen und einer Partie Fußball sind alle erschöpft und liegen im Schatten des Segeltuchs auf dem Boden. Jemand hat sogar die plärrende Musik abgestellt und vorgeschlagen, einen Mittagsschlaf zu halten. Es ist kurz nach eins, sengendheiß, und Dutzende von Thai-Mädchen haben sich unter Bäumen niedergelassen. Daß sie noch leben, erkenne ich daran, daß sie ab und an mit einer Hand ein Insekt fortwischen. Das ist meine einzige Gelegenheit; ich schleiche mich in den Wald, stoße auf einen Pfad und folge ihm eine gute Meile flußaufwärts. Hier wird mich niemand sehen. Nur dicke Bienen und schwarze Hornissen surren träge zwischen den blühenden Bäumen hindurch. Auf der Suche nach einer geeigneten Stelle, um zum Ufer zu gelangen, verliere ich im tiefen Schlamm beinahe meine Schuhe. Der Gedanke an Treibsand schießt mir durch den Kopf, aber ich schiebe ihn gleich wieder beiseite. Mir wird nichts passieren. Das hier ist nicht der Amazonas. Es gibt weder Alligatoren noch Piranhas. Wenn Ajahn Champa von meinem Alleingang wüßte, würde ich wahrscheinlich innerhalb einer Woche nach Kanada zurückgeschickt werden, aber als ich erst am Wasser bin, ist es zu spät, umzukehren. Ich *muß* schwimmen.

Das Wasser ist so tief, daß es beinahe kalt ist. Ich kann nicht mehr stehen. Die Kühle ist wohltuend nach der Hitze des Tages. Nach wenigen Minuten ist meine Furcht vor Wasserschlangen vergessen. Ich schwimme sehr lange, den Kopf völlig leer, kämpfe mich stromaufwärts und fühle, wie die schwache Strömung an meinen Beinen zieht. Ich mache halt und blicke zurück auf die Entfernung, die ich zurückgelegt habe. Ich entdecke die lichte Stelle im Wald, die meinen Weg markiert. Ich drehe mich im Wasser auf den Rücken und frage mich wieder, wie tief es sein mag. Dann sehe ich plötzlich am gegenüberliegenden Ufer einen ganzen Baum schwanken. Eine Kette schlägt gegen seinen Stamm. Sofort stelle ich mir einen Mann in einem zerrissenen Hemd vor, der mich die ganze Zeit über abwartend beobachtet hat. Ruhig trete ich Wasser, nur Ohren und Nase über der trüben Wasseroberfläche. Kleine Algenfetzen treiben an mir vorbei. Wieder das Klatschen der Kette, dann das Knakken abbrechender Äste. Ich warte, den Blick auf die grüne Mauer geheftet.

Ich bin im Begriff, die Strömung zu nutzen, um vor

einer Bande mit Ketten bewaffneter Thai-Banditen flußabwärts zu flüchten, als am Ufer ein Elefant auftaucht. Ich kann nicht verstehen, warum ich ihn nicht schon vorher bemerkt habe; es ist schließlich ein Elefant. Er bewegt sich langsam auf mich zu, und die Zugkette schlägt gegen sein Bein (und nicht gegen einen Baumstamm, wie ich glaubte). Auf seiner Seite steht etwas geschrieben; er muß ein Arbeitselefant aus dem Holzfällerlager sein. Ich schwimme zum anderen Ufer, um ihn mir genauer anzusehen, und hoffe insgeheim, daß er den Rüssel hebt und trompetet oder gar ins Wasser stürmt. Das wäre Stoff für eine spannende Geschichte. Natürlich tut er nichts dergleichen. Ich glaube, er hat mich nicht einmal gesehen.

Langsam, gedankenlos kleine Bäume zertrampelnd, geht er kettenrasselnd zum Fluß hinunter. Alle paar Sekunden macht er halt, rupft einen Rüssel voll Gras und stopft es sich ins Maul. Er erinnert an eine überdimensionale Schnecke: langsam, stumpfsinnig, hungrig. Bald ist er so nah, daß ich ihn kauen hören und die dicke Haut über seinem Rumpf und an seinen Knien sehen kann. Seine fächelnden Ohren sind babyrosa gesprenkelt. Als er tief im Schlamm versunken ist, streckt er nur wenige Meter von mir entfernt den Rüssel aus und saugt einen Eimer voll Wasser. Dann schwingt er den Rüssel über den Kopf, schließt die Augen und spritzt sich das Wasser über den Rücken. Nachdem er sich mehrmals prustend geduscht hat, fängt er wieder an zu fressen.

Fasziniert von seinem trägen riesigen Leib und den winzigen Augen, beobachte ich ihn so lange, daß meine Finger ganz schrumpelig werden. »Schuuu! Schuuuu!«

rufe ich, in dem absurden Wunsch, ihn laufen zu sehen, aber er würdigt mich nicht einmal eines Blickes. Ich bin noch nie in meinem Leben so vollkommen ignoriert worden. »Arriba, los, lauf!« Er zieht einen Fuß aus dem zähen Schlamm und setzt ihn mit einem schmatzenden Geräusch an derselben Stelle wieder auf. Ich treibe wassertretend auf dem Rücken. Er bemerkt mich nicht. Schließlich drehe ich mich um, tauche in die Strömung ein und schwimme mit kräftigen Stößen zurück. Wenn ich nicht bald wieder im Lager bin, wird man meine Abwesenheit bemerken.

12. Februar

Die Fahrt vom Camp nach Hause ist ein Traum von tausend Leben. Ich sitze mit den älteren Mädchen in einem der schwerbeladenen Lastwagen, oben auf einem Berg von Kisten, Decken und eingerolltem Segeltuch. Ich sehe genug von der Welt, um mir einzubilden, sie ganz zu sehen. Aus Angst, etwas zu verpassen, versuche ich sogar, nicht zu blinzeln. Die Bauern brennen ihre Felder ab, und in der Ferne züngeln rote Flammen, die Insekten und Vögel in die Flucht schlagen. Die Politur des Sonnenuntergangs tropft an den schroffen Bergen herab und färbt die Wasserbüffel und ihre Karren rötlichbraun wie nasse Backsteine. Am Straßenrand kämpfen Hunde, und Kinder versuchen, einen Drachen in den windstillen Himmel aufsteigen zu lassen. Müde Männer mit Hakken über den Schultern und Frauen mit breiten Strohhüten gehen langsam nach Hause, erlöst von der plötzlichen Kühle der Dämmerung, sie wirbeln kleine Staubwolken unter ihren Sandalen auf. Wir fliegen auf dem Highway quer durch offenes Land, werden von einem trockenen Wind am Rand anderer Leben vorbeigetragen. Die Menschen, die ich gesehen habe, werden nie erfahren, daß ich mich an sie erinnere, daß sie in mein Gedächtnis eingebrannt sind, ein Teil von mir.

Der einzige Missionar von Prae ist unterwegs, den Thais Gottes Wort zu verkünden; er glaubt wahrhaftig, daß sie erlöst werden müssen. Seine blauen Augen leuchten, wenn er von »den Bauern« spricht. Bevor ich her kam, wußte ich nicht, daß es noch Menschen wie ihn gibt. Ich begreife einfach nicht, wovon er »die Bauern« erlösen will. Wenn ich mir die Menschen hier ansehe, das Leben auf den Feldern und in den Dörfern, an den Ufern der Teiche, kann ich einfach nicht glauben, daß man ihnen erst von Gott erzählen muß. Sie kennen ihn gut, leben ganz in seiner Nähe, sehen ihn jeden Tag. Er schläft draußen zwischen den Reispflanzen, die Hände unter dem Kopf verschränkt wie ein Mann, der vor sich hin träumt. Das Schimmern der Felder ist sein silberner Bauch, die Bergkette auf einer Seite des Tals ist sein Kopf und seine spitzen Ellbogen, während seine Füße auf der anderen Seite aufragen. Die Knöchel seiner Zehen sind nackter Fels. Wenn er vor sich hin träumt, sind wir sein Traum. Es gibt nichts, wovon wir erlöst werden müßten.

Ich setze mich sehr aufrecht hin und beobachte, wie die Erde von der Sonne fortgleitet. »Wonach hältst du Ausschau?« fragen mich die Mädchen und blicken in dieselbe Richtung. »Nach Geistern!« rufe ich ihnen über das Rauschen des Fahrtwindes hinweg zu, und das Haar weht mir ins Gesicht, als ich den Kopf drehe. Sie tauschen Blicke, verdrehen die Augen und brechen in schallendes Gelächter aus.

16. Februar

Surapong, der Anwalt, hat riesige Hände und eine Stimme, die klingt wie die tiefste Stelle eines Sees. Alles an ihm ist überdimensional. Er muß sich ducken, wenn er durch die Türen mancher seiner Mandanten tritt, und beklagt, daß japanische Autos so klein sind. »Immer wenn ich irgendwohin fahre, reichen mir die Knie bis zur Nase«, sagt er. Meh Dang gibt ein großes Abschiedsessen für ihn, weil er Prae verläßt, um für die Provinzregierung von Chiang Rai zu arbeiten. Wir sind zu acht im Restaurant: Meh Dang (die redend, rufend und singend hin und her rennt, Gläser und Teller trägt und in den Schränken wühlt, ein menschlicher Wirbelsturm), die Ärzte (die, soweit ich es verstehen kann, über eine bestimmte Bakterie, eine Krankenschwester und denselben fiesen alten Verwalter sprechen), die hübschen Medizinalassistentinnen (die die Ärzte mit Argusaugen beobachten, sich jedoch über das Wetter unterhalten), Surapong und ich. Alle außer dem Anwalt trinken kalten chinesischen Tee. Er nippt an einem großen Glas Whisky. Wir reden über Frauen, und er zieht mich auf.

»Aber darum lebe ich doch in Thailand, Kalen. Ich

weiß, es ist zu heiß, und die Regierung ist korrupt, aber hier stehen die Männer wenigstens noch über den Frauen!« Die Ärzte lachen, aber Surapongs Gesichtsausdruck verändert sich kaum. Seine Augen bleiben halb geschlossen, nicht vor Schläfrigkeit, sondern vor Schläue. Er ist ein sehr überzeugender Redner. »*Pood lehn*, Kalen, ich mache nur Spaß. Vor dem Gesetz sind in Thailand Männer und Frauen gleichberechtigt.«

Ich schnaube verächtlich. »Was geschrieben steht und was tatsächlich geschieht sind zwei verschiedene paar Schuhe.«

»Ja, das ist wahr.« Er nimmt einen großen Schluck von seinem Drink und schmatzt nachdenklich. »Es gibt ein gutes thailändisches Sprichwort, das sagt, der Mann ist die vordere Hälfte eines Elefanten und die Frau die hintere, folgende Hälfte. Trotzdem kann das Tier nicht existieren, wenn eine der beiden Hälften fehlt.«

Surapong hat die Thai-Gewohnheit, das Angenehme und Positive in jedem Pferdefuß zu finden, perfektioniert. Vielleicht ist sein Gerechtigkeitssinn etwas verdreht, weil er Anwalt ist. Meh Dang und ihr Diener Gnop decken den Tisch, während wir unsere Unterhaltung über die Emanzipation der Frauen in Asien fortsetzen. Meh Dang klappert immer lauter mit dem Geschirr. Jedesmal, wenn Surapong ein weiteres Sprichwort anführt, zerbricht Meh Dang beinahe einen Teller. Als er sagt: »*Mai pen lai*, Kalen. Thailand hat große Fortschritte gemacht. Früher gingen die Frauen bei der Heirat in den Besitz des Mannes über. Heute ist alles anders. Thailand ist eine moderne Nation!, stöhnt Meh Dang laut auf und knallt eine Schüssel auf den Tisch.

»Ja, sehr modern«, sagt sie bissig, »Frauen schleppen Baumstämme Berge hinauf. Die Leute können nicht lesen. Ein großartiges Land. Ohne Prostituierte.«

Die letzte Bemerkung ist die einzige Überraschung. Surapong blickt zu ihr auf und dann auf die Schüssel, die sie auf den Tisch gestellt hat. »Ah! Wunderbar!« ruft er aus. »Eine meiner Lieblingsspeisen. Kannst du davon essen, Kalen, oder ist es noch zu scharf für deine ausländische Zunge?« Und der Augenblick ist vorbei, ehe ich sicher bin, daß er überhaupt etwas zu bedeuten hatte, weil alle gleichzeitig anfangen durcheinanderzureden. Meh Dang rauscht davon, um das Brathähnchen zu holen, kehrt lachend zurück und setzt sich. Wir essen, reden, nagen Knochen ab, essen klebrigen Reis mit den Fingern, verbrennen uns an scharfen Chilisaucen die Lippen, verschlingen Unmengen von Bambussprossen, Baby-Maiskolben, Erbsen, würzigen Salaten, Fisch und Huhn, jede einzelne Speise anders gewürzt und zubereitet – gebraten, gekocht, gedünstet. Es ist ein wunderbares, langes Festmahl. Die leeren Teller werden auf den umliegenden Tischen gestapelt, und zerknüllte kleine Servietten liegen überall herum. Wir lachen viel, wie immer, wenn wir zusammen sind, vor allem über Ronald-Reagan-Witze, aber das Thema Emanzipation der Frauen wird nicht mehr angesprochen.

Meh Dang hat selbst Witze über die Stellung der Frauen in Asien gerissen, über Thailands blühende Prostitution. Still wird es erst, wenn Menschen ernst sind. Und diese Stille bedrückt mich mehr als alles andere. Sie scherzen, wollen aber nicht diskutieren. Die Doppelmoral ist sehr frustrierend. Meine Gasteltern verbieten mir, mit thailändischen Männern allein zu sein und erleiden fast einen Schlag, wenn sie mich in Shorts sehen und dabei sind ihre Häuser mit Photos nackter Schönheitsköniginnen geschmückt und ihre Wochenenden in Bangkok verbringen sie damit, sich in Massagesalons zu amüsieren. Zugegeben, ich weiß nicht, wie weit dieses Amüsement geht, aber ich bin sicher, daß es nicht ganz harmlos ist. Als Prasert im vergangenen Monat mit mir in Bangkok war, um mein Visum erneuern zu lassen, haben wir mit einigen Freunden von ihm in einem berühmten Nachtclub zu Abend gegessen. Nach dem Essen kam das Dessert: ein gläserner Raum voller gelangweilter schöner Frauen mit Nummern an ihren glitzernden langen Abendkleidern. Prasert hat mir erklärt, daß sie Nummern tragen, weil sie nicht wollen, daß die Gäste auf sie zeigen. Als jeder der Männer sich eine Frau ausgesucht hatte, kamen sie durch das Dunkel auf Stöckelschuhen zu unserem Tisch getrippelt, mit glänzendem Haar und grellem Lippenstift. Ich habe den Abend in Gesellschaft von fünf thailändischen »Tänzerinnen« verbracht.

Während wir tanzten, gestand mir eine von ihnen, daß sie viel lieber mit Frauen zusammen wäre als mit Männern. Sie küßte mich auf die Wange, was die anderen Mädchen zum Lachen brachte. Sie war achtzehn und seit drei Jahren »Tänzerin«. Wenn langsame Musik gespielt wurde, tanzten die Männer mit den Mädchen, während ich am Tisch saß, dekorative Scheiben Ananas und Wassermelone aß und in die Dunkelheit blinzelte. Ich war überrascht. Es wirkte wie ein normaler, typischer Zeitvertreib für thailändische Geschäftsleute.

Ich würde ja gern glauben, daß Surapong anders ist,

weil er eine so schöne tiefe Stimme hat und so intelligent ist, aber Meh Dang hat mir erzählt, daß er im Nachtclub von Prae ein Lieblingsmädchen hat. »Warum ist so etwas Frauen nicht gestattet?« fragt sie laut, als wir allein in der Küche sind und uns über Männer unterhalten. »Wenn eine Frau sich mit einem Mann einläßt, mit dem sie nicht verheiratet ist, lädt sie Schande über sich.« Müde schüttelt sie den Kopf. Zum ersten Mal geht mir auf, daß sie sich möglicherweise Gedanken um Paw Teerug macht, der allein im fernen Bangkok ist.

Wenn ich zu sehr darüber nachdenke, werde ich wütend und möchte am liebsten weg von hier. Thailand ist ein seltsamer Ort. Die keuschen Traditionen enden in rot erleuchteten schummrigen Räumen mit numerierten Mädchen. Zu Hause ist Paw Sutape der unangefochtene Herrscher; wenn er einen seiner Wutanfälle hat, schleicht Meh Somjit am nächsten Morgen mit verquollenen Augen und völlig übermüdet durch das Haus. In Thailand ist es Fakt, daß Frauen schwächer sind als Männer. Das Gesetz mag abgeschafft worden sein, aber in vieler Hinsicht ist es immer noch so, daß Frauen Leibeigene sind. Ajahn Champa hat mir von einem alten thailändischen König erzählt, dessen Macht über seine Frau so absolut war, daß kein anderer Mann sie ansehen durfte. Sie unternahm eine Reise durch die *klongs*, die Wasserstraßen in den Städten im Süden, und als sie am Ziel ankam, kenterte ihr Skiff. Die schwangere Königin verhedderte sich in ihrem langen Kleid in den Wasserpflanzen. Sie ertrank, umgeben von Wachen, die ihr nicht helfen konnten, da es sie den Kopf gekostet hätte, sie anzusehen. Ajahn Champa kommentiert dies mit Seufzern, schnalzt manchmal mit der Zunge und sagt: »O Thailand.« Sie selbst könnte niemals die hintere Hälfte eines Elefanten sein. »Ich habe nie geheiratet«, sagte sie einmal, »weil der Mann, der zu mir passen würde, nie geboren wurde.«

19. Februar

Als ich Beed an der Tankstelle besuchen will, erfahre ich von Samat, daß sie zu Hause ist. Gewöhnlich arbeitet sie zusammen mit ihrem Mann an der Tankstelle, während sich die Großmutter um die kleine Poun kümmert. Ich mache einen Bogen um den gelben Wachhund – eine Hündin, die hochträchtig ist und sich in letzter Zeit sichtlich elend fühlt. Bestimmt würde sie mich angreifen, wenn ihr Bauch nicht so schwer wäre. Durch ein Gewirr von Bäumen und Vogelkäfigen gehe ich zu dem alten Haus der Familie. Beeds Vater sammelt Vögel: er besitzt seltene meergrüne Papageien mit roten Köpfen und weißen Flügeln, Aras und Chinesisch sprechende Beos. Es ist auch ein blauer Vogel mit langen Schwanzfedern dabei, der mich an eine große angemalte Elster erinnert, gelbe, orangefarbene und sogar grüne Kanarienvögel und ein Kaleidoskop von Finken, die den ganzen Tag herumflattern und singen. Einige von ihnen singen auch nachts. »Mein Vater kann ohne den Vogelgesang nicht schlafen«, hat Beed mir einmal erklärt.

Der Garten liegt hinter einem moosbewachsenen Zaun, abgeschirmt vom Gedränge auf der Yantrakitkosol. Ein Regen von Sonnenlicht ergießt sich in den Hof und glitzert auf den tönernen Wasserbecken, vor denen Beeds Tochter mit einer Tasse in der Hand steht und Wasser in die Luft spritzt. Ohne mich zu bemerken, fährt sie fort, singend Wasser in die Luft zu spritzen, und hüpft zur Seite, wenn es silbrig herabfällt.

Ich betrete den Garten und sehe Beed im Haus, obwohl ich sie im ersten Moment nicht wiedererkenne. Sie trägt das Haar offen und statt Tennisshorts einen langen orangefarbenen Wickelrock mit schwarzem Paisleymuster. Ich kann nicht glauben, daß das dieselbe Frau ist, die Öl wechselt, Benzin zapft und in völliger Mißachtung der hiesigen Kleiderordnung Shorts trägt. Sie gießt Öl in einen großen Wok und summt vor sich hin. Die Tür zur Küche ist offen, und in den Regalen türmen sich Saucen und Gewürze in Schuhkartons und Körben. Töpfe und Pfannen hängen an den Wänden, und von der Decke baumeln getrocknete Kräuter. Beed arbeitet. Die Muskeln ihrer Unterarme spannen sich rhythmisch, während sie Knoblauchzehen zerdrückt. Erst als Poun sie ruft, blickt sie auf und sieht mich.

»Ahhh! Kalen! Wie geht es dir? Wo hast du gesteckt? Was willst du mit all den schmutzigen Federn?« Sie kommt mit einem gekochten Schweinebein auf den Armen heraus in den Garten. Wir setzen uns an einen Steintisch, und ich erzähle ihr von meinen letzten Briefen aus Kanada und meinem Streit mit Ajahn Champa über das korrekte Benehmen junger Ausländerinnen. Sie erzählt mir von einem Ausflug nach Phitsanulok, den sie kürzlich unternommen hat. Ihre Stimme ist samtweich. Sie hievt die riesige Schweinekeule von ihrem Schoß auf den Tisch, lacht, rümpft die Nase und fängt an, mit einer Pinzette borstige Haare aus dem Fleisch zu ziehen. Poun kommt mit einem Schmetterling, den sie in einer Tüte gefangen hat, herbei. Nachdem wir das Schweinebein gesäubert haben, machen wir süßen thailändischen Kaffee, und sie backt für mich ein paar kleine »Eierbananen«, mein thailändischer Lieblingssnack. Die Dämmerung bricht herein und breitet smaragdgrüne Schatten über den Garten, aber wir plaudern weiter über banale Dinge, lachen ab und an und sehen zu, wie Teakbaumblätter von den müden Bäumen herabschweben. Ich vergesse völlig den eigentlich Grund meines Besuches bei Beed: ich wollte bei ihr meinem Zorn über die Benachteiligung der Frauen in Thailand Luft machen.

Beim Abschied begleitet sie mich durch den Garten. Poun trottet mit ihrer Tüte voller Schmetterlinge hinter uns her. Als ich die Treppe hinaufsteige, sagt Beed: »Sei um Ajahn Champas willen brav, Kalen. Sie ist auch meine Lehrerin gewesen, und sie muß sehr müde sein, nachdem sie so viele Schüler unterrichtet hat. Und du bist schlimmer als die meisten anderen.« Sie lacht. Als wir am oberen Treppenabsatz angelangen, hören wir ein tiefes, dumpfes Knurren. »Nimm dich vor dem Hund in acht.« Poun spricht die Warnung ihrer Mutter nach und winkt mir mit ihren Schmetterlingen. »Komm nächste Woche wieder, um dir die neuen Vögel anzusehen, die Großvater aus Chiang Mai mitbringt.« Als ich zum Abschied winke, bellt der Hund böse; die Vögel kreischen und schlagen mit den Flügeln.

23. Februar

Der tropischste Raum auf dem Schulgelände von Nareerat ist die Bibliothek, ein schattiges Labyrinth aus Büchern, Farnen und Blumen. Sie ist aus Holz, aber beim Betreten kommt es einem vor, als würde man in einen kühlen Steinbrunnen hinabsteigen, man hält automatisch Ausschau nach Wasser und Moos. Ich komme her, weil die anderen mich gelegentlich in Ruhe lassen, wenn ich mich hier zwischen den Bücherregalen verstecke. Ich komme fast nie zum Lesen, weil es so viele Dinge anzusehen gibt: alte Gemälde thailändischer Könige und Generäle, Teakskulpturen von Rehen und Elefanten, eine staubige Sammlung von Edelsteinen und winzigen Buddhas. Manchmal fliegen Spatzen durch die Fenster herein, segeln über unsere Köpfe hinweg und schießen durch die Türen, ausgelassener als die Schüler es je wagen würden.

Die meisten Bücher hier sind entweder zu kompliziert oder zu simpel, von *Das Leben Mozarts* in schwarzer schnörkeliger thailändischer Schrift bis hin zu *Die Abenteuer von Huckleberry Finn* in einer vereinfachten englischen Ausgabe, die ich bereits zweimal gelesen habe. Meine Studien des thailändischen Alphabets beschränken sich immer noch auf Sätze wie »Koon Suvit geht jeden Tag ins Büro« und »Nudeln, Fisch und Reis sind köstlich«. Thailändisch zu schreiben ist, als würde man Schnecken und akrobatische Spermien zeichnen. Alle Buchstaben bestehen aus Bögen, Schlaufen, Spiralen und Rückwärtssalti. Ich habe angefangen, alte Ausgaben englischer Enzyklopädien zu durchforsten, um mein Englisch nicht zu verlernen. (Wenn ich meine Briefe durchlese, bevor ich sie abschicke, finde ich immer wieder sonderbare Rechtschreibe- und Grammatikfehler.) In den Enzyklopädien schlage ich Einträge über fremde Länder, Insekten und den Weltraum nach. »Der Ursprung allen Lebens ist Sternenlicht«, lese ich mit tiefer Freude.

Ich schreibe gerade an einem alten Tisch Briefe, als ich die Mädchen höre. Mein erster Fehler ist der, aufzusehen und zu lächeln. Sie gleiten auf bestrumpften Füßen auf mich zu, jede ein Magnet mit schwarzem Ende. Gop, deren Name Frosch bedeutet (»Weil ich immer herumhüpfe und esse«, erklärt sie), fragt, warum ich so viel schreibe. »Was genau erzählst du denn alles?«

»Ich schreibe davon, wie es ist, hier zu leben.«

»Und wie ist es?«

»Anders als in Kanada. Hier ist es heißer, lauter, und es gibt mehr Menschen. Die Menschen hier haben kühlere Herzen und lachen leichter. Und ich muß hier eine Schuluniform tragen und auf Schlangen achten, wenn ich spazieren gehe. Hier läuft niemand Ski, und alle essen viel Reis und *som-tam.*«

»Gibt es in Kanada kein *som-tam*?«

»Und kein Durian, keine Jak-Früchte, keine frische Ananas, die an der Straßenecke verkauft wird, kein Rambutan. Und auch keine Fischinnereien.«

Sie sind ehrlich verblüfft. Arme Kanadier! »Ihr eßt viel Brot, stimmt's? Und Kartoffeln«, sagt das Mädchen mit dem runden Gesicht neben Gop. »Und Käse, sie essen Käse«, sagt eine andere, und alle stöhnen. Thais haben eine ausgeprägte Aversion gegen fremdländische Kost, und der einzige Käse, den ich hier je gesehen habe, war ein gummiartiges Zeug, das sie, glaube ich, schmelzen und zum Flicken von Fahrradreifen verwenden. Die einzige kulinarische Bereicherung, die Thailand seitens der westlichen Welt erfahren hat, ist vermutlich Schokoladenkuchen – und viele Thais mögen nicht einmal den.

Fünf oder sechs Schals aus schwarzen Haaren hängen über meinem Briefpapier. Sie sehen mir beim Schreiben zu, als würde ich ein Zauberkunststück vorführen. Das gleiche Gesicht mache ich wohl auch, wenn ich ihnen dabei zusehe, wie sie fließend Thai schreiben. Gop, die Sprecherin der Gruppe, fragt: »Aber gibt es denn hier wirklich so viel Besonderes?« Die anderen Mädchen blikken sich um und versuchen zu ergründen, was in dieser Höhle voller alter Bücher so interessant sein soll. »Und wem schreibst du das alles?«

»Meiner Mutter.«

»Warum?«

»Wenn ich ihr nicht alles schreiben würde, würde sie glauben, daß ich in einem riesigen Urwald lebe, mit Affen, Vögeln und Wilden.« Überzeugt von der geschliffenen und sanften Kultur ihres Landes, lachen sie über diese Absurdität. Gop mustert mich. Einen Moment lang starrt sie nicht auf meine Augen, sondern auf einen Punkt weiter unten; die anderen Mädchen schubsen sich gegenseitig an. Ich spüre, daß irgend etwas im Busch ist. Plötzlich fragt Gop unvermittelt: »Ist deine Nase aus Plastik?« Sie meint es ernst; die anderen Mädchen umklammern die Tischkante und lehnen den Oberkörper an die Fingerknöchel, so daß sie aussehen wie Vögel auf einer Stange. Sie warten gespannt auf meine Antwort. Ich betrachte ihre eigenen flachen runden Nasen und fasse an meine eigene, die markanter, größer, spitzer ist. Ich erkläre ihnen, daß sie ganz sicher nicht aus Plastik ist.

»Warum haben dann *falangs* solche Nasen wie du?«

Mit gedämpfter Stimme erkläre ich ihnen den Unterschied zwischen einer Geburt in Thailand und bei *falangs*. Mit Hilfe von Mimik und einigen komplizierten Gesten demonstriere ich, daß Thais »gerade« geboren werden, mit dem Gesicht nach oben, so daß ihre Nasen bei dem Prozeß flachgedrückt werden. *Falangs* erleiden genau die gegenteilige Deformierung, weil sie seitlich und gekrümmt auf die Welt kommen, so daß ihre Nase zu einer scharfen Spitze geformt wird und in der kalten Luft gleich nach der Geburt in dieser Form erstarrt. Die Mädchen, alle zwischen elf und vierzehn Jahren alt, mustern mich sprachlos aus großen schwarzen Augen. Offenbar hat ihnen noch nie jemand im Biologieunterricht davon erzählt. Gop flüstert: »Darf ich deine Nase einmal anfassen?« Ich nicke feierlich. Sie verneigt sich respektvoll und entschuldigt sich, bevor sie mein Gesicht berührt, diesen heiligen Teil des Körpers. Ihre Finger sind so sanft, daß ich sie kaum spüre. Die Mädchen verneigen sich nacheinander und berühren meine Nase. Eine flüstert: »Aber es fühlt sich wirklich an wie Plastik!«

Ich lache in mich hinein. Gop ist schlau. Sie zieht die Augenbrauen hoch. »Warum lachst du?« Ich kichere. »Was ist denn so komisch?« will sie wissen. Ich antworte immer noch nicht. Sie kneift die Augen zusammen. »Ist das wirklich wahr?«

»Ist was wirklich wahr?«

»Daß Thais und *falangs* auf unterschiedliche Art geboren werden.«

Ich schneide eine Grimasse und sage: »So sehen *falangs* wirklich aus.« Ich höre ein gemurmeltes »Nein, nein.« »Doch, es stimmt«, versichere ich. »Wir setzen nur diese Miene auf« – ich entspanne meine Züge wieder – »wenn wir nach Thailand kommen.« Sie schütteln die Köpfe und weigern sich, eine solche Lüge zu schlucken. »Und wir werden nicht nur in anderer Lage geboren«, fahre ich fort. »Wir werden genau genommen gar nicht geboren, sondern ausgebrütet!« Ich rede etwas zu laut für die Bibliothek. »*Falangs* schlüpfen aus Eiern! Darum haben wir so spitze Nasen! Unsere Mütter sind Vögel! Das hier ist ein Schnabel!« erkläre ich und fasse mir an die Nase. Jetzt brüllen die Mädchen vor Lachen, weil ich anfange, mit den Armen zu schlagen als wären es Flügel.

»*Falangs* und Thais werden also gar nicht auf verschiedene Art geboren«, ruft Gop, die mich durchschaut hat.

»Natürlich nicht! Wir werden alle auf die gleiche Art und Weise geboren.« Sie sticht mir mit einem Finger in die Rippen und schimpft mich eine Lügnerin.

Plötzlich werden alle ganz still, und meine Stimme klingt unnatürlich laut, wie das Krächzen eines Raben in einer Kiste. Wie immer erkenne ich als letzte, daß eine Lehrerin naht. Ich drehe mit noch offenstehendem Mund mitten im Sprechen den Kopf und sehe die Bibliothekarin auf uns zustampfen. Sie ist alt, verabscheut Lärm, hat nicht viel für Kinder übrig und ist entschieden immun gegen ausländischen Charme. Ihre dicken Brillengläser vergrößern ihre hervorstehenden Glubschaugen noch. Sie ist ein amphibischer Drache, eine zweibeinige Kröte mit krächzender Stimme, die uns alle hinauswirft: Und-das-schnell-sonst-erzähle-ich-Ajahn-Champa-von-euremungehörigen-Benehmen-ihr-seid-doch-alle-ihre-Schülerinnen-oder? Wir schleichen hinaus auf die Veranda, unsere Schultern zucken vor unterdrücktem Gelächter. Ich fürchte, meine Heiterkeit platzt aus mir heraus, bevor ich meine Schuhe gefunden habe. »Schuhe sind rätselhafte Wesen. Zweimal schon hat jemand anders meine Schuhe genommen und mir dafür kleinere dagelassen.« (Ich habe Ajahn Champa erklärt, daß sich dieses Problem lösen ließe, wenn ich in der Schule Cowboystiefel tragen würde, aber sie hielt nicht viel davon.)

26. Februar

Meiner Nase zu Ehren haben die Kinder mir einen neuen Spitznamen gegeben: *noke gaew*, Glasvogel, ein beliebter rötlichblauer Vogel, der in den meisten Zoohandlungen von Prae verkauft wird. Beeds Vater hat einen. Sie erzählen mir davon, während wir in Scheiben geschnittene und in Chilizucker getauchte Mangos und Papayas essen. Die neugierige Gop ist wieder bei mir, so wie einige Klassenkameradinnen von mir, und Dewey, einer der wenigen Jungen in unserer Clique. Dewey sagt oft, daß er, wenn er erwachsen ist, nach Kanada kommen und mich heiraten wird. »Schick nur das Flugzeugticket, und ich komme, sobald ich kann.« Siphon ist da, pummelig, fröhlich, nicht unterzukriegen – sie möchte nach Kanada, um sich dort einen Mann zu suchen, der noch dicker ist als sie selbst. Die ausgelassene Chet steht zu meiner Linken und schlägt mit Linealen gegen die

Stuhlkante; sie trommelt und singt bei jeder Gelegenheit. May jongliert mit Limonen und redet wie ein Wasserfall. Sie ist sehr dunkelhäutig, hat ein feines, spitzes Fuchsgesicht und ist für ihren Humor bekannt. Und dann sind da noch andere Mädchen von der stillen, femininen Sorte, die Worte eher hauchen als sprechen. Es sind schüchterne Siebzehn- und Achtzehnjährige, die die Ereignisse aus der Entfernung verfolgen und sanft lächeln. Diese Mädchen sind zu jung und zu unschuldig, um sexy zu sein – allein das Wort ist schon zu vulgär für sie –, aber sie sind lebende Gemälde orientalischer Schönheit und Sinnlichkeit, sogar in ihren blau-weißen Schuluniformen. Noch nie zuvor habe ich die Anmut von Schönheit gesehen, die sich selbst nicht als solche erkennt. Hier ist sie überall. Sie gleitet leuchtend und lebendig wie Wasser von den Schultern dieser Mädchen.

Hier sind wir alle, meine Freunde und die Mangoscheiben, in der offenen Versammlungshalle und beobachten Schmetterlinge und verschwitzte Jungen, die sich im Kickboxen üben. Siphon hat einige wichtige Fragen und scheut sich nicht, sie zu stellen. Zu allererst: »Was ist das Geheimnis großer Brüste?« Siphon und die anderen Mädchen möchten nicht mit kleinen Brüsten geschlagen bleiben. »Wie hast du deine zum Wachsen gebracht?« Wir sind gleich alt, erklärt sie, darum müßten wir eigentlich auch die gleiche Oberweite haben.

Sie sind enttäuscht, als sie erfahren, daß weder spezielle Übungen noch Vitamine oder *falang*-Brot Brüste wachsen lassen. Sie glauben wirklich, daß es irgendwie mit dem Brot zusammenhängt. Sie wollen nicht glauben, daß es Veranlagung ist, ob man große Brüste bekommt oder nicht. Siphon ist überzeugt davon, daß man das Wachstum der Brüste mit Hilfe von Pillen oder speziellen Mineralien, die *falangs* vom Kindesalter an nehmen, beeinflussen kann. (Ich erwähne nicht, daß man in Kanada Rindviechern Hormone spritzt.) Chet fragt, ob meine Haut so weiß ist, weil ich in Kanada Milch trinke. »Nein«, entgegne ich. »Das hat nichts mit Biologie zu tun.«

Diese Erwähnung biologischer Wurzeln zieht Gelächter, Getuschel, Kichern und Erröten nach sich. Siphon beugt sich nach vorn und haucht mir Wärme und Mangoatem ins Ohr. »Ist dein Kopfhaar und dein Haar unten herum von der gleichen Farbe?« Ich brauche einen Moment, die Frage zu verstehen, aber nur einen ganz kurzen Moment. Mein Kopfhaar ist hellbraun mit blonden sonnengebleichten Strähnen. Mein Haar unten herum, erkläre ich ihnen, ist schwarz. Alle sind schrecklich enttäuscht. Dewey sagt: »Schrecklich, alle haben da unten schwarze Haare!« Siphon empört sich lautstark darüber, wie langweilig thailändische Haare ganz allgemein sind. »Immer schwarz, oder zumindest dunkel dunkelbraun. Nie blond oder rot, nie etwas Neues.« Als ich ihr sage, daß mein Haar normalerweise im Winter dunkelbraun ist, empört sie sich noch mehr. »Dein Haar verändert sich, wenn du viel in der Sonne bist. Toll. Wir sind immer in der Sonne, und unser Haar ist nach all den Jahren immer noch schwarz!«

Dewey meint: »Unser Haar ist wegen der Ernährung anders.« Er ist ganz ernst und nachdenklich und säubert sich die Zähne mit einem hölzernen Papayaspieß. »Wenn du dein Leben lang weißen Reis ißt, hast du schwarzes

Haar. Wenn du viel Coca Cola trinkst, hast du Haare, die die Farbe wechseln können.« Ich lobe ihn für seine Logik.

Chet senkt wieder die Stimme. »Aber wenn eine *falang* wirklich richtig blond ist, sind dann die Haare unten herum auch gelb oder trotzdem schwarz?«

Ich lache und flüstere verschwörerisch: »Wenn sie wirklich richtig blond ist, dann sind ihre Körperhaare auch blond.« Ein triumphierendes Gemurmel erhebt sich unter den Anwesenden. Dewey ist überwältigt. May ruft: »Ich wußte es!« Gop war die ganze Zeit über still und hat die vielen neuen Informationen in sich aufgesogen wie ein Schwamm. Siphon räuspert sich: »Hast du diese gelben Haare schon mal gesehen?«

»Was?«

»Du weißt schon, hast du sie je gesehen? Bist du sicher, daß es gelbe Körperhaare gibt?«

Eine vergleichbare Unterhaltung wäre in Kanada undenkbar. »Ja, ich habe es selbst gesehen.«

»Aaaaah!« Ein Seufzen der Erleichterung und Hoffnung. »Könntest du uns vielleicht Photos besorgen? In den Thai-Magazinen sind nur schwarzhaarige Mädchen. Wir möchten gerne blonde sehen.«

Ich frage mich, was Ajahn Champa wohl davon halten würde, wenn ich anfinge, Photos von Blondinen aus dem *Playboy* zu verteilen. Wie weit reicht das Konzept des kulturellen Austausches?

SIEBTES KAPITEL

1. März 1987

Das war ein Tag seltsamer Omen. Ajahn Champa sagt, der Glaube an Omen an sich sei schon seltsam. Ihr widerstrebt es, irgend etwas zu glauben, das nicht in mindestens drei Sprachen logisch erklärt werden kann. Es fing mitten in der Nacht mit dem schabenden Geräusch in meinem Abfalleimer an. Ich wollte nicht aufstehen und nachsehen, welches Tier sich so verzweifelt abmühte herauszuklettern. Ich sagte mir, es wäre alles nur ein Traum. Pech gehabt. Als ich am Morgen aufwachte, hockte eine riesige Schabe auf meinem Bett und starrte mir geradewegs ins Gesicht. Ich war selbst schuld, weil ich am Vorabend eine Mango auf meinem Zimmer gegessen hatte, ich hatte die Schalen im Abfalleimer liegen lassen. Eine Schabe durchquert eine ganze Wüste für eine Mahlzeit. Ich erschlug die in meinem Zimmer mit meinem blauen Schuh, daß das weißliche Schabenblut über den Fußboden spritzte. Ich hatte den ganzen Vormittag Gänsehaut.

In Nareerat sah ich, daß die wunderschöne Tamarinde zurückgeschnitten worden war. Sie sieht verkrüppelt und absurd aus mit ihren schwarzen Stümpfen, die in merkwürdigen Winkeln nach allen Seiten hin abstehen. Alle, die heute morgen zur Schule kamen, betrachteten den Baum mit gemischten Gefühlen, überrascht von seiner plötzlichen Häßlichkeit. Ajahn Champa sagt, daß die Dinge immer etwas sonderbar werden, bevor die heiße Jahreszeit anbricht. Bald wird die Schule für die zwei heißesten Monate des Jahres schließen, und die Menschen werden ganz benommen sein von der Hitze. »Du wirst drei–, vier–, fünfmal am Tag baden«, sagt sie, »und wieder schwitzen, bevor du dich abgetrocknet hast.«

Ich sitze jetzt auf dem Balkon daheim in Denchai und blicke über die rostigen Blechdächer der Spelunken, Holzhäuser und Geschäfte. Insekten mit hauchdünnen Flügeln segeln in Kreisen und Spiralen durch die Luft. Zum erstenmal in meinem Leben sehe ich, wie ein kleiner Vogel im Flug ein großes Insekt fängt, sein Schnabel eine Miniaturschere, seine Konturen goldgefärbt von der Sonne. Ein trockener, heißer Wind streicht leise raschelnd durch die Bäume. Derselbe Wind weht über die Berge jenseits der Stadt und läßt hier und dort in den ausgedörrten Wäldern und auf den Feldern Feuer aufflackern. Eine kleine orangefarbene Sonne scheint aus dem Halbdunkel aufzusteigen, aber tatsächlich ist es ein Brand am anderen Ende der Bergkette. Rote Flammenströme tauchen auf und ergießen sich ins Tal. Jede Nacht frage ich mich, ob das Feuer Denchai im Schlaf überraschen wird. Werde ich morgen beim Aufwachen von verkohlten Häuserruinen umgeben sein?

Meh schickt die Kinder herauf, damit sie mich aufmuntern. Ich habe mich heute mit Dichtung befaßt, was für Meh bedeutet, daß ich Kopfschmerzen habe. Immer wenn ich schreibe, bringt sie mir einige Aspirin herauf oder schickt meine kleine Thai-Schwester, die mit einer Tasse Tee die Treppe heraufschleicht. Jetzt stapfen Lin, Boom, Sak und Deh in den dritten Stock herauf und schlendern durch die Berge von Ventilatoren und japanischen Fernsehern, wobei sie laut rufen und sich an dem Echo ergötzen. Lin ist noch nie hier gewesen und begreift nicht, wie ich es aushalten kann, so weit (ein Stockwerk) vom Rest der Familie entfernt zu sein. »Fürchtest du dich denn nicht vor Geistern?« fragt sie und sieht sich um. Es ist jetzt fast dunkel, und sie müßten bald auftauchen. Oft haben sie oder eins der anderen Kinder mich aufgefordert, ihr die Geister in Kanada zu beschreiben. Ich denke an die Schneewehen in der Nacht, an den Wind, der über das Eis heult, die lebendige Stille der Kiefernwälder. Thai-Geister sind konkreter in ihrer Gestalt. Sie haben Reißzähne, blutige Hände und silberne Augen. Und sie leben unter Brücken, in leerstehenden Häusern Verstorbener, in den Ecken der Felder, dort wo ein Junge erstochen wurde, in dem Zimmer, in dem eine junge Frau namens Suchada sich erhängt hat. »Warum hat sie sich erhängt?« frage ich.

Lin zuckt die Achseln und breitet in einer Geste, die ausdrücken soll, daß sie keine Ahnung hat, die Hände aus. »Das weiß niemand. Sie hatte genug zu essen. Ihre Schulnoten waren gar nicht schlecht. Es ist ein Rätsel.«

»Vielleicht war sie sehr traurig«, bemerke ich.

Lin sieht mich herablassend an. »Traurig?« Sie spuckt das Wort beinahe aus, verwirft es verächtlich und mustert mich mit unverhohlener Enttäuschung. Trauer ist kein Grund, sich das Leben zu nehmen, wenn man genug zu Essen hat und in der Schule gute Noten. Ist das nicht völlig klar und einleuchtend?

3. März

Um 1 Uhr 30 wütet ein Sturm über Denchai. Ich habe das Gefühl, oben auf dem Dach zu liegen, so grell zukken die Blitze und so zornig peitscht der Wind um mich herum. Die Vorhänge wehen an die Decke, Regen dringt durch die Fensterläden, und die offenen Fenster über meinem Bett schlagen auf und zu. Ich habe Angst, daß sie zerspringen, und ein Scherbenregen auf mich niedergeht. Der Donner geht mir durch und durch. Ohne nachzudenken, rolle ich mich ein wie ein Salamander, den man mit dem Finger anschnippt. Mehs Stimme weht die Treppe herauf, und plötzlich taucht sie in meinem Zimmer auf. »Fürchtest du dich?« ruft sie, aber ich kann sie über das Tosen des Unwetters hinweg kaum verstehen. Ich stehe auf und helfe ihr, die Fenster zu schließen. Wir stellen Eimer unter das undichte Dach. Wir gleiten über den regennassen Boden, vom Brüllen des Sturms eingeschüchtert wie kleine Kinder. Sie drückt flüchtig meine Hand und hastet die Treppe hinunter zu Nong Meh und Kwan. Unten auf dem Hof prasselt der Regen sintflutartig auf die Bäume. Wie können die Vögel im Geäst überleben?

Am Morgen herrscht Stille, der Boden dampft, und der Himmel ist reingewaschen. Ich komme mir vor, als wäre ich durch einen Urwald gewandert oder als hätte ich eine Überschwemmung erlebt. Ich erinnere mich nicht einmal mehr an den Sturm, bis ich meine Fußabdrücke auf dem Fußboden sehe, verschmierte Staubspuren. Dann erinnere ich mich an Meh Somjit in ihrem Nachthemd, an das Aufstellen der Eimer und die zuckenden, von Donnergrollen begleiteten Blitze. Ansonsten sind alle sichtbaren Spuren des Regens und seiner melodramatischen Effekte verschwunden.

Abgesehen vom Laden zwei Stockwerke tiefer. Als ich zur *songtow*-Haltestelle gehe, sehe ich, daß das Dach vom Wind weggerissen wurde. In der Schule sagt Ajahn Champa: »Das war der letzte Sturm, den du für Monate erlebt hast. Und nicht einmal den solltest du sehen. Was glaubst du, warum er nachts über Denchai gewütet hat?«

6. März

Hier ist alles widersprüchlich. Trotz seiner langen und beeindruckenden Geschichte ist Thailand wie ein anstrengendes Kind, das in rascher Folge die verschiedenen Seiten seines Charakters zeigt. Das Land befindet sich in einer Entwicklungsphase, bemüht sich, sich in eine immer schneller werdende Welt einzufügen. Ajahn Champa und die anderen Lehrer seufzen und runzeln die Stirn, wenn sie von den skandalösen Dingen hören, die in Bangkok vor sich gehen: küssen im Kino, ohne Trauschein zusammenleben, in der Öffentlichkeit rauchen.

Wenn ich die Mönche im Morgengrauen barfuß durch die Straßen ziehen und mit gesenkten Blicken Almosen sammeln sehe, bin ich überwältigt von der Sanftmut dieser Menschen. Wenn ich zitternd bei der allmorgendlichen Versammlung stehe und höre, wie ein uniformierter Lehrer einen uniformierten Schüler herunterputzt, verblüfft mich das Bedürfnis nach Konformität, das an Grausamkeit grenzt. Die endlosen Regeln und die Respektgrenze zwischen Alt und Jung stoßen mich ab. Das Haar des Jungen ist zwei Zentimeter zu lang, nur knapp aus einem Bürstenhaarschnitt herausgewachsen, aber noch kurz genug, glatt am Kopf anzuliegen, aber der Lehrer ist wütend und hat die Finger in das schwarze Haar des Jungen gekrallt. Wir verfolgen diese Szene auf dem Versammlungsplatz nach den Gebeten und Gesängen. Die morgendliche Frische ist bereits verflogen. Schweiß rinnt uns den Rücken hinunter, und ein Hund hechelt irgendwo zwischen den Reihen. Die Stimme der Schuldirektorin plärrt aus den Lautsprechern und untermalt das Drama in der hinteren Reihe. Ich zeichne mit der Schuhspitze Kreise in den Staub. Unsere Augen wandern rastlos umher. Der Junge ist den Tränen nah, und zu weinen wäre das Schlimmste, was ihm passieren könnte. Ein kleiner Junge vor einem Mann, der sich für einen General in Kriegszeiten zu halten scheint. Wir sind alle mucksmäuschenstill. Die Spannung ist greifbar genug, uns zum Schweigen zu bringen. Wir bewegen nur die Augen.

Der Junge ist sichtlich eingeschüchtert, der Lehrer keift und keift und keift endlos. Wir fragen uns, ob er je wieder die Klappe halten wird. »Wie oft muß ich dir das noch sagen? Wie oft? Verstehst du unsere Sprache nicht? Bist du vielleicht dumm? Deine Haare sind zu lang, zu lang! Das ist häßlich. Dieses Haar macht dich häßlich.« Er zieht kräftig an den kurzen Haaren. »Warum willst du unbedingt häßlich sein? Ich werde dir helfen.« Er fischt etwas aus seiner Gesäßtasche. Wir wissen nicht, was es ist, bis wir die Klinge klicken hören. Der Gegenstand ist leuchtendgelb; alle Lehrer hier tragen Papiermesser bei sich, die sie anstelle von Scheren benutzen. »Laß uns dein Haar schneiden.« Als er jedoch die Klinge hebt, weicht der Junge stolpernd zurück, nicht aus Ungehorsam, sondern rein instinktiv.

Das Gesicht des Lehrers erinnert an das eines tollwütigen Hundes. Er bleckt die Zähne. Er befiehlt dem Schüler, zu dem Baum zu gehen, an dem Nachzügler gewöhnlich mit einer Bambusgerte bestraft werden. Der Stab sirrt durch die Luft und schlägt fünfmal zu. Die Demütigung, vor aller Augen gemaßregelt zu werden, ist Teil der Strafe. Der Junge sagt kein Wort, wohl wissend, daß Worte aus dem Mund eines fünfzehnjährigen Schülern sinnlos sind. Er muß sich einmal im Monat das Haar militärisch kurz schneiden lassen, passend zu seiner braun-weißen Uniform.

Ich habe gesehen, wie die Schuldirektorin eine Achtjährige zum Weinen gebracht hat, weil sie einen schwarzen Pullover anhatte statt eines marineblauen. Wenn man sich erst einmal daran gewöhnt hat, wird man nicht einmal mehr wütend. Das ist es nicht wert. Vor zwei Wochen wollte ein Lehrer zum erstenmal mir den Hintern versohlen, weil ich zu spät in die Schule kam. Er sagte: »Ja, ja, du auch, hübsche *falang*, komm hierher.« Ich ging lachend davon. Sogar Ajahn Champa gibt mir recht. Sie sagt, daß es in Thailand schwierig sein wird, bis die Erwachsenen anfangen, ihre Kinder als Menschen zu betrachten und nicht als Untergebene. »Respekt«, sagt sie, »darf nicht nur den Erwachsenen vorbehalten sein.« Sie spricht leise von der Kinderarbeit in Bangkok, Chiang Mai und den anderen Großstädten, auf den Feldern. »Geistiges Abstumpfen für eine Schale Nudeln.«

Als ich nach Denchai zurückkehre, sehe ich den »Eisjungen«, der in dem kalten, dunklen Laden arbeitet, bis zu den Schenkeln naß vom Auf- und Abladen und zerhacken der Eisblöcke. Er ist klein und fröhlich, hat strahlendweiße Zähne und pfeift meist vor sich hin. Am Morgen und frühen Abend radelt er mit einer Eiskiste von der Größe eines keinen Sarges durch die Stadt, pfeifend wie ein Wahnsinniger, gefolgt von drei oder vier klapperdürren Hunden. Wenn er arbeitet, liegen die Hunde in Eiswasserpfützen vor dem Laden, die Zunge weit aus dem Maul heraushängend und die länglichen gelben Augen halb geschlossen. Der Eisjunge ist etwa zwölf, vielleicht auch dreizehn. Er ist kein Einzelfall. Die Stadt ist voll von ihnen. Sie sind Teil der Szenerie – ich nehme sie inzwischen nicht einmal mehr wahr. Effizient und klein, verschmelzen die arbeitenden Kinder mit dem bunten Treiben. Sie putzen, kochen, braten Fisch, flitzen mit Körben und Bündeln in und aus Geschäften, erscheinen und verschwinden auf Befehl eines unsichtbaren Chefs. An manchen Abenden sehe ich zehnjährige Mädchen mit Kohlesäcken den Zuggeleisen folgen. Sie sind bis zu den Knien mit Staub bedeckt, und ihre knochigen Füße sind Skulpturen aus ockerfarbenem Lehm.

10. März

Ich lese ein Buch über Buddhismus, die Heiligkeit jedes Lebewesens. Sogar Fliegen sind heilig. Ich habe ganze Abende mit devoten Buddhisten draußen gesessen, mit ihnen geredet und gegessen und beobachtet, wie sie Mükke für Mücke vorsichtig von ihren nackten Armen strichen, während ich selbst lächelnd unter den Tisch langte und jene, die meine Knöchel attackierten, einfach zerquetschte. Manche Buddhisten weigern sich, irgendeinem Lebewesen etwas zu tun, sogar Skorpionen. Aber jede Frömmigkeit ist relativ.

Der Klang von Stimmen weht zu meinen Fenstern herauf. Ich presse die Stirn an die Fensterläden, um zu sehen, was die ganze Aufregung zu bedeuten hat. Einige Häuser weiter drängen Männer und Jungen in einen Laden und blockieren die Treppe. Sie klammern sich an Stützpfeiler, beugen sich über Geländer, hocken auf dem Boden, die Arme um die angezogenen Knie geschlungen. Ich verlasse mein Zimmer, laufe die Treppe zwei Stufen auf einmal nehmend hinunter und husche an Paw Sutapes Schreibtisch vorbei. (Er ist dabei, Geld zu zählen, und bemerkt meinen Weggang kaum.) Nachdem ich mir einen Weg durch die Menge gebahnt habe, sehe ich nur einen kleinen Fernseher, dessen flimmernder Schirm mindestens hundert Männer in seinen Bann schlägt; die Menge reicht bis auf die Straße und behindert den Verkehr. Fahrer parken ihre Autos am Straßenrand oder bocken ihre Motorräder auf und gesellen sich zu den Umstehenden. Nachdem sie ihre Freunde begrüßt haben, verfallen sie mit großen Augen in Schweigen, die braunen Arme locker um die Schultern der anderen gelegt.

Im Fernsehen boxen ein Thailänder und ein Indonesier. Sie treten und schlagen einander blutig, kämpfen mit der konzentrierten Raserei zweier Kampfhähne. Als der Thaiboxer eine Folge besonders spektakulärer Treffer landet, erheben sich die Männer in einer einzigen fließenden Bewegung, als hätte sich der Boden unter ihnen gehoben, jubeln und schütteln triumphierend die Fäuste. Aber der Thai ermüdet, und der Indonesier gewinnt langsam die Oberhand, attackiert seinen Widersacher mit einer raschen Folge von Haken und Hieben. Wenn die beiden Männer in erbitterten Clinch geraten, ist es immer der Thailänder, der sich als erster aus der Umklammerung löst. Die Spannung legt sich erst ein wenig, als Werbung eingeblendet wird. Dann wenden die Männer die Köpfe und starren mich an.

»Was macht die denn hier?«

»Vielleicht möchte sie Thaiboxer werden.«

»Vielleicht will sie einen heiraten.«

Ich schüttle den Kopf. »Ich würde eher den Indonesier heiraten. Er gewinnt.« Sie lachen und stöhnen, wenden ihre Aufmerksamkeit aber gleich wieder dem Fernsehschirm zu, als der Kampf weitergeht. Ich schlüpfe unbemerkt hinaus. Es ist schön zu wissen, wo ich in Denchais Unterhaltungsskala rangiere: über der Werbung aber unter Blutvergießen.

17. März

Nach endlosem unwürdigem Betteln, Versprechungen und Gebeten sitze ich endlich allein in einem orangefarbenen Bus nach Chiang Mai. Allein in dem Sinne, daß kein Aufpasser bei mir ist – ansonsten ist der Bus vollgestopft mit Menschen, Kisten, tragbaren Stereoanlagen, Koffern, zwei kleinen Motorrädern und einem Bettgestell. Die meisten Fahrgäste sind Soldaten und viele von ihnen stehen. Normalerweise sind die Sitze für je zwei Personen gedacht, aber hier ist nichts normal, und jeder reist drei zu eins. Zu Beginn der dreistündigen Fahrt habe ich von einem Sitz auf einen Schemel im Gang gewechselt, weil die Hand eines Soldaten wie eine riesige braune Spinne auf meinen Schenkel gekrochen war. Auf dem Schemel zu sitzen ist allerdings nicht viel besser, da ich bei jedem Richtungswechsel von dem von Schweiß glitschigen Plastikbezug auf den Schoß eines anderen Soldaten rutsche. Wenn ich sage: »Entschuldigen Sie, entschuldigen Sie«, entgegnet er: »*Mai pen lai*, du kannst dich hierher setzen, wenn du möchtest«, und klopft sich auf die Schenkel.

Mit zwei Meilen pro Stunde schnaufen wir die verschrumpelten Berge hinauf und hinunter, aber die Raserei durch die Täler ist sogar noch schlimmer. Der Fahrer ist entschlossen, die verlorene Zeit wettzumachen und vollzieht, überzeugt davon, daß sein Bus größer ist als jeder entgegenkommende Lastwagen, riskante Überholmanöver. Pat Cini, die einzige andere weiße Frau, die ich in Thailand kenne, eine Austauschstudentin aus Illinois, nennt die Busse »orangefarbene Geschosse« und sagt, daß sie zu Gott betet, nicht in einem solchen Gefährt sterben zu müssen. Busunfälle sind in Thailand an der Tagesordnung. Paw Prasit hätte mich niemals mit dem Bus fahren lassen, wenn es nicht ein schweres Zugunglück gegeben hätte, bei dem Dutzende von Reisenden getötet und verletzt worden sind. Vor der Abfahrt hat er mich eindringlich gewarnt, von niemandem etwas zu Essen oder zu Trinken anzunehmen, nicht mit Fremden zu sprechen usw. Er fürchtet, ich könnte unter Drogen gesetzt, verschleppt und an einen weißen Sklavenring irgendwo in Asien verkauft werden. Wie sollten sie das meiner Mutter erklären?

Im Augenblick ist unter Drogen gesetzt zu werden meine geringste Sorge. Der einzige mit schädlichen Substanzen im Blut ist vermutlich der Busfahrer, der die ganze Nacht durchgefahren ist. Seine Augen liegen tief in den Höhlen, und seine Bewegungen – wenn er sich eine Zigarette anzündet oder aus seiner Wasserflasche trinkt – erinnern an die eines Eichhörnchens, sind zu hektisch, *zu* wach. In ihren Briefen fragen mich Freunde: »Sind die Straßen in Thailand schlecht?« Gott, nein, die Straßen sind gut, von der Regierung finanzierte einwandfreie Asphaltflächen. Es sind die Fahrer, die mich in Angst und Schrecken versetzen.

Ich mag diese Fahrten trotzdem. Zwischen dem einen und dem nächsten Horrortrip vergesse ich jedesmal, wie schrecklich sie tatsächlich sind, so daß ich es immer wieder wage. Auf den billigen Bus- und Zugfahrten lernt man richtige Menschen kennen und erfährt Geschichten, die das Leben schrieb. Ein Mann im Bus ist mit seiner etwa acht Jahre alten kränklichen Tochter unterwegs.

Ihr Haar ist aus dem bleichen Gesicht gekämmt und mit einem Schnürsenkel zu einem Pferdeschwanz gebunden. Alle paar Minuten krümmt sie sich und hustet und spuckt in eine Plastiktüte. Ihre scharfkantigen Schulterblätter zeichnen sich deutlich unter der dünnen Bluse ab. Ihr Vater hat angefangen, ihr etwas vorzusingen, als der Bus in Denchai losfuhr. Über eine Stunde später singt er immer noch, Lieder, die so träge dahinfließen und so tief sind wie Flüsse. Seine Stimme ist Teil der Fahrt, streicht über unsere dösenden Köpfe und weht draußen über die Felder.

Der Reis ist zu Stoppeln abgebrannt worden, und das einstmals leuchtendgrüne Land ist jetzt rußigschwarz. Farblosigkeit breitet sich über das Land und läßt sogar den Himmel blaß erscheinen. Die Ebenen sind eine Savanne; vielleicht sind wir ja in Afrika. Zebus stehen draußen auf den Feldern, und Madenhacker hüpfen von ihren Rücken in den Schatten unter ihren Bäuchen. Sofern sich überhaupt etwas bewegt, bewegt es sich langsamer als gewöhnlich und in Richtung Schatten oder Wasser. Ich verstehe einfach nicht, warum wir der Sonne so nah sind.

Beim Halt auf halber Strecke bei ein paar billigen Restaurants am Straßenrand schälen wir uns aus unseren Sitzen, lockern unsere steifen Nacken und stolpern aus dem Bus. Die Soldaten laden mich zu einer Portion Nudeln ein (wie romantisch), aber ich lehne dankend ab, trinke einige Gläser Wasser und mache diese Notizen hier. Immer wieder landen fliegende Ameisen auf dem Papier und verschmieren die blaue Tinte. Hier gibt es für jedes Reiskorn ein Insekt, Fliegen auf den Suppenkellen, Grashüpfer auf der Türschwelle, Küchenschaben, die unter dem gemeinschaftlichen Waschbecken planschen. Nach einer halben Stunde sind alle soweit wieder bei Kräften, die restliche Wegstrecke anzugehen, und klettern nach und nach wieder in den Bus.

Bevor ich das orangefarbene Geschoß besteige, bemerke ich eine Gruppe von Soldaten neben einem Restaurant. Einer von ihnen springt zurück, wirbelt Staubwolken auf, zuckt von einer Seite auf die andere, als tanze er von seinem Schatten fort. Die anderen Männer lachen, klatschen und versperren mir bald die Sicht. Ich gehe hinüber, um zu sehen, was los ist. Der tanzende Soldat hat eine Echse beim Schwanz gepackt, und das Tier zuckt wie ein Stromkabel im Regen, die Augen von einem harten Gelb, der dunkle Bogen ihrer Zunge schnallt fauchend hervor. Dann hängt sie eine Weile reglos mit dem Kopf nach unten, atmet zischend ein und aus und sammelt neue Kräfte, um sich wieder zu krümmen, die Haut über dem einen Rippenbogen faltig und über dem anderen straff gespannt. Wieder und wieder versucht die Eidechse, den Soldaten in die Hand zu beißen, wird aber von ihrem eigenen Körper geschlagen, unfähig, ihren fleischigen Rumpf weit genug zu biegen. Die Echse ist größer als die, die ich in Paw Praserts Rosengarten gesehen habe, beige-schwarz gestreift wie eine Giftschlange. Jedesmal, wenn sie sich an ihrem eigenen Schwanz vorbeikrümmt, schüttelt der Soldat ihren Kopf wieder herunter. Die Männer mit den schweißglänzenden Gesichtern lachen und schimpfen ihn einen Feigling.

Der Bus ist inzwischen schon fast voll, und ich sehe mich immer wieder nach ihm um, weil ich nicht auf einem sengendheißen Parkplatz mit dieser Echse zurückgelassen werden möchte. Sie windet sich am Ende ihres Schwanzes, und ihre Krallen greifen ins Leere. Die Männer piksen sie mehrmals mit einem Stock. Sie sind beeindruckt von ihrer Größe. Der Busfahrer drückt auf die Hupe, was Bewegung in die Soldaten bringt, sie sind wie pawlowsche Hunde. Wieder ertönt die Hupe. Der Arm des Soldaten zittert jetzt, glänzend von Schweiß; er läßt die Eidechse soweit herunter, daß ihre Vorderbeine wie wild auf dem Kies kratzen. Einen Augenblick denke ich, daß das Spiel vorbei ist, dann geht mir auf, daß der Kerl nur die Hand wechselt. Erneut hebt er das zischende Reptil in die Luft. In einem raschen Bogen gelingt es ihr schließlich, sich bis auf eine Höhe mit der Hand des Soldaten zu schwingen, wird aber sofort wieder fortgeschleudert, als der Mann das Handgelenk schüttelt und den schuppigen Schwanz losläßt. Von ihrem eigenen Schwung getragen, segelt die Echse durch die Luft und landet mit einem dumpfen Aufprall auf dem Kies. Blut schießt aus ihrem Kopf wie Farbe, die von einem Pinsel spritzt, den man schwungvoll ausschüttelt. Die Echse schüttelt sich, macht drei Schritte und bricht zusammen. Die Soldaten lachen nicht mehr; sie sind überrascht von dieser mißglückten Landung und lächeln verlegen. Der Busfahrer hupt seit fünf Minuten, erst jetzt scheinen sie es wahrzunehmen. Sie klopfen sich auf die verschwitzten Rücken, schließen sich wieder zu einem dicht gedrängten Grüppchen zusammen und ignorieren mich und die Echse. Gemeinsam schlendern sie über den Parkplatz zum Bus. Ich werfe die Echse in ein Gestrüpp und wische mir ihr Blut an vertrocknetem Gras ab.

Im Bus stelle ich fest, daß eine kleine Frau, die bitter riechende Blätter kaut, meinen Platz eingenommen hat. Sie schenkt mir ein breites Lächeln und entblößt die grünverfärbten Zähne, als sie mich sieht. Den Rest der Fahrt verbringe ich im Stehen und denke an die Eidechse und die dämlichen Soldaten, die sie getötet haben. Einer von ihnen versucht lächelnd, mit mir darüber zu reden, aber ich sage: »*Mai tha-lok*«, nicht komisch, und wende mich ab.

21. März

In Chiang Mai wohne ich bei Mr. und Mrs. Kongprayoon, guten Bekannten von Pat Cini. Mein Zimmer ist mit Teppichen ausgelegt und klimatisiert. Im Kühlschrank liegt Schweizer Schokolade. Sie haben sogar ein Sofa und einen Lehnsessel. Ich bin überrascht von all diesem Luxus und weiß beim Frühstück nicht, was ich mit den Händen machen soll. In Denchai lasse ich das Frühstück gewöhnlich ganz ausfallen oder esse im Stehen, einen Schuh angezogen, den anderen in der Hand, während ich meinen Gürtel schließe, aber hier sitzen wir am Morgen gemütlich beisammen und reden über Gott und die Welt. Es gibt Gläser mit Orangensaft und Platzsets. Meine Gastgeber sind wunderbare, liebenswerte Menschen, aber sie geben mir das Gefühl, als wäre ich gerade vom Land gekommen und hätte noch Schmutz an den Füßen. Mrs. Kongprayoon (»Du mußt mich Meh nennen«, sagte sie nach dem gemeinsamen Abendessen) ist eine der Shinawatra-Schwestern. Sie verkauft Seiden- und Baumwollstoffe. Sie ist eine sehr stilvolle Frau, und Mr. Kongprayoon sieht aus wie ein hochgewachsener orientalischer Geschäftsmann aus London. Ich denke, ich sollte mir hier ein paar neue Kleider kaufen. Nachdem sie am Morgen das Haus verlassen haben, sehe ich mir das Haus an, berühre die reich verzierten Rahmen der Gemälde, die Vasen, die Ledersessel. Meine Füße sind überrascht davon, über Teppiche zu laufen.

Gegenüber dem Seidengeschäft liegt ein Luxushotel mit Swimmingpool, und man kann sich recht leicht hinüberschleichen, wenn man nur den richtigen Gesichtsausdruck aufsetzt. Ich schwimme, bis meine Haut sich sogar im Wasser heiß anfühlt. Ich verbringe viel Zeit damit, andere Ausländer zu beobachten und staune über ihr blondes Haar und ihre Bikinis. Es ist lange her, seit ich das letzte Mal Weiße gesehen habe. Sie sehen sich seltsam ähnlich: blaß, mit scharfen Gesichtszügen, groß und lärmend.

Malaiische Kinder spielen am seichten Ende des Pools. In ihren Mündern blitzen strahlendweiße Zähne, und das Sonnenlicht flimmert in allen Gold- und Türkisnuancen um sie herum. Ich blinzle gebrochene Sonnenstrahlen von meinen Augenlidern, um sicher zu gehen, daß sie tatsächlich da sind. Ich möchte mir das Bild des kichernden Jungen mit dem Mund voller Wasser und des Mädchens mit den himmelwärts gestreckten Armen und dem glänzenden schwarzen Haar im Rücken einprägen. Ich möchte diese zwei makellosen Körper in meiner Erinnerung an diese Stadt verewigen und mich von der Brise an diesem Tag gefangennehmen und festhalten lassen. Die

Zeit indes verrinnt viel zu schnell. Die malaiischen Kinder frösteln und steigen aus dem Wasser. Von ihren schlanken Gliedmaßen rinnen goldene Wassertropfen. Sie sehen aus wie Meerestiere, denen Arme und Beine gewachsen sind.

Ich könnte die Luft anhalten, bis ich ohnmächtig werde, und die Tage würden trotzdem so enden, fortgewischt mit einigen wenigen Worten. Ich werde ins Tageslicht gehoben und in die Nacht fallen gelassen. Die Stadt hinter mir glitzert und funkelt. Ich trete in dem erleuchteten blauen Pool Wasser und starre in die weißen Augen der Sterne. Ich möchte wie sie sein. Ich will die Augen nicht schließen.

23. März

Ich verirre mich in den Marktgassen von Chiang Mai, schlendere benommen durch die Menge, die Lichter und den Lärm. Lächelnd und mit geschwärzten Zähnen kommen die Menschen aus den Bergen her, um ihre Baumwolldecken, ihren Silberschmuck und ihre Pfeifen zu verkaufen. Birmanische Marionetten und Gemälde vergangener Kriege, die in Seide gewoben und mit Pailletten und Goldfäden durchwirkt sind. Hier plätschert die Geschichte nicht leise vor sich hin, sie springt einen förmlich an in Form von Elefantenschlachten, Porträts von Königen, die Städte befreit haben, Tänzern, die von fremden Armeen gefangen genommen wurden, und tapferen Prinzen, die gegen Riesen kämpften. Es gibt lederne Schattenpuppen und Lithographien von Menschen, die halb Affen sind, und von Vögeln, die halb Mensch sind. Das alles war einmal wahr, Magie war real, die Legenden waren Geschichte, nicht bloß Erzählungen. In den Läden des Bazars stapeln sich in Regalen Geheimnisse, die nur darauf warten, von der Stille erlöst zu werden.

Ich höre, wie ein Mann seinem kleinen Sohn erzählt, daß die Holzmarionetten nachts lebendig werden. Höflinge und Magier in mottenzerfressenem Samt, orangefarbene Tiger, weiße Pferde und lächelnde graue Elefanten baumeln von der Decke herab und blicken auf den Jungen. Als der Ladeninhaber die Griffe und Fäden löst, um einen Tiger herunterzuholen, versteckt sich der Kleine ängstlich hinter den Beinen seines Vaters.

Um mich herum ragen terrassierte Berge aus Lehm und Bronze auf, Skulpturen von Tieren, nackten Frauen, stehenden, sitzenden, zurückgelehnten, lächelnden oder verschlafen dreinblickenden Buddhas. Die nackte Glühbirne, die von der Decke baumelt, ist mit Dreck und Fliegenkot beschmiert. Rot-grüne Patina überzieht Kopf und Schultern der Statuen, so daß der Verkäufer gezwungen ist, ständig mit Tüchern herumzufuchteln, die aus seinen Taschen hervorlugen. Jedesmal, wenn jemand ernsthaft Interesse an einem Gegenstand bekundet, kommt er herüber, fischt einen Lappen aus seiner Tasche und poliert die Skulptur. In einer Reihe von fünfzehn rußigen Buddhas strahlt mich nur ein schwarzes Lächeln an.

Ich kaufe nichts, mir genügt der Anblick, der sich mir bietet. Ich gehe von einem Geschäft zum anderen, laufe

Treppen rauf und runter, schlendere durch Tunnel von Ständen, in denen Händler im Stehen essen, sich mit Eßstäbchen und heroischer Konzentration Nudeln in den Mund schaufeln. Glänzende Reihen von silbernen, goldenen, bronzenen und kupfernen Armbändern erregen meine Aufmerksamkeit. Dazwischen schlangengrüne Jadeohrringe. Sammlungen alter Münzen, seltsame Wasserpfeifen zum Opiumrauchen, Monsterfratzen-Masken aus Holz und Glas hängen an den Wänden. Schnüre aus Halbedelsteinen klirren, wenn der Wind durch die Stände fegt: Granate, Lapislazuli, Tigeraugen, Topase, Gagat. Gnomartige Männer versuchen »echte birmanische Saphire und Diamanten« zu lächerlich niedrigen Preisen zu verkaufen. Die Ehrlichkeit auf ihren Gesichtern wird nur von der Falschheit ihrer Steine übertroffen, die allesamt verführerisch glitzern wie Ringe aus dem Kaugummiautomaten. Ich feilsche um des Feilschens willen, um zu gehen, wenn ich meinen Preis durchgesetzt habe. Die flehenden Stimmen der Händler gehen unter im Stampfen der Schritte der Menge. Stimmen treffen in warmen Wellen aufeinander, vermengen sich und verklingen wieder.

Ich sehe Deutsche, Amerikaner, Skandinavier. Die Aufmachung der deutschen Frauen ist skandalös: in T-Shirts ohne BH darunter, schmutzige Shorts und mit Augen wie aus blauem Glas über sonnenverbrannten Wangenknochen stolzieren sie durch die Menge. Sie scheinen einer völlig anderen Spezies anzugehören.

Ich streune über den Markt, mache kehrt, verliere mich im Strom neuer Gesichter. Männer auf der Straße erwekkten Papierschlangen zum Leben. Straßenmusikanten spielen auf Bambusflöten und verstimmten Gitarren. Plötzlich frischt der heiße Wind auf; Frauen schreien auf und halten ihr langes Haar fest. Der herabhängende Silberschmuck wird zum Windspiel; die Beine der Marionetten verheddern sich. Alle reagieren blitzschnell, vom Wind entzündet wie von einem Streichholz. Ich fange so viele Blicke auf, wie ich kann, und lächle.

Als ich mich auf den Rückweg zum Geschäft der Shinawareras mache, ist es schon sehr spät. Die Straßen sind mir fremd; ich laufe mehrmals im Kreis, ehe ich endlich einen gewissen Orientierungssinn entwickle. Ich komme an zahlreichen Tempeln vorbei oder viele Male am selben Tempel, aus verschiedenen Richtungen, und ich bin jedesmal wieder überrascht. Bei Tageslicht ist das bunte Glas ein leuchtendes Farbenspiel, aber die Dunkelheit verwandelt es in seltsames glitzerndes Grau. Plötzlich, als ich zu einem der gespenstischen Tempel aufblicke, bin ich erschöpft. Ich nehme einen *songtow* zurück zum Laden. Der Fahrer mustert mich aus zusammengekniffenen Augen. »Der Laden ist aber um diese Zeit nicht mehr geöffnet«, sagt er. »Es ist zu spät.« Er hält mich für eine verzweifelte Touristin, die morgens um eins Seide kaufen will. »Ja, ich weiß, aber ich möchte trotzdem hin.« Ich springe hinten auf. Er sitzt vorne auf dem Fahrersitz und wirft mir durch das Rückfenster nicht einmal einen Blick zu. Ich schlage auf das Dach. Noch mal. Kopfschüttelnd startet er den Motor des kleinen Lastwagens.

Wir kommen am Ziel an. »Bist du sicher, daß du nicht ins Hotel willst?« fragt er. »Ja, absolut«, entgegne ich und bezahle den Fahrpreis. Als er davonbraust, wirft er mir über die Schulter hinweg noch einen Blick zu, der soviel ausdrückt wie: »Verrückte *falangs.*« Das Haus liegt hinter dem Laden, eingebettet in einen Obstgarten. Ich gehe zum Tor, das mir sehr deutlich sagt, daß ich zu lange unterwegs gewesen bin: es ist abgeschlossen. Ich werfe die Schuhe in den Garten, klammere mich an den oberen Rand des Gitters und ziehe mich hinauf. Dann blicke ich mich um, um zu sehen, ob ich beobachtet werde – der Rock ist für solche akrobatischen Einlagen nicht unbedingt geeignet –, schwinge die Beine hinüber und lasse mich auf der anderen Seite ins Gras fallen, ohne meine Kleider oder irgendwelche Bänder zu zerreißen.

Barfuß gehe ich durch den Tau, beeindruckt von der gespenstisch weißen Frau, einer klassischen griechischen Skulptur, die mich von ihrem Sockel aus ansieht. Sie ist in Siam etwas fehl am Platze, aber man kann ihr einen gewissen Charme nicht absprechen. Ich denke vage an die Importschokolade im Kühlschrank. Als mir gerade bewußt wird, daß ich hungrig bin, sehe ich den Hund auf mich zulaufen, Zähne und Kette blitzen in der Gartenbeleuchtung. Er bellt nicht einmal, sondern rast mit gebleckten Zähnen quer durch den Garten auf mich zu, pflügt mit den Pfoten geräuschvoll durch das nasse Gras. Das geschmeidige Auf und Ab seiner Schultermuskeln erinnert beinahe an eine Filmsequenz in Zeitlupe. Ich blicke zurück zum Tor, aber es ist zu weit weg. Ich würde es niemals rechtzeitig schaffen hinüberzuklettern.

Es stimmt. Das Leben läuft vor einem ab. Nicht Ereignis für Ereignis natürlich – das würde viel zu lange dauern –, sondern eher wie ein Kaleidoskop, das einem durch den Kopf und das Rückgrat hinunter schießt. Es explodiert in der Nähe des Steißbeins, und dann reagiert man oder stirbt.

Ich stolpere auf den Zaun zu, wohl wissend, daß der Hund dicht hinter mir ist und jeden Moment die Zähne in meine Wade graben wird. Ich werfe mit offenem Mund einen Blick über die Schulter und glaube zu träumen. Der Hund ist etwa zwanzig Meter entfernt stehengeblieben. Er knurrt, ja, und jetzt bellt er auch, halb schnaufende Bellaute, daß einem die Nackenhaare zu Berge stehen, aber er verbeißt sich nicht in meinem Bein. Seine krausgezogenen Lefzen entblößen die gefährlich aussehenden Zähne. Mein Herz rast.

Dann höre ich eine freundliche Stimme von unter den Bäumen. »Sawatdee-crup«, sagt der Nachtwächter, den Hut in der Hand. »Ein Glück, daß ich die Pfeife bei mir hatte«, fügt er lachend hinzu und schwenkt einen schmalen, glänzenden Zylinder in der Luft. Er läßt ihn einige Male an der Kette kreisen, ehe er ihn wieder einsteckt. Er ruft den Hund zurück und krault ihn einen Moment hinter den Ohren. Dann lächelt er mich an. Seine Zähen sind ebenfalls sehr weiß. »Du gehst jetzt rein und schläfst etwas, ja?« Ich nicke, streiche meinen Rock glatt und hebe meine Schuhe auf.

Später erfuhr ich, daß der Hund Dino heißt. Nach dem Saurier in Fred Feuerstein.

26. März

Ich bin zu einer Konferenz des Bangkok Rotary Club eingeladen, aber ich denke, es ist einfach zu heiß, Chiang Mai zu verlassen. Pat und ich gehen tagsüber schwimmen, lesen in der American Alumni Bibliothek oder spazieren über die Märkte, fasziniert von den Waren und den blinden singenden Bettlern. Die Bettler gehen umher oder stehen reglos in der Menge, Münder und runzlige Augenhöhlen weit aufgerissen, Geldschalen von sich gestreckt. Ihre Lieder sind unverständlich, aber anrührend. Die Bettler erinnern mich an Fanatiker, die in fremden Sprachen predigen, oder an leidende Verrückte aus mittelalterlichen Irrenhäusern. Sie stehen oder hocken auf den Straßen und wehklagen wie menschliche Raben. Ich weiß nicht, ob ich in ihr Klagen einstimmen oder mir die Ohren zuhalten und weglaufen soll. Es gibt noch andere, mit blutigen Stümpfen und schwärenden Wunden, jene, die unmöglich Theater spielen können, Männer ohne Beine, die sich auf einen zu schleppen. Frauen voller Ausschlag lehnen an den Wänden, Kinder über ihren verschränkten Beinen. Ihre Gesichter sind exquisite Studien des Leids. Einige Bath werden niemanden retten, aber ich weiß nicht, was ich sonst tun soll. Pat sagt immer wieder, daß ich den Bettlern kein Geld geben und auch nicht über sie reden soll.

Zur Zeit sind es über vierzig Grad, sogar im Schatten. Ich kann hier nicht leben. Mein Hirn kocht in meinem Schädel. Ich sehne mich nach Schnee. Ich dusche kalt und schwitze schon wieder, kaum daß ich das Wasser abschalte. Das ist einer der Gründe, warum ich nicht nach Bangkok fahre, obwohl ich einige gute Freunde dort habe, darunter Suradev, der aussieht wie Buddhas Sohn und wunderschöne Hände hat. Ich werde nicht fahren, weil ich dort in einem billigen Hotel mit schlechter Klimaanlage und ohne Waschmaschine wohnen müßte. Ich würde jeden Tag mit der Hand meine Wäsche waschen müssen. Dort wäre es sogar noch heißer als hier. In dem heruntergekommenen kleinen Hotel würde es Küchenschaben geben und schmierige Touristen, die mit thailändischen Prostituierten aufs Zimmer gehen. Ich würde nichts anderes zu essen bekommen als Nudeln und Obst von irgendwelchen Straßenverkäufern. Ich werde nicht fahren.

29. März

Ich sitze in einem Zugabteil dritter Klasse von Chiang Mai nach Bangkok. Dieser Waggon ist vorwiegend von Männern und Kakerlaken bevölkert, und beide Spezies fühlen sich offenbar magisch zu *falangs* hingezogen. Ein Mann legt sich auf den Boden und stützt die Füße gegen die Wand – bis er bemerkt, daß ich ihn anstarre. Er nimmt entschuldigend die unheiligen Füße herunter und rollt sich zu einer verschwitzten Kugel zusammen. Ich habe den Versuch zu schlafen aufgegeben und starre hinaus auf die schwarzen Felder und die rotgestreiften Berge. Feuer fließen wie Lavaströme in die Täler. Als ich das Fenster öffne und mich in den heißen Wind hinauslehne, legen sich schwarze Schatten auf meine Arme. Ich glaube im ersten Moment, daß es sich um giftige Insekten oder blutsaugende Fledermäuse handelt und schreie auf. Dann stelle ich fest, daß glühende Asche mir die Arme versengt hat.

Ich schließe das Fenster wieder und sehe das Spiegelbild der gegenüberliegenden Sitzreihe in der Scheibe. Ich begegne den starren Blicken von sechs Panthern, Thai-Männern. Zwölf Augen begegnen meinen im Fenster. Sie lächeln gelegentlich, mit glänzenden Gesichtern, Zigarette zwischen den Lippen. Ihre Finger sind die stumpfen, geschwärzten Finger von Mechanikern oder Metallarbeitern. Eine der wenigen Frauen im Wagen schläft vor mir auf dem Boden, eine Hand oben auf der Sitzbank um den Knöchel ihrer kleinen Tochter gelegt. Das kleine Mädchen hat die Knie bis an die Brust hochgezogen, ihr Kopf ruht auf einem Bündel gefalteter Pappe. Ich gähne mein Spiegelbild in der Scheibe an, aber Schlafen kommt immer noch nicht in Frage. Alles, was ich sehe, wird zu den Träumen, die ich eigentlich gerade haben sollte. Bei jedem Halt, in jedem schmutzigen Bahnhof glaube ich eine Frau singen oder ein Kind weinen zu hören. Bettler und Säufer mit Lumpensäcken schlafen auf den Bahnhofsbänken. Sie rühren sich nicht, wenn wir vorbeifahren.

In Phitsanulok wirft mir jemand durch das Fenster eine zerknüllte Serviette zu: Name, Adresse, Telefonnummer und »I lov Yu« in winziger Schrift. Ich lache. Die Zugjungen kommen herein, um warmes Wasser, abgestandenes Essen, geschmuggelte Zigaretten und fragwürdige Kondome zu verkaufen. Ich lache wieder, vor allem, als ich unter ihnen einen Jungen aus Denchai wiedererkenne. Er ist überrascht und froh, mich hier zu sehen; wir grüßen einander herzlich und unterhalten uns über unsere Familien, bevor er mit seiner Vorstellung anfängt. Er ist nicht nur so gut wie ein professioneller Mime, sondern noch besser, weil er wirklich ein erschöpfter siebenjähriger Verkäufer in einer schmutzigen Uniform ist. Er demonstriert mir, warum ich anfangen sollte zu rauchen und parodiert einen Vamp à la Joan Crawford mit eingezogenen Wangen und klimpernden Wimpern. Dann ermutigt er mich, etwas süße Milch für meine staubtrockene Kehle zu kaufen. Er mimt ein Baby, das an den riesigen Brüsten seiner Mutter saugt und zeigt mir, wie kräftig das Baby hinterher ist. Die Kondome, erklärt er mir sehr verlegen, seien eigentlich nur Luftballons. Ich kaufe eine Flasche Wasser. Er vollführt einen lächerlichen kleinen Tanz, als ich ihm das Geld gebe, und geht dann mit seinem Partner, einem jüngeren Typen, der die ganze Zeit nicht aufgehört hat, zu gähnen und sich die Augen zu reiben, weiter in den nächsten Wagen.

Hinter mir wachen zwei Frauen auf. Es sind alte und übergewichtige Damen, die stöhnen und klagen, sobald sie die Augen öffnen. Sie vertiefen sich in eine Diskussion über alte Knochen und schmerzende Rükken. Dies erregt sogleich die Aufmerksamkeit einiger Gentlemen, die ebenfalls nicht schlafen können; sie haben sich statt dessen diskret riesige Mengen Mekong Whisky einverleibt. Im Laufe der Unterhaltung dieser kleinen Gruppe enthüllt eine der Frauen schüchtern, daß sie Masseurin sei. Die andere (die eine Kugel Betelnüsse von der Größe eines Tischtennisballs kaut) ist

Handleserin. Die Masseurin beginnt, einen der älteren Männer spontan zu massieren, knetet seinen Nacken und schüttelt dabei ernst den Kopf. »*Kang, kang mot leu-ey!*« stöhnt sie und beklagt die hoffnungslos verhärteten Rückenmuskeln des Mannes. Mit einiger Mühe trinkt er einen Schluck Mekong Whisky. Die Masseurin kommt jetzt richtig in Fahrt, und die Flasche an seinen Lippen will einfach nicht still halten. Auf der gegenüberliegenden Sitzbank ist die Betelkauerin damit beschäftigt, jemandem aus der Hand zu lesen. Sie starrt aus zusammengekniffenen Augen auf die Schicksalslinie und krächzt leise etwas; dann beugt sie sich plötzlich ganz aufgeregt tief über die runzlige Hand, als wolle sie sie ablecken.

Ich frage mich, wo Bangkok bleibt. Müßten wir nicht längst dasein? Müßte die Stadt nicht bald aus den Reisfeldern aufragen? Bangkok nähert sich stets langsam, bedächtig, seine ausgedehnten Vororte verwandeln sich nach und nach in ein klauenbewehrtes grinsendes Ungeheuer, das nach Geld und menschlicher Zeit giert. Ich habe mich an die Ausmaße Denchais und die der vertrauten Straßen von Chiang Mai gewöhnt, an die Baumwollkleider und Gummisandalen der Kleinstädte. Das Tempo der Stadt überrascht mich immer wieder. Slums rempeln Bürogebäude an und entschuldigen sich hierfür mit wackligen Zäunen; Märkte dehnen sich bis auf die Straßen aus, und Einkaufszentren ragen hoch in den schmutzigen Himmel. Betonkanten stoßen an antike Tempel, drängen Paläste zurück, um weiter zu wachsen, sich auszuweiten, Altes zu verschlingen und Neues auszuspucken. Ich krame in meinem Rucksack nach den

Überresten meiner Armbanduhr. Das Glas ist gesprungen, und der zweite Zeiger funktioniert nicht mehr, aber ich kann trotzdem ablesen, wie spät es ist: halb fünf. Die Stadt ist noch zwei Stunden entfernt und gähnt in der Dunkelheit.

ACHTES KAPITEL

3. April 1987

Dank John Tyler und seiner Frau Dede blieb mir das Kakerlakenparadies erspart, und ich lebe, nachdem ich nicht mal tagelang Wäsche im Spülbecken gewaschen habe, im Luxus. Ich habe Mr. Tyler bei der Rotary-Konferenz kennengelernt, und er hat mich eingeladen, bei ihm und seiner Familie zu wohnen. Jetzt befinde ich mich in einer Luxuswohnung in einem Wolkenkratzer und habe mein eigenes Bad. Wenn ich mich über das Balkongeländer beuge, kann ich unten den Swimmingpool sehen. Läge die Wohnung nicht so weit oben, könnte ich glatt hineinspringen.

Dede Tyler ist eine weißhaarige italienisch-amerikanische Schönheit und John Tyler ein väterlicher Ingenieur aus Texas. Natürlich ist er im Ölgeschäft, seine Gesellschaft besitzt Ölplattformen vor der Küste Südthailands. Ihr Sohn Brian soll in Amerika studieren und möchte Spanisch lernen. Sie sind nur auf der Durchreise, wenngleich sie seit fast einem Jahr hier sind und noch mindestens ein weiteres Jahr bleiben werden. Bangkok ist für sie eine Art orientalisches New York. Ich empfinde die gleiche Verunsicherung wie in Chiang Mai, als ich bei den Kongprayoons in ihrem mit Teppichen ausgelegten Heim wohnte. Hier ist das Gefühl, nicht dazuzugehören, noch viel schlimmer. Die Kräcker und die Schränke voll amerikanischer Frühstücksflocken irritieren mich. Es ist eine amerikanische Küche und kein

Schneidetisch aus Hartholz mit Wasserbecken und tropfendem Wasserschlauch. Im *falang*-Kühlschrank, den ich viel zu oft öffne, liegen allerlei Köstlichkeiten: Käse, Mayonnaise, Senf, Schinken, ein übriggebliebenes Stück Pizza. Pizza. Ich flüstere gerade »Cornflakes«, als Libby hereinkommt, das Thai-Dienstmädchen. Ich frage mich vage, wie sie an den Namen »Libby« gekommen ist. Für mich klingt das nicht sehr Thailändisch. Sie spricht Englisch, aber ich ziehe es vor, Thailändisch mit ihr zu sprechen.

»Bist du wirklich so überrascht, die vielen ausländischen Lebensmittel zu sehen?«

»Ich habe mich nur noch nicht daran gewöhnt.«

»An was?«

»Die Häuser von *falangs*.«

»Aber du lebst doch bei deinen Eltern, oder?«

»Ja bei meinen Thai-Eltern. Aber meine richtigen Eltern leben in Kanada. Ich wohne in Denchai.«

»Denchai?«

»Das liegt in der Provinz Prae.«

»Du lebst in Prae? In Prae?« Ungläubig blickt sie von den gehackten Möhren zu mir auf. »Aber es gibt doch in ganz Prae keine *falang*-Toiletten.«

»Es gibt ein paar, wenn auch nicht in meinem Zuhause. Ein *falang* kann auch ohne *falang*-Toilette leben.«

Sie lacht. »Nicht einmal ich kann ohne eine *falang*-Toilette leben, Kalen.« Sie dreht den Kaltwasserhahn auf. »Warum wohnst du nicht in Bangkok oder Chiang Mai? Warum nicht in der Stadt?«

»Weil ich in einen kleinen Ort wollte, wo es nicht zu viele Menschen gibt.«

Sie nickt langsam und lächelt. »Ißt du jeden Tag klebrigen Reis?«

»Gewöhnlich schon, ja, wenn ich mit meinen Freunden in der Schule esse.« Klebriger Reis ist ein typisches nordthailändisches Gericht.

»Aaaaah! Dann solltest du aufpassen, daß deine Nase nicht so flach wird wie die der Leute aus den Bergen. Irgendwann fängst du noch an, Glöckchen an deine Kleider zu nähen und an Geister zu glauben.« Sie macht sich, wie viele Thais aus dem Süden, lustig über die Provinzialität des Nordens. Ich sage ihr, es sei bereits zu spät, ich würde jetzt schon an Geister glauben. Sie lacht.

Wir verbringen den Rest des Vormittags in der Küche; sie putzt Gemüse und Fisch, während ich meinen Rucksack flicke. Die Küche ist für mich der gemütlichste Raum. Obwohl die ganze Wohnung sehr hübsch und erlesen eingerichtet ist, mit »heimeligen« Details überall, fühle ich mich hier unwohl.

Später esse ich mit den Tylers an einem polierten spiegelnden Eichentisch zu Abend, mit Salatschüsseln aus Kristall, hübschen Tellern und echten Servietten. Niemand legt die Knochen auf den Tisch. Libby bedient uns. Wir unterhalten uns über angenehme, interessante Themen, den amerikanischen Frauenclub, die Universität, die Brian in den Staaten besuchen wird, meine »Erfahrungen« in Denchai. Meine Absichten sind ihnen nicht so ganz klar. »Thailändisch ist keine sehr nützliche Sprache, oder?« fragt Dede. »Thailand ist ein wenig weitab vom Schuß, oder?« fragt Mr. Tyler. »Genau das war ja der Punkt«, erkläre ich. Sie nicken viel. Wir sind alle sehr höflich. Ich bin diesen Menschen wirklich dankbar für ihre Gastfreundschaft, ihre Großzügigkeit, und doch spüre ich, wenn ich lächle, manchmal nur meine Zähne und sonst nichts. Libby kommt und geht mit französischem Dressing, Eiswasser, Wein. Wein! Welch ein Kulturschock!

Am Abend sehen wir auf Video aufgenommene Folgen von *Sixty Minutes* und *Dallas* an. Zum erstenmal seit acht Monaten höre ich die Stimme von Dan Rather und fühle mich richtig elend und schuldig. Ich habe hier den Rest der Welt vergessen. Ich habe Stoffservietten vergessen und, daß im Mittleren Osten politische Schlachten zur Tagesordnung gehören. Ich habe die IRA, das Ozonloch und die Verseuchung der Meere völlig vergessen. Früher habe ich zornige Briefe zu diesen Themen geschrieben. Hier ist die Welt verblaßt. Schwerfällig erhebe ich mich von meinem Sessel, entschuldige mich und lächle mit all der Aufrichtigkeit, zu der ich fähig bin, gute Nacht. Ich glaube, meinem Magen würde *Dallas* nicht bekommen.

Was ist das? Was ist los mit mir? Bangkok *ist* ein orientalisches New York, es ist nur natürlich, daß hier Ausländer wohnen, die blind an Thailand und seiner Sprache vorbeileben. Das ist die herrschende Ordnung, Swimmingpools, Topfpflanzen, der Wagen mit Chauffeur, der Marmorpatio, das alles von Thais gepflegt und sauber gehalten, die »Mister, Madam, Miss und Sir« sagen. Die Einheimischen traben hinter den Weißen her, helfen ihnen, regeln den Verkehr, gehen für sie einkaufen, bereiten ihre feingewürzten Mahlzeiten zu, öffnen und schließen ihre Vorhänge aus feinsten Stoffen. Das alles sollte mir nichts ausmachen. Auch ich bin eine *falang*, so zweifelhaft dies auch scheinen mag. Ich bin eine von ihnen, denke ich, überrascht, daß ich von Nordamerikanern als von »ihnen« spreche. Ich sitze im Dunkeln und denke vernünftig darüber nach. Ich würde mein Leben für ein Thai-Leben aufgeben. Ist das vernünftig? Sicher. Ich glaube, daß es ein lohnender Tausch wäre. Dann würde ich aufhören, mir so viele Gedanken zu machen. Ich würde einfach mit normalen menschlichen Dosen Glück und Trauer leben, aber in geregelten Bahnen.

Im Augenblick bin ich eine interessante Abnormität. Ich bin keine Asiatin und werde nie eine sein. Auch wenn ich selbst es zuweilen vergesse, kein Außenstehender vergißt es. Ich habe die falsche Hautfarbe. Aber ich bin auch nicht mehr das, was ich war, als ich herkam. Etwas in mir hat sich verändert oder entwickelt. Wenn es ein Wort gibt, das dieses Phänomen beschreibt, so ist es mir unbekannt. So viele Worte im Thailändischen enthalten das Wort »Herz«: *sow-jai, mun-jai, ron-jai, dee-jai, jai-kang, jai-dee, cow-jai, toke-jai, jai-eng* ... Trauer, Sanftmut, Zorn, Glück, Kälte, Güte, Verständnis, Überraschung und das Ich werden alle mit dem Herzen in Verbindung gebracht. Wenn es ein Wort gäbe, das das erklären könnte, was mit mir geschehen ist, wäre es ein »Herz«-Wort, und es wäre ein thailändisches Wort.

Ich muß mich konzentrieren, wenn ich mit den Tylers spreche. Ich muß daran denken, mich nicht zu verneigen und meine Schuhe anzubehalten, wenn ich die Wohnung betrete. Ich bin seit drei Tagen in ihrem glücklichen westlichen Heim und schließe mich immer wieder im Bad ein, um zu weinen. Ich bin in Bangkok, und ich habe Heimweh nach Thailand. Ich vermisse die kleine Stadt im Norden, die nur existiert, weil die Eisenbahn hindurchfährt. Ich vermisse meine Thai-Väter, die mich fragen, ob ich schon gegessen habe, wohin ich gehe, woher ich komme, ob ich bestimmte scharfe Speisen vertrage. Ich vermisse sogar gebratene Fischinnereien.

6. April

Die schmutzigen Straßen sind meine Zuflucht von der perfekten Wohnung. Ich schlendere in der Abenddämmerung, wenn die kochende Hitze zu einem leichten Sieden abklingt, die Sukhumvit hinunter. Die Luft hier besteht vorwiegend aus Smog, aber ich atme sie trotzdem gierig ein und gehe zu schnell, lasse meine Augen rastlos umherschweifen. Die Straße ist berühmt für ihre Fülle von Plagiaten, von Rolex-Uhren für zwanzig Dollar bis hin zu Hemden und Socken von Lacoste für drei Dollar. In Bangkok findet man alles, was sich irgendwie zu Geld machen läßt. Die Menschen in den Straßen sind mir vertraut. Die Obstverkäuferinnen sind die gleichen wie in Denchai, lächeln und klatschen in die Hände, wenn man ihnen einen Witz erzählt, reiben die Gesichter ihrer Kinder mit Babypuder ein und klagen unablässig über die Hitze. Der Schuster arbeitet mit gesenktem Kopf und ernstem Gesicht, halb begraben unter einem Berg stinkenden Gummis, Klebers, Schuhnägeln und alten Sohlen. Kinder huschen zwischen den Autos umher, um

Rosen und Jasmingirlanden zu verkaufen, und während sie Blumenduft verteilen, werden ihre eigenen Lungen schwarz von den Abgasen. Schönheit und Schmutz gehen Hand in Hand, wechseln sich manchmal ab, treffen aber immer wieder aufeinander.

Aus den Läden quillt die Schmuggelware bis hinaus auf die Straßen. Männer und Frauen versuchen, Gucci-Börsen für ein paar Dollar zu verhökern und versichern mir, daß sie nur mir ausnahmsweise einen Sonderpreis gewähren. Musik aus fünf verschiedenen Anlagen weht oder plärrt durch die Luft, geht im Dröhnen der Motoren und Hupen unter, prallt gegen Lastwagen und wahnsinnige *tuk-tuk*-Fahrer. Ein runzliger alter Mann will mir eine ausgestopfte Kobra und einen ebenso toten Mungo verkaufen, »in exakt dieser Haltung erstarrt, als sie sich gegenseitig getötet haben«. Die Kobra könnte eine zurechtgemachte Vipernatter sein und der Mungo ein struppiges Wiesel, aber der alte Mann sagt: »Nein, nein, nein, das ist eine echte Königskobra.« Wenn ich mich aber wirklich nicht dafür interessiere, hat er auch Spazierstökke, die aus Tierknochen geschnitzt sind, Affenschädel, Elefantenlederstiefel ...

Lächelnd schlendere ich durch das lärmende Treiben und frage mich, ob es nicht doch möglich ist: Gibt es eine Operation, bei der man den Glasvogelhöcker aus meiner Nase entfernen kann? Sollte ich einfach nur größere Mengen klebrigen Reis essen? Gibt es ein Pigment, das meine Haut gleichmäßig dunkler färben kann? Ich würde es sofort tun, ohne zu zögern. Das hier ist mein Land oder wäre es gewesen, wenn ich frei hätte wählen können. Ich schreite durch die brodelnde Menge, jeder

Schritt länger und leichter, umgeben vom Straßenlärm. Ein Vogel schlägt in meiner Brust mit den Flügeln, hebt mich halb vom Boden ab, versucht zu entfliehen.

9. April

Die Wahrsager oben auf dem Einkaufszentrum Muh Boon Klong sind skrupellos. Sie sitzen mit komplexen Diagrammen und Tabellen an ihren Tischen und flüstern ihren Kunden unglaubliche Geschichten von Unheil und Erfolg zu. Sie vermischen Aufrichtigkeit, Lügen und Psychologie so meisterhaft, daß man sich unwillkürlich fragt, ob sie nicht tatsächlich in der Lage sind, die Zukunft zu weissagen. Zwei Mädchen stehen neben mir, sie sind den Tränen nah und beobachten den geschmeidigen Tanz, den der Finger eines Wahrsagers auf einer blassen Hand vollführt. Obgleich ich nicht hören kann, was er ihnen erzählt, drängen sie sich gequält aneinander, während sie den tragischen Handlinien eines der Mädchen folgen.

Mein Wahrsager ist ein alter Mann, dem ein fast zehn Zentimeter langes Haar aus einer Warze am Kinn sprießt. Sobald er meine Hand gepackt hält, will er sie gar nicht mehr loslassen. Wieviele Linien kann eine einzelne Hand schon haben? Liest er auch in den Rillen meiner Fingerkuppen? Er erzählt mir, daß ich lange leben und etwa mit sechzig Jahren einen schweren Unfall überleben werde. Mit zweiundzwanzig werde ich einen wohlhabenden älteren Ausländer heiraten und drei Kinder von ihm bekommen. Ich lache darüber. Ich werde niemals heiraten. Er mustert mich mit einem gelben Augapfel. »Warum lachst du? Glaubst du mir nicht?« Ich versichere ihm, daß ich alles, was er sagt, sehr ernst nehme. Er rückt seine kleine Lampe zurecht und holt eine Lupe hervor, um die feineren Linien zu untersuchen. »Aaaaah, wie traurig. Du wirst nie viel Geld haben. Es wird immer auf und ab gehen, *leu-aye leu aye*, wie die Gezeiten.« Er wendet sich einen Augenblick ab, um sich zu schneuzen, während er mit der freien Hand weiter meine umklammert hält. Dann betrachtet er meine Handfläche wieder mit zusammengekniffenen Augen. »Du wirst immer rastlos sein, zu viel auf einmal tun. Du begreifst das Prinzip des *jai yen yen* nicht.« Er sieht mir ins Gesicht. »Wie lange wirst du noch hierbleiben?« »Noch etwa fünf Monate«, entgegne ich. Er klappert mit den Zähnen. »Du solltest länger bleiben.« Er seufzt und schüttelt den Kopf, dann konzentriert er sich auf einen Punkt in meinem Gesicht und beugt sich so weit vor, daß ich unwillkürlich zurückweiche und beinahe von meinem Schemel kippe. Er hält immer noch meine Hand fest. »Dieses Muttermal, das kleine neben deiner Nase.« Ich berühre es. »Es muß weg«, befiehlt er. »Es ist schrecklich, ein solches Muttermal zu haben. Ich kenne einen Arzt, der es sehr billig entfernen kann.«

»Warum sollte ich es entfernen lassen?« Wieder berühre ich den kleinen schwarzen Fleck. Der Arzt, der ihn entfernen soll, ist vermutlich sein Schwager.

»Du mußt es sofort herausschneiden lassen«, fährt er eindringlich fort, und seine verschwitzten Finger schließen sich fester um meine Hand. »Das Muttermal befindet sich auf der Tränenlinie«, fügt er leise hinzu. »Es wird unablässig Tränen aus deinem rechten Auge ziehen. Du wirst viel weinen, und das nur, weil der Leberfleck sich an einer so ungünstigen Stelle befindet.« Ich entwinde ihm meine Finger unter dem Vorwand, nach meinem Geld kramen zu müssen. Er sagt: »Du hast sehr rauhe Hände für eine Frau.« Ich knalle ihm sein Honorar auf den Tisch, einige der Münzen rollen davon. Als er aufspringt, um sie aufzuheben, nutze ich die Gelegenheit, um aufzustehen. »Nein, nein, warte noch einen Augenblick. Willst du denn den Arzt nicht treffen, der dir das Muttermal entfernen kann?« Er greift wieder nach meiner Hand, aber ich haste bereits durch die Menge davon und reibe dabei die Spuren seiner Berührung von meiner Handfläche.

9. April

Bangkok sackt jedes Jahr etwas weiter ab, wegen seiner *klongs*, den Wasserstraßen, die einst durch jeden Stadtteil führten. Viele von ihnen sind inzwischen aufgefüllt worden, und das stille Gleiten der Boote wurde durch das Schnaufen des Verkehrs ersetzt, aber einige schlängeln sich noch vom Stadtrand fort. Ein Mann mit purpurnen Tätowierungen auf den Schultern fährt mich in seinem langgezogenen Boot hinaus, nachdem er mir versichert hat, daß er sich bestens auskennt. Er sagt, er habe sein ganzes Leben auf den Wasserstraßen dieser Stadt verbracht.

Sobald ich am Bug Platz genommen habe, stößt er das

Boot vom Dock ab. »Fall nicht hinein«, warnt er und läßt das Boot lachend schaukeln. Rasch gleiten wir außer Sichtweite von Bangkok in ein Labyrinth von Kanälen. Ich komme mir vor wie ein träger Entdecker, die Sonne heiß auf meinem Gesicht und die Hände im Wasser, um sicherzugehen, daß es auch wirklich da ist. Auf dem Wasser tut sich mir ein völlig neues Land auf, ein ganz anderes Leben, aber ich erhasche im Vorbeigleiten nur flüchtige Einblicke. Der kleine Motor surrt, und Wasser sprüht auf meine Arme und meinen Nacken.

An den Ufern stehen Pfahlbauten, die durch wacklige Brücken und lange Holzstege miteinander verbunden sind. Die Menschen leben auf und im Wasser, baden, waschen Wäsche, spülen Töpfe. Skiffs schieben ihre schmalen Nasen durch Wasserlilien und Hyazinthen und reiben die Flanken aneinander, wenn ihre Besitzer haltmachen, um einen Plausch zu halten oder Obst und Gemüse zu verkaufen. Ich sehe ein kleines Boot, in dem sich ein Berg von Wassermelonen türmt. Menschen lehnen sich aus Fenstern und winken. Eine alte Frau, die so verschrumpelt ist wie ein alter Apfel, kämpft sich die schlammigen Stufen am Ufer hinauf, ihre runzligen Füße sind nackt, und sie stützt sich schwer auf einen Gehstock. Als wir vorbeifahren, dreht sie sich um, lächelt und entblößt eine Reihe glitzernder Goldzähne. Auf der Veranda über ihr spielen zwei kleine Kinder und ein Hund Fangen.

Ich höre auf, die Frauen zu zählen, die im hüfthohen Wasser baden, ihre geblümten *pasins* und die braunen Arme schimmern naß, und ihre Haare sind mit Shampoo eingeseift. Kinder schwimmen wie Delfine um sie herum. Halbnackte Jungen springen mit Kriegsgeheul von den Docks und Veranden und klatschen zu Kugeln zusammengerollt ins Wasser, sie wetteifern darum, wer das meiste Wasser aufspritzen läßt. Schlammbraun segeln sie in Salti und Schrauben durch die Luft, geschmeidig wie Robben, und klettern die Leitern wieder hinauf, um von vorn anzufangen.

Wir sind lange in den *klongs*, vielleicht zwei Stunden, und gleiten tiefer und tiefer in diese Welt hinein. Ich weiß nicht mehr, wo die Stadt ist. Ich sehe nichts Vertrautes mehr, sondern überall nur *klongs*, Holzhäuser in knietiefem Wasser, leuchtende Pflanzen an den Ufern und Thai-Gesichter. Langsam hege ich den Verdacht, daß ich in meinem tätowierten Steuermann schließlich doch dem bösen Thailänder begegnet bin, vor dem Paw Prasit mich immer gewarnt hat und der mich verschleppen wird. Ich drehe den Kopf und blicke zu ihm zurück. Er lächelt und saugt an seiner Zigarette. »Es ist gleich vorbei«, sagt er.

»Aber wo ist die Stadt?«

»Was meinst du damit, wo ist die Stadt? Gleich dort drüben.« Er zeigt auf die Mündung eines weiteren *klong*, der genauso aussieht wie jene, durch die wir in den vergangenen zwei Stunden gefahren sind. Ich bin sicher, daß die Stadt in entgegengesetzter Richtung liegt, und fange an, mir Sorgen zu machen. Außerdem fühle ich mich ein wenig benommen, schwindlig. Wir surren um eine Kurve, dann um eine zweite, beide so lang, daß ich sie kaum als Biegungen wahrnehme. Wir biegen in einen anderen Kanal, und ganz plötzlich ragt jenseits des Flusses die Skyline von Bangkok vor mir auf. Ich blicke zurück, den *klong* hinunter, verblüfft vom abrupten Auftauchen der

Stadt. »Ich habe dir doch gesagt, daß ich mich hier auskenne«, sagt der Bootsmann. Er manövriert uns ans gegenüberliegende Ufer, vorbei an größeren Booten, Dschunken und Flößen und winkt Bekannten zu.

»Augenblick mal, das hier ist nicht die Stelle, von der wir losgefahren sind«, protestiere ich. »Ich habe keinen Schimmer, wo ich hier bin.«

Er steigt auf das Dock und reicht mir mit einem müden Seufzer die Hand, um mir an Land zu helfen. »Du brauchst nur die Treppe hinaufzugehen, dann die Brükke und die Straße dahinter zu überqueren und mit dem Bus Nummer zweiundzwanzig zurück zum Ausgangspunkt zu fahren. Wohin willst du denn von dort aus?«

»Zu einer Wohnung in der Sukhumvit Road.«

»Hmmmm. Also, dann solltest du vielleicht besser mit dem Bus Nummer sieben fahren.« Er zögert. »Oder siebzehn? Wie auch immer, nimm den Bus, und du wirst schon nach Hause finden.«

»Aber ich weiß nicht einmal, wo ich hier bin.«

»Du bist in Bangkok.«

»Du weißt, was ich meine. Du solltest mich dorthin zurückbringen, wo wir losgefahren sind.«

»Was erwartest du denn für den halben Preis.«

Ich entscheide mich für die weinerliche Tour. »Einem Thai-Mädchen würdest du so etwas nicht antun.«

»Aber ein Thai-Mädchen fährt auch nicht zum halben Preis mit einem Fremden durch die *klongs*. Verstehst du? Weine nicht. Geh einfach da rauf und nimm den Bus. Ich muß jetzt los, ich habe noch eine Verabredung.« Er klettert wieder in sein Boot.

Ich steige die Treppe hinauf, überquere die Brücke und

anschließend die Straße und kann weit und breit nichts entdecken, das auch nur im Entferntesten an einen Bus erinnert. »Einen Bus?« sagt der Nudelverkäufer. »Ein Bus, hier?« Ich muß drei Blocks weit gehen, bevor ich einen Bus finde, der mich zur Sukhumvit zurückbringt.

Inzwischen ist Hauptverkehrszeit. Der Bus ist wie eine Büchse Austern, auf allen Seiten zermatscht, ölig und salzig vom Schweiß. Wir klammern uns an Haltestangen und versuchen, auf den hölzernen Bodenbrettern festen Halt zu finden. Langsam wird mir bewußt, daß mir übel ist. Sonnenstich oder Lebensmittelvergiftung? Vermutlich Sonnenstich. Die thailändischen Schuljungen in ihren gestärkten Hemden starren auf mein windzerzaustes Haar, mein sonnenverbranntes Gesicht und meine ziemlich erschöpfte Erscheinung. Sie wenden den Blick wieder ab und diskutieren über die Lächerlichkeit von *falangs* im allgemeinen und dieser hier, die ganz offensichtlich ein hoffnungsloser Fall ist, im speziellen. »Ich bin heute in den *klongs* gewesen«, erkläre ich ihnen auf Thailändisch und achte darauf, alle Betonungen auch richtig hinzukriegen. Sie sind überrascht und peinlich berührt, weil ich ihre Sprache spreche. Einer der jungen – jedes dieser Grüppchen hat unweigerlich einen Sprecher – mustert mich von Kopf bis Fuß, wölbt die Brauen und fragt: *»Sunook, mai?* Hat es Spaß gemacht?«

»Ja, es war wunderbar.« Ich bemühe mich um ein würdevolles Auftreten.

»Bist du in einem Boot dort gewesen wie andere *falangs*, oder bist du geschwommen?«

»Wirklich sehr komisch. Ich bin geschwommen, ganz recht, den ganzen Weg bis Ayuthaya.« Jetzt lachen sie.

»Um ehrlich zu sein, ist mir schlecht ...« mehr bedarf es nicht, um einen Sitzplatz, Mitgefühl und zwei Telefonnummern zu ergattern.

10. April

Der junge Thailänder, den ich in Chiang Mai kennengelernt habe, lebt und arbeitet in Bangkok. Mein leichter Anflug von Sonnenstich ist vorüber, und er führt mich in ein französisches Restaurant zum Essen. Sein Name ist Bom, was zügig und in scharfem hohen Ton ausgesprochen wird. Ihn zu rufen ist als würde man einen tropischen Vogel locken: »Ist BOM da, bitte, kreisch!?« Er ist sechsundzwanzig, für einen Thailänder sehr groß, mit weisen mandelförmigen Augen und dunklen indischen Zügen, wie ich sie auf Wandmalereien in Tempeln gesehen habe.

Das Restaurant ist romantisch und klimatisiert. Ich trage Parfum, Bom einen Anzug. Trotzdem ist es schwer, Poesie aus einem Mann herauszukitzeln, der Badezimmer für die American Standard, Inc. entwirft. Als ich vom Nasepudern zurückkomme und über die rote Rose hinweg in seine Augen sehe, fragt er: »Waren die Toiletten von American Standard?« Wir essen merkwürdige französische Speisen, die gut sein müssen, weil sie so teuer sind, aber ehrlich gesagt bin ich zu nervös, darauf zu achten. In Chiang Mai sind wir uns im Beisein anderer Leute mehrmals auf Partys begegnet, in Nachtclubs, umgeben von Lärm und Tanz. Jetzt sind wir überrascht davon, wie klein der Tisch ist und wie dicht wir voreinander sitzen. Es ist zu still. Wir hören, wie unsere Zähne sich um Gabeln und Löffel schließen. Wir gehen ungeschickt mit dem Besteck um. Ich glaube einfach nicht, daß mir das passiert ist. Ich kann mich nicht erinnern, in Kanada je rot geworden zu sein; jetzt leuchtet mein Gesicht flammendrot. Ich bin verlegen, nur weil ich allein mit einem Mann in einem Restaurant sitze. Thailand hat mich in eine Zwölfjährige zurückverwandelt.

Wir überspielen unser mangelndes Selbstvertrauen, indem wir Witze reißen und so schallend lachen, daß die Kerzen flackern. Bom demonstriert mir, wie die Amerikaner in seiner Gesellschaft seinen Namen aussprechen, ohne die entsprechende hohe Betonung. »Bomb, komm, trink 'n Kaffe mit. Bomb, was mach'ste morgen?« sagt er. »Es ist so demoralisierend, Bombe genannt zu werden. Ich komme mir schon vor wie ein Krimineller.« Mit dem mir eigenen Feingefühl zeige ich auf eine Kakerlake an der Wand. »Die Speisekarte ist eine Fälschung«, raune ich meinem Begleiter zu. »Das hier kann kein echtes französisches Restaurant sein, in Frankreich gibt es bestimmt keine so großen Kakerlaken.«

Nach dem Abendessen und einem gräßlichen thailändischen Film über eine Liebesgeschichte zwischen zwei Insassen einer Irrenanstalt bringt er mich im Taxi zurück zu den Tylers. Auf der ganzen Heimfahrt klappern meine Zähne wie Kastagnetten. »Warum machst du das?« fragt er. Die Augen des Taxifahrers im Rückspiegel leuchten auf – er will es auch gern wissen. »Das bedeutet ...« Ich wechsle zum Englischen, »... daß ich dich küssen möchte.« Nur im Dunkeln kann ich etwas Derartiges aussprechen. Bom schweigt eine Weile. Er blickt aus dem Fenster auf den grellen Neonglanz der Stadt und wendet sich mir dann mit ernstem Gesicht wieder zu. »Tun das alle kanadischen Mädchen, wenn sie geküßt werden möchten?«

Er küßt mich nicht im Taxi, weil der Fahrer, der uns immer noch im Rückspiegel beobachtet, dann vermutlich einen Unfall bauen würde. Er küßt mich in der Lobby des Hochhauses und entschuldigt sich gleich darauf. »Ich kann das nicht richtig. Ich bin zu ... schüchtern.« Er erklärt mir, die Lobby wäre zu ungeschützt, zu öffentlich, sich zu berühren, auch wenn es nach Mitternacht ist, und wir hinter zwei Marmorsäulen und einem Wald von schirmartigen Kübelpflanzen verborgen sind.

»Ist schon gut.« Ich bin verständnisvoll und vernünftig. Ich küsse ihn keusch auf die Wange, lächle nach außen hin, während ich ihn innerlich dränge, die Westseite des Gebäudes mit bloßen Händen zu erklimmen, um sich mit mir auf dem Balkon meines Schlafzimmers zu treffen. Aber nichts dergleichen geschieht. Er hält einige Sekunden meine Hand, schlägt die Zähne aufeinander und geht.

Ich laufe die sechs Stockwerke zur Wohnung hinauf, ziehe leise meinen Badeanzug an und gehe wieder nach unten zum Swimmingpool. Ich muß einfach von irgend etwas gehalten werden. Ich lasse mich in das türkisfarbene Wasser gleiten und tanze mit meinem eigenen wogenden Schatten.

11. April

Ich bin hier in Bangkok ein typischer Tourist gewesen. Ich habe eingekauft. Und eingekauft. Und eingekauft. Vor allem Schuhe, als hätte ich eine wuchernde Kaufzelle, die irgendwie mit meinen Füßen verbunden ist. Ich bin eine zweite Imelda Marcos und werde am Ende die Hälfte der Schuhe, die ich erstanden habe, wieder verschenken. Bom schleppt meinen Rucksack voller Schuhe durch das Restaurant, bemüht, niemanden am Kopf zu stoßen und nichts von den Tischen zu fegen. Ich habe mein Gepäck bei mir, weil ich heute abend nach Chiang Mai zurückfahre. »Was ist hier drin?« fragt Bom mehrmals, da er nicht glauben kann, daß Schuhe und Kleider so viel wiegen. »Hast du den Smaragdbuddha gestohlen? Hast du den Smaragdbuddha in deinem Rucksack?«

Die Menschen im Restaurant starren uns an, als wir uns einen Weg zwischen ihnen hindurchbahnen. Eine der Bedienungen, die Bom kennt, fragt ihn leise, wer ich bin. »Sie ist Halbthailänderin und ein Filmstar«, flüstert er so laut wie möglich. »Sie ist in Italien sehr berühmt.«

Die Bedienung mustert mich aus zusammengekniffenen Augen. »Aaaah! Stimmt! Ich habe ihr Bild in einer Zeitschrift gesehen!«

Bom schiebt mich weiter, bevor ich etwas sagen kann. Als wir an unserem Tisch ankommen, beugt er sich über mich. »Vergiß nicht, daß für Thailänder alle *falangs* gleich aussehen.«

Der Rucksack hat eine solche Präsenz, daß wir ihn auf einen Stuhl stellen und mit ihm reden. »Wir nehmen Austern, Garnelen, Calamari ... und du«, sagt er zu dem

Rucksack, »du bekommst einfachen Reis und Tee.« Ich sehe mir ebenfalls die Speisekarte an, verzichte auf die Schlangenkopfsuppe und halte mich statt dessen an die vertraute *wan-tan*. Wir essen und lachen, ganz locker, jetzt da ich wegfahre, angenehm traurig. Wenn mein Thai-Vater wüßte, daß ich mit einem gutaussehenden Mann in einem hübschen Restaurant gesessen und mit ihm auf die Freundschaft und zukünftige Leben angestoßen habe (im nächsten Leben werde ich eine Thai sein und Bom heiraten), wäre er entsetzt. Allein dieser Gedanke macht mich im Augenblick glücklich.

Das Essen ist viel zu schnell vorbei; wir haben noch so vieles zu bereden, als wir erneut den Rucksack durch das Restaurant schleppen, bereits in Eile, um den Zug nicht zu verpassen. Bom winkt ein *tuk-tuk* heran, wir rasen mit quietschenden Reifen durch den Verkehr und erreichen den Bahnhof überpünktlich. Hooalampoong ist der abgrundtief häßlichste Ort in Bangkok. Wie jeder große Bahnhof hüllt er einen in einen bunten Schal von Gelächter, Bettelei und Tränen. Bunte Wagen tragen Lebensinhalte von einem Ort zum anderen, während Bahnbeamte mit der Arroganz von Palastwachen umherstolzieren. Wir manövrieren um Lastwagen, Karren mit abgewetzten Koffern und erschöpften Reisenden herum. Am Fahrkartenschalter wird uns mitgeteilt, daß die klimatisierte erste Klasse ausverkauft ist. Ebenso wie die klimatisierte zweite Klasse. Die nicht klimatisierten Schlafwagen der zweiten Klasse sind ebenfalls ausgebucht.

Ich ergattere wieder nur eine Fahrkarte dritter Klasse; die Götter sind gegen mich. Ich habe immer noch Anflüge von Hitzewallungen von meiner letzten Fahrt dritter Klasse. Die Fahrkarte nach Chiang Mai kostet etwa sieben Dollar; ich darf keinen Orient Expreß erwarten. Bom ist untröstlich. »Wären wir früher gekommen, hätten wir vielleicht noch eine bessere Fahrkarte bekommen.« Wir gehen zum Bahnsteig fünf, um auf den Zug zu warten. »*Mai pen lai!*« zwitschere ich, aber er mustert mich skeptisch. »Du wirst vielleicht in einem Abteil mit Hühnern reisen müssen.«

»Nein, das bezweifle ich. Ich habe in einem Zug noch nie Hühner gesehen.«

»Ich aber, oft. Und Ferkel in Holzkisten.«

»Na dann, was für ein Abenteuer. Ferkel!«

»Und schmutzige alte Männer.«

»Die jungen Männer sind gefährlicher.«

Ein schmieriger Typ schleicht an uns vorbei und wirft mir über die Schulter hinweg einen Blick zu, Bom knirscht mit den Zähnen. Die kleinen Sehnen an seinem Kiefer treten hervor. »*Mong bap jaa gin gnue-uh*. Sie starren wie die Kannibalen beim Anblick von Frischfleisch.«

»Keine Angst«, beruhige ich ihn. »Ich werde vorsichtig sein.«

Er seufzt. Der Zug schlingert und schnauft heran und hält. Bom lädt mein Gepäck in den Wagen. Im Inneren des Zuges ist es spürbar heißer als draußen. Bom nimmt meinen Arm, als ich mich hinsetzen will. »Nein, warte.« Er fischt ein Leinentaschentuch aus einer Tasche und wischt den Sitz ab. Nach energischem Reiben macht er den Fehler, sein Werk zu begutachten. Auf dem Stoff zeichnet sich der schwarze Abdruck seiner Hand ab. Wir schneiden eine Grimasse. Er trägt eine beigefarbene Leinenhose und ein weißes Hemd. Obwohl er nichts sagt, weiß ich, daß er sich nicht setzen möchte. Wir stehen eine Weile im Gang und sagen allerlei unpassende Dinge. Als der Zug pfeift und erzittert, machen wir einen sehr förmlichen *wai* und küssen uns flüchtig, ich fühle seine Lippen kaum auf den meinen. Sein Gesicht färbt sich eine Nuance dunkler vor Verlegenheit, als ein Zugverkäufer uns offen anstiert und kichert. Dann erklingt eine ohrenbetäubende Folge von Pfeiftönen, es ruckt, und der Zug setzt sich mit der Geschwindigkeit eines schlurfenden alten Mannes in Bewegung. Bom springt ab. Ich kehre zurück zu meinem Sitzplatz und lehne mich aus dem Fenster. Wir sagen kein Wort. Er vergräbt die Hände in den Hosentaschen, fixiert einen Moment seine Schuhe, zieht die Nase kraus und blickt dann wieder auf. Er wird kleiner und kleiner, wird zu einem weißen Kreidestrich vor einem farbenfrohen Hintergrund. Die Entfernung verwischt ihn langsam, bis schließlich nur noch das Bahnhofsgebäude zu erkennen ist.

Der Dschungel Bangkoks fällt zurück, und sogar die Slums lösen sich auf und zerspringen wie Schrapnelle, bis nichts mehr da ist außer Thailand mit seiner Ebene voll grünem Licht. Männer, die bis zu den Hüften in Fischteichen stehen, holen ihre Netze ein, Arme und Brustkorb wie bronzene Spiegel. Würde der Zug nicht solchen Lärm machen, könnte ich ihre Stimmen hören.

17. April

Zur Zeit tobt in Chiang Mai das Songkran-Fest. Als ich ankomme, wird sofort ein Eimer Wasser über mir entleert. Pat kommt mir triefnaß auf dem Bahnsteig entgegen. Sie lacht. »Das ist verrückt. So etwas habe ich noch nie erlebt. Verrückt!« Die Menschen kippen einander Eiswasser über den Rücken, richten Schläuche auf Nachbarn und fahren in Lastwagen mit Wassertonnen durch die Gegend. Bis jetzt ist die Stadt schier vergangen vor Hitze, hat die Trockenzeit diszipliniert ertragen. Jetzt bringen die drei Feiertage des Wassers alles zum Erliegen. Männer in Anzügen schleichen hastig über die Straßen oder an Hauswänden entlang und halten ständig nach Wasserwerfern Ausschau. Nasse Schuhe schmatzen in Häusern und Geschäften in der ganzen Stadt.

Die Paraden, öffentlichen Festlichkeiten, Tanzveranstaltungen und Saufgelage sind eine ekstatische Demonstration der Nächstenliebe. Menschen nehmen Wildfremde mit nach Hause, geben ihnen zu Essen, einen Platz zum Schlafen und spritzen sie naß, um sie am nächsten Morgen wieder loszuschicken, ohne sich daran zu erinnern, aus welchem Land ihre Gäste kamen. Es gibt kaum einen Unterschied zwischen Morgen und Abend. Männer und Frauen säumen die Straßen und bespritzen die Passanten. Wasserbomben werden aus Autos geschleudert und durchweichen ahnungslose Fußgänger. Pat und ich laufen triefnaß herum und begrüßen freundliche Fremde auf dieselbe Art, wie sie uns: indem wir sie naßspritzen. Manchmal ist das Wasser mit Blumenduft parfümiert oder mit Talkumpuder vermischt, mit dem die

Menschen sich gegenseitig verschmieren. Und so streunen wir umher, weißgestreifte Einheimische, die meilenweit gegen den Wind nach Jasmin stinken.

Am Ende des Tages ertrage ich den Lärm und das Gedränge auf den Straßen nicht länger und gehe hinauf zum Hotel, um mein Wasserpensum mit einer Runde im Pool abzurunden. Bevor ich hineinspringe, gießt mir einer der Hotelangestellten, der mich kennt, ein Glas Eiswasser über den Rücken.

30. April

Meine Rückkehr nach Denchai ist nichts Besonderes. Als er mich die Yantrakitkosol heraufkommen sieht, meinen Rucksack prall gefüllt mit Schätzen aus der Großstadt, nimmt Paw Sutape seine Zigarette aus dem Mund und spuckt auf die Straße. Ich begrüße ihn mit »*sawatdeeka*« und einem respektvollen, wenn auch ein wenig mißglückten *wai*. Er grunzt, folgt mir in den Laden und teilt mir, als ich die Treppe hinaufsteige, mit, daß der Vorsitzende des Rotary Clubs – sein Bruder – mich sofort zu sprechen wünsche. Ohne auszupacken und noch schmutzig von der Reise, mache ich mich auf den Weg.

Denchai schlummert in der Mittagshitze, kleiner, staubiger und stiller nach dem Tumult in Bangkok und Chiang Mai. Es kommt mir vor, als wäre ich nicht nur ein paar Wochen, sondern Monate fort gewesen. Die lokkere familiäre Atmosphäre hier ist noch tröstlicher als in meiner Erinnerung. Der Fluß unter der Brücke ist zu einem Rinnsal geschrumpft, das ein kaum vernehmbares Willkommen plätschert. Die *chong-nang*-Blumen entlang der steilen Ufer sind leuchtender und recken ihre purpur-weißen Blüten gen Himmel. Hühner und Hunde sind unverändert. Sie picken und hecheln mit der gewohnten Lustlosigkeit im Staub. Die verwitterten Fassaden der Geschäfte sind mir so vertraut wie Großeltern. Händler blinzeln über den Rand ihrer Zeitung hinweg, nehmen ihre Lesebrille ab und begrüßen mich. »*Aie*, wir dachten, du kämst nicht mehr wieder.« »Seht doch, der Glasvogel ist zurück, die *falang* ist wieder da.« »Ah, Kalen! Wir dachten, du wärst zurück in dein Land gereist.« »Wir dachten, du wärst nach Bangkok durchgebrannt, um einen reichen Mann zu heiraten.« Die letzte Bemerkung liegt gar nicht so weit daneben, aber ich erkläre allen, daß ich nur ein wenig herumgereist wäre. Sie laden mich zum Essen ein, wie es Brauch ist, aber ich lehne dankend ab.

Der Empfang, den mir der Vorsitzende des Clubs bereitet, ist weniger herzlich. Es sind noch drei andere »Väter« mit ernsten Gesichtern da. Der Rotary Club ist beleidigt wie ein Fünfjähriger. Ich bin so lange fort gewesen, daß ich Denchai vergessen habe, ich habe mich in der Großstadt aufgeführt wie ein wildgewordener Ausländer, ich besitze kein *greng jai*, eine einzigartige thailändische Eigenschaft, für die es keine korrekte Übersetzung gibt. Das Wort wird in verschiedenen Zusammenhängen benutzt. Es bedeutet Höflichkeit, Respekt, Rücksichtnahme; es ist eine Schande, kein *greng jai* zu besitzen. Gerunzelte Stirne, düstere Blicke und mißbilligendes Zungenschnalzen. Ich schleiche hinaus, erfüllt von einer seltsamen Mischung aus Empörung und Gewissensbissen. Meh Dang springt vom Boden auf (sie ist gerade dabei, Ananas zu hacken) als ich niedergeschlagen die Restaurantküche betrete. »Ich dachte, du wärst auf Nimmerwiedersehen verschwunden!« ruft sie und umarmt mich stürmisch.

»Aber Meh Dang«, murmele ich an ihrer Schulter. »Ich bin doch nur drei Wochen weg gewesen.«

»Drei Wochen sind der Beginn einer Ewigkeit!« ruft sie, theatralisch wie eh und je, und zieht mich in die Küche, um sich den Bericht meiner Abenteuer anzuhören. Als ich ihr von der Schelte erzähle, die ich gerade über mich habe ergehen lassen müssen, tritt ein sonderbarer Ausdruck auf ihr Gesicht. Sie stellt eine Schüssel mit Eiscreme vor mich und kichert. »Ich wußte, daß das passieren würde. Ich habe es Paw Teerug gegenüber erwähnt, du kannst ihn fragen. Kalen, damit mußtest du rechnen. Du weißt doch, daß Frauen hier nicht allein reisen dürfen, nicht einfach mit einem Koffer für drei Wochen verschwinden können. Das gehört sich nicht.«

»Aber sie haben es doch erlaubt; sie haben mich doch gehen lassen.«

Sie lächelt schief. »Was hat denn das damit zu tun? Ihre Erlaubnis ändert nichts an den Gebräuchen.«

Später spielen Beed und Samat zum Trost chinesisches Schach mit mir. »*Hoo-a gow*«, sagen sie über gewisse erboste Männer. »Sie haben alte Köpfe, sie denken nicht in der modernen Art. Mach dir ihretwegen keine Sorgen. Das geht vorüber.«

Beeds Vater zeigt mir einen neuen Vogel. Ich bin nicht so enthusiastisch wie sonst. Er lacht. »Aie, aie. Du machst dir also tatsächlich Sorgen. Wie dumm. Verstehst du denn nicht? Sie sind alte Männer. Du bist eine junge Frau. Du brauchst dich vor ihnen nicht zu fürchten. Wahrscheinlich fürchten sie sich vor dir! *Mai pen lai!*«

Wie gewöhnlich endet alles mit diesen drei Silben. Ich gehe zum Tee zu Paw Prasit und sehe ihm dabei zu, wie er an seinem Arbeitstisch mit einer Zange, die aussieht wie die Vorderbeine eines silbernen Insekts, Saphire schneidet. Der Eindruck wird durch die dicken Gläser auf seiner Nase verstärkt – damit sieht er aus wie eine Fliege. Er ist der buddhistischste aller Rotary-Mitglieder, gelassen wie eine Katze in der Sonne, seit jenem ersten Tag in Phitsanulok, als die Gibbons mich ankreischten, ist er nur noch um meine Sicherheit besorgt. »Aah, Kalen, beruhige dich. Die anderen Clubmitglieder sind nicht wirklich böse auf dich, sie haben sich nur Sorgen gemacht.«

»Aber ich habe doch zu Hause angerufen: jeder wußte, wo ich war.«

Er schiebt sich die Vergrößerungsgläser in die Stirn und reibt die verschwitzten Augen. »Ja, ja, aber das ist nicht dasselbe wie dich zu sehen. Jetzt bist du wieder hier. Wir können deine Stimme hören. Wir wissen, daß es dir gut geht. Du lächelst. Wir wissen, daß du glücklich bist. Das ist wichtig. Komm heute abend zum Clubdinner und sing ein Lied. Dann ist alles wieder gut.« Er lacht leise, setzt die Brille auf und konzentriert sich wieder auf seine Edelsteine.

NEUNTES KAPITEL

2. Mai 1987

In den nächsten Tagen stelle ich fest, daß mehrere Frauen Denchai für ein paar Wochen verlassen haben – mit ihren Ehemännern. Sie sind zu ihren Eltern in fernen Städten gereist, zu Verwandten oder an ihren Geburtsort. Obwohl Dow und Ältere Schwester Pla sich um Paw Sutape kümmern, bin ich sicher, daß die schlechte Stimmung im Laden etwas mit Meh Somjits Abwesenheit zu tun hat. Sie ist in Bangkok. Paws Grunzen ist weniger ausdrucksstark als sonst.

Pla unterbricht ihre Buchhaltungsarbeit einen Augenblick, um schnell Reis, gebratenes Gemüse und Hühnchen im Restaurant nebenan zu besorgen. Ohne Meh Somjit und die kleinen Kinder schlingen wir das Abendessen schneller als gewöhnlich herunter und gehen unserer Wege. Pla ist sehr still für ein Thai-Mädchen, sehr ernst, wohl der einzige ständig unglückliche Mensch, den ich hier kenne. An den Wochenenden gehen wir oft zum Kloster, um uns mit den Mönchen zu unterhalten – nicht über buddhistische Theorien, sondern über ganz alltägliche Probleme. Sie lebt nicht gerne bei ihrem Verwandten Paw Sutape. Wenn sie nicht in Prae Buchhaltung studiert, arbeitet sie im Laden, sogar an den Wochenenden, und er zahlt ihr nicht genug – etwa vierzig Dollar im Monat. Sie vermißt ihre Familie in Chiang Rai.

Dow, die eigentliche Buchhalterin, kommt nur sporadisch vorbei, um Pla zu besuchen und im Laden zu helfen; sie ißt nicht mehr mit uns und hilft auch nicht mehr beim Spülen wie früher. Seit Tagen ist sie sehr still und starrt oft in die Luft, so als würde sie die trägen Bewegungen der Fliegen studieren. Noch seltsamer ist die Atemlosigkeit, die sie manchmal überkommt. Dann fächert sie sich Luft zu und spritzt sich hinter dem Haus Wasser ins Gesicht. Natürlich gibt es einen Grund für dieses ungewöhnliche Verhalten. In einer Woche wird sie Hoem heiraten, einen Verwandten von Paw Sutape. Er kommt regelmäßig zum Abendessen. Ich bin ihm mehrmals begegnet, aber es hat nie irgend etwas darauf hingedeutet, daß er und Dow verliebt wären. Ach, Moment – einmal hat er ihr geholfen, den Tisch abzudecken und ihr eine Serviette gebracht. Davon abgesehen dachte ich, daß sie sich kaum kennen.

Wenn Pla mir von der Hochzeit erzählt, bleibe ich skeptisch. Ich sehe und rede mit so vielen Frauen hier, die frustriert sind in ihrer Ehe, aber die weibliche Fähigkeit besitzen, lächelnd durchzuhalten. Eine Lehrerin in Prae, deren Mann noch eine andere Frau und ein Kind hat, sagt immer: »Aber ich bin glücklich, weil ich wenigstens nicht in Kamputschea lebe.«

4. Mai

Wie jeder, der verliebt ist, suche ich nach Entschuldigungen für Thailands Fehler und ignoriere sie weitestgehend. Meh Somjit ist jedoch aus Bangkok zurück und zeigt sie mir ständig auf, hebt die Makel hervor, die allen Kleinstädten eigen sind. Sie flüstert ihre Tiraden, während wir hinter dem Haus Gemüse putzen. »Wie die Menschen in Denchai tratschen! Es ist so ermüdend. In Krung Thep kann man tun, was einem gefällt. Niemand schert sich darum, ob man Schwarz trägt, der Rock nicht ganz bis zum Knie reicht oder man gerne tanzt.« Meh Somjit tanzt liebend gern, aber Paw Sutape sagt: »Diese Dinge sind etwas für Kinder und unschickliche Frauen.« Sie hockt auf dem Boden, schneidet Blumenkohl in Scheiben und sieht zu mir auf, mit Augen, die so groß und klar sind, daß ich mich in ihnen spiegle. Ich habe Angst, daß sie sich einen Finger abtrennt. »Ich vermisse Krung Thep. Ich vermisse die Straßen und meine Familie. Ich vermisse die *klongs*, in denen meine Schwester lebt.« Dann hören wir das Klatschen von Paw Sutapes Sandalen sich der Küche nähern. »Es ist schrecklich heiß, nicht wahr?« fragt Meh. »Aber es wird bald anfangen zu regnen, keine Sorge.« Seine Schritte entfernen sich wieder.

Sie verteidigt ihn. »Er kann nichts dafür, daß er so ist. Er stammt aus einer sehr alten Familie. Er ist kein schlechter Mensch.« Sie versucht, mich zu überzeugen. »Er macht nicht mit anderen Frauen herum wie andere Ehemänner. Ich bin seine einzige Ehefrau. Und er liebt seine Kinder.«

Ich weiß nicht, wie man »Oger« auf Thailändisch sagt, aber, Meh, du hast einen geheiratet, einen Troll! Auch wenn ich die entsprechenden Worte kennen würde, würde ich sie nicht sagen. Ihr Leben ist festgelegt, und sie hat genug, mit dem sie fertig werden muß. Sie muß die Suppe auslöffeln. Ajahn Champa hat einmal gesagt: »In Thailand kommt es nur selten vor, daß eine Frau ihren

Mann verläßt, es sei denn, er prügelt die Kinder. Das ist so ziemlich der einzige akzeptable Grund für eine Trennung.« Meh Somjit schiebt das Gemüse beiseite, füllt das Wasserbecken, schnappt sich Seife und Bürste und fängt an, Hemden zu schrubben. Ich bin etwas überrascht. Wäsche waschen gehört normalerweise zu den morgendlichen Pflichten, und jetzt ist es fast Abend. Weißer Schaum quillt aus dem Becken. Sie schrubbt immer fester und schabt dabei zweifellos Fasern aus dem Stoff. »Kwan!« ruft sie plötzlich nach ihrer Tochter, die unter den *chompoo*-Fruchtbäumen im Hof spielt. »Kwan! Komm her!« Das kleine Mädchen erscheint, Puppe in der Hand, und starrt auf seine Mutter herab, die bis über die Ellbogen mit Seifenwasser bedeckt ist. »*Fung dee-dee*, Kwan. Hör mir gut zu.« Dann konzentriert sie sich wieder auf das Schrubben. Einige Sekunden lang ist nur das Schaben der Bürste auf Stoff, das Plätschern von Wasser, das aus dem Becken auf die Steinplatten auf dem Boden klatscht, und Mehs keuchendes Ausatmen bei den Abwärtsstrichen zu hören. Ihr Haar löst sich und fällt ihr ins Gesicht.

Sie hält inne und lehnt sich in der Hocke zurück, die triefenden Arme über die Knie ausgestreckt. »Kalen, du hast solches Glück. Du bist so frei. Das hier ist ein so beengter Ort. Nur der Laden und die Kinder und sonst nichts. Du kannst fortgehen. Du kannst tun, was du willst. Du weißt gar nicht, wie kostbar diese Freiheit ist.« Wir sind alle drei sehr still.

Kwan blickt von mir zu ihrer Mutter und schließlich zu der Seifenlauge. »*Meh, ka?*«

Meh setzt zu einer Erwiderung an, aber Paws Schritte lassen uns das Thema wechseln. Er hat einen Riecher dafür, wenn Unzufriedenheit und Ärger in der Luft liegen, wenn Meh zu viel Zeit mit mir verbringt: ich bin weiß, primitiv und man kann mir nicht über den Weg trauen. Ich weiß nicht, wo ich hingehöre. Jetzt ruft er sie in den Laden. Kwan und ich bleiben allein im Hof sitzen und zählen die Fledermäuse. Erst als der Himmel sich tiefviolett verfärbt, gehen wir hinein.

9. Mai

In den frühen Morgenstunden stehen die Frauen auf, um mit den Vorbereitungen für die Hochzeit fortzufahren. Dows Gesicht ist geschminkt und gepudert. Zum erstenmal in ihrem Leben sind ihre Nägel lackiert und ihr Haar gelockt. Gekicher und ernstes Gemurmel dringen unter Plas Tür hindurch. Um acht Uhr ist das Ladenlokal in einen Schrein von Geschenken verwandelt worden, mit Pyramiden von Brathähnchen, Enten und Orangen. Es sind zweiunddreißig Grad, als die Hochzeitszeremonie beginnt – unsere guten Kleider sind bereits feucht. Über einhundert Menschen bilden lange Schlangen auf der Straße. Wir ziehen rufend und singend zu Dows Haus, wo alte thailändische Heiratsbeamte die Rituale vollziehen werden. Menschen zwängen sich in das kleine Holzhaus – unzählige Schuhe auf der Treppe erschweren einem den Aufstieg zur Veranda. Im Inneren des Hauses stehen Männer in verhaßten Anzügen mit feierlicher Förmlichkeit herum. Frauen huschen umher, servieren Tee und *cow-tom*, Reissuppe, die Kinder geben sich Mühe, sie nicht auf ihre guten Kleider zu kleckern.

Die Zeremonie beginnt beinahe im Flüsterton. Ich kann nur undeutlich verstehen, was zwischen dem alten, die Heirat vollziehenden Paar und dem jungen Brautpaar gesagt wird. Dow und Hoem knien während der ganzen Zeremonie auf Seidenkissen vor dem alten Mann und der alten Frau. Hoem streift goldene Armbänder über Dows Arme, überreicht ihr goldene Ohrringe und befestigt eine Goldkette um ihren Hals. Hoem ist unsicher und schrecklich ernst. Als die Schließe der Kette sich in Dows Nackenhaaren verfängt, errötet er, verlegen ob seiner Ungeschicklichkeit vor so vielen Menschen. Seine Hände zittern. Dow ist ganz ruhig, ihre schwarzen Augen blinzeln kaum, und ihr bonbonroter Mund ist sehr still. Ihr Kleid ist perlmuttfarben, rosaweiß, aus schlichtem Satin mit wenigen Spitzenrüschen. Sie tauschen die Ringe aus. Die beiden alten Thais vollziehen die Riten und legen die Stoffkette über die Köpfe der Frischvermählten, um sie miteinander zu verbinden. Als sie fertig sind, verneigen sich Dow und Hoem, erheben sich halb in einer Respektsbekundung, bei der sie die Köpfe vor dem alten Paar gesenkt halten. Jetzt werden sie zum Tempel gehen, um den Segen für ihre Ehe zu empfangen und Opfergaben am Schrein abzulegen.

Alle anderen gehen hinunter in den Garten, um ein gewaltiges Frühstück zu verputzen und über die Hochzeit zu plaudern. Ich vertrage Partys nicht besonders gut, nicht einmal thailändische. Und auch die Hitze setzt mir zu; ich bin müde, weil ich während der Nacht zweimal aufgestanden bin, um zu duschen. Eine Weile beobachte ich die Kampffische in dem tiefen Teich neben dem Haus. Ihre wehenden Schwanzflossen sind purpurn, blau und dunkelrot. Die Kinder beugen sich mit Grashalmen über das Wasser und versuchen, sie zu berühren. Immer neugierig, was bestimmte Wörter betrifft, frage ich einen älteren Jungen: »Wie nennt man die?« Er mustert mich ungläubig und sagt leise: »Fische, natürlich.«

»Meh Somjit.« Ich beuge mich herab und flüstere ihr ins Ohr. »Ich habe entsetzliche Kopfschmerzen.« Sie verdreht die Augen und sagt: »Ich auch. Sollen wir nach Hause gehen?« Eine thailändische Hochzeit dauert von morgens um acht bis nachts um zwei, mit kurzen Unterbrechungen zum Umziehen am Nachmittag. Meh sagt, daß ihr Falang-Hochzeiten besser gefallen. »Sie sind so viel schlichter, nicht wahr? Nur Braut und Bräutigam, die den Kirchengang hinuntergehen, und hinterher eine kleine Feier. Nicht dieses ganze Geschrei.«

Zwei Stunden später, als ich nackt auf dem Bett liege, und der Deckenventilator heiße Luft über meinen Körper bläst, verstehe ich, was sie meint. Das Gekreische thailändischer Mädchen hallt in meinen Ohren wider. Sie nähern sich vom Laden und erreichen den zweiten Stock, ehe mir aufgeht, daß sie zu mir wollen. »Die *jowsow* kommt, die *jowsow* kommt«, rufen sie und stampfen mit den Füßen auf die hölzernen Treppenstufen. Die Braut kommt? Jetzt? Gestern hat Meh mir erzählt, daß Dow und Hoem ihre Hochzeitsnacht in meinem Zimmer verbringen würden, weil Hoem zu weit von Denchai entfernt lebt, um nach der Hochzeit noch nach Hause fahren zu können. Aber sie hat mit keinem Wort erwähnt, daß die Hochzeitsnacht am Nachmittag stattfinden soll.

Ich finde es immer noch frustrierend; in Thailand weiß ich im Gegensatz zu allen anderen nie, was als nächstes passiert. Ich ziehe mir hastig das Kleid über den Kopf, stopfe meine schmutzigen Sachen in den Schrank, wische mit einer einzeln herumliegenden Socke über den Tisch und versuche, die Flaschen Talkumpuder und Körpermilch zuzuschrauben. Die Mädchen rennen jetzt hysterisch kichernd draußen vor meiner Zimmertür herum. »Nur noch eine Minute, nur eine Minute«, rufe ich, knöpfe mein Kleid zu und suche fieberhaft nach meinen Schuhen. Als ich die Tür öffne, sind Dow und Hoem bereits auf der Treppe, gefolgt von einer kleinen Armee. Die kleinen Mädchen spannen eine Goldkette quer über den oberen Treppenabsatz. Braut und Bräutigam »durchbrechen« gemeinsam die Schranke. Ich springe aus meinem Zimmer. Das gleiche Ritual wird an der Tür wiederholt. Als sie mein Zimmer betreten, brechen die Hochzeitsgäste in lauten Jubel aus. Paw Sutape jodelt sogar. Ich meine, es ist nicht nur irgendein Geheul – er jodelt. Thailänder können Schweizer Bergsteiger unter den Tisch jodeln. Sie stimmen alle in das wahnsinnige Jodelkonzert ein, während die Frauen das riesige Bett mit frischen Laken beziehen.

Es stellt sich bald heraus, daß die Laken zu klein sind. Die Frauen ziehen und zerren, aber immer wieder löst sich eine Ecke. Langsam läßt die Begeisterung der Männer für das Jodeln nach, und sie stapeln ihre Jacketts zu einem ordentlichen Haufen. Wir schwitzen jetzt alle. Ich bemerke zwei Slips, die aus meinem Kleiderschrank heraushängen, und vergehe fast vor Scham. Die Gäste drängen sich um das Bett und schlendern plaudernd zwischen den Kisten im dritten Stock umher. Vor den Fenstern flattern Spatzen. Dow und Hoem stehen recht verlegen beieinander. Dows Lippenstift glänzt noch, als hätte sie die Lippen nicht mehr zusammengepreßt, seit er aufgetragen wurde. Hoem ist schweißgebadet und zerrt an seinem Kragen, lächelt jedoch jetzt. Wie kann ein Mann inmitten orientalischen Gejodels ernst bleiben? Als wir uns gerade fragen, ob das Laken von dem Herumgezerre zerreißen wird, hält es. Alle jubeln und streuen frische Rosenblütenblätter auf das Bett, bis es mit einem tiefroten Blütenteppich bedeckt ist. Dann folgt ein glitzernder Münzenregen, der den Wohlstand des Paares sichern soll. Die Männer grölen und reden Dow und Hoem gut zu. Die errötenden Frischvermählten legen sich gemeinsam auf das Bett aus Blütenblättern und Silber. Sie küssen einander einmal ganz schnell, zum ersten und möglicherweise letzten Mal öffentlich. Die Hochzeitsgäste jubeln. Endlich ziehen sich alle aus dem Zimmer zurück und steigen die Treppe hinunter.

Meh, Pla und die Kinder legen sich schlafen. Paw feiert mit den anderen Männern und Johnny Walker weiter. Ich verbringe den restlichen Nachmittag schwitzend vor dem Fernseher und sehe mir einen sentimentalen thailändischen Streifen an, ganz benommen vor Müdigkeit und Hitze. Ich träume von Kanada, wo eine Seite des Kopfkissens immer angenehm kühl ist und niemand auf die Idee kommt, in einem fremden Schlafzimmer zu heiraten.

Am Abend, nachdem wir uns sogar noch festlicher zurecht gemacht haben, paradieren wir durch Denchai zum offenen Festlokal neben dem Marktplatz. Die Party ist bereits in vollem Gang, mit Musikern, acht verschiedenen chinesischen Gerichten und so viel Meh Kong Whisky, wie die Männer trinken können. Ich bin den *sunook* – ausgelassenen Spaß – langsam leid und lächle maskenhaft. Ich verstehe nicht, was ich hier soll, warum ich mir hier mein Make-up vom Gesicht schwitze, blecherne Musik anhöre und über schlechte Witze lache. Ich mache das Beste daraus und esse zu viele geröstete Cashewkerne. Nach dem Essen werden Gelächter und Musik weniger, und die Gäste fangen an, sich zu verabschieden. Dow ist fix und fertig, und Hoem sieht zwar zufrieden, aber ebenfalls übermüdet aus. Die Männer wollen tanzen, aber ihre Frauen sind zu müde; Kinderarme haben sich um Mütterhälse geschlungen und lassen nicht mehr los. Wir haben alle genug vom Feiern und wollen nur noch baden und ins Bett. Es ist fast zwei Uhr früh. Schließlich packen auch die Musiker ihre verstimmten Gitarren und Synthesizer ein.

Während ich ihnen zusehe, kriecht ein Junge unter der Bühne hervor. Fast gleichzeitig springt ein anderer über den Marktzaun, und ein älterer Junge taucht inmitten der leeren Tische auf. Er verteilt Tüten an die kleineren Jungen und sendet sie in verschiedene Richtungen aus. Alle drei sind Drachenkinder – Kinder aus den Randbezirken der Stadt, deren Drachen aus Zeitungspapier sind. Den ältesten von ihnen kenne ich, weil er als Fahrgeldkassierer für die *songtows* von Prae arbeitet. Er hat immer ein schiefes, abwesendes Lächeln auf dem Gesicht. Ich sehe zu, wie sie die Tische abklappern und übriggebliebene Speisen, Hühnerknochen und Reisklumpen in ihre Tüten füllen, Cola und Orangenlimonadenreste aus den Gläsern trinken und die Tische leerräumen. Nur einmal begegne ich dem Blick des Jungen. Er schüttelt den Kopf, verunsichert und verlegen; ich lächle, wende mich jedoch ab, bevor er das Lächeln erwidern kann. Vielleicht kann er seine Würde nur wahren, wenn ihm niemand zusieht.

13. Mai

Manchmal geht am Nachmittag ein Hauch von Regen nieder. Das Land kühlt ab, seufzt heißen Dampf aus und schläft wieder ein. Die Hitze nimmt während der Schauer nicht ab, aber die Erde streckt sich unter ihnen und verliert ein wenig von ihrer Trockenheit. Ich habe seit Monaten keinen richtigen Regen mehr erlebt – seit meiner Ankunft hier. Logik, die Erdkrümmung und der Kalender sagen mir Entsetzliches. Die Katze im Hof ist wieder trächtig, ihr Bauch eine pralle Kugel voller Kätzchen. In meinem Schlafzimmer entdecke ich ein paar Babyeidechsen, die noch zu jung sind, sich angemessen vor mir zu fürchten. Ich kann sie ohne größere Mühe in die Hand nehmen. Eine von ihnen ist so klein und von so hübscher grüner Farbe, daß ich versucht bin, sie in einem Buch zu pressen und zu trocknen wie eine Blume.

Die Jahreszeiten wechseln sorglos. Die neuesten Delikatessen auf dem Markt sind die vielen verschiedenen Sorten Mangos und süßer Reis. Wespen hocken träge in Tüten mit Ananas und lecken unersättlich an dem süßen gelben Saft. Ich wandere durch die Stadt und rede mit Menschen, die ich im vergangenen Monat nicht gesehen habe. Seit ich hergekommen bin, ist die Zeit noch nie so schnell vergangen.

17. Mai

Heute plärrt wie jeden Morgen um sechs vom Polizeirevier die Nationalhymne hinaus auf die Straße. Dem Brauch folgend, macht jeder, der vorbeifährt oder -geht, halt und nimmt Haltung an. Ich hingegen sitze auf Meh Dangs Fahrrad ohne Bremsen. Ich rausche an drei oder vier Autos vorbei und summe »Lucy in the Sky with Diamonds«, bis mir bewußt wird, welche Uhrzeit wir haben. Ich lasse die Füße über den Boden schleifen und komme vor dem Revier zum Stehen. Vier Beamte auf der Terrasse beugen sich über das Geländer und lachen.

Solche kulturellen Patzer passieren mir immer wieder, aus reiner Gedankenlosigkeit. Letztens habe ich auf dem Rückweg von Prae einige Münzen fallen lassen und reagiert wie ein *falang*, wenn ein Geldstück über den Boden rollt: ich habe den Fuß ausgestreckt, um auf die Münze zu treten. Aber eine solche Reaktion ist unthailändisch. In Thailand ist auf jeder Münze das heilige Antlitz König Bhumibols. Man tritt nicht mit einem unheiligen Fuß auf den Kopf des Königs. Als ich mich bückte, um das Fünf-Bath-Stück aufzuheben, verstummten alle Unterhaltungen im *songtow*. Ich ohrfeigte mich in Gedanken, nahm das Geldstück und entschuldigte mich bei dem königlichen Bildnis, indem ich die Münze zwischen den Händen hielt und mich verneigte. Ein älterer thailändischer Bauer schnaubte vernehmbar. Diese *falangs*, hörte ich ihn denken, was für *Barbaren*.

22. Mai

Die Schule hat wieder angefangen, und die Wiederaufnahme der Lernroutine ist mir willkommener, als ich erwartet hatte. Es ist schön, wieder in Nareerat zu sein, mit Ajahn Champa, Peroontip, Yupa und Glanjanaa. Meine thailändische Leselehrerin, Sangkaya, hat mir ein neues Übungsbuch mitgebracht. Ich kann die Sprache inzwischen tatsächlich lesen, wenn auch langsam und fehlerhaft wie ein kleines Kind. Die Schüler sind wie immer aufgeregt wegen des beginnenden neuen Schuljahres, und noch beklagen sie sich nicht über die Hausaufgaben. Jeder hat etwas zu erzählen, was er in diesem Sommer erlebt hat, und ein kräftiger Puls angeregter Gespräche schlägt in der Luft.

Ich habe in diesem Jahr einen vollen Stundenplan neuer Fächer, eins davon übersteigt vollkommen meine Fähigkeiten: Recht. Es gibt zu viele formelle, abstrakte Worte, deren Laute ich einfach nicht richtig wiedergeben kann. Es gibt verwirrende historische Präzedenzfälle, von denen ich nichts weiß, da ich an diesem Unterricht im vergangenen Jahr aufgrund mangelnder Sprachkenntnisse nicht teilnehmen konnte. Es ist ein schwieriges, anstrengendes Fach, und ich kann die Begleittexte einfach nicht lesen. Ich nehme nur wegen dem Lehrer daran teil.

Ich kenne nicht einmal seinen richtigen Namen – er ist zu lang, um ihn auszusprechen. Während des Unterrichts nennen wir ihn einfach Ajahn. Die anderen Mädchen haben ihm den Spitznamen Tiger gegeben, weil er außergewöhnlich spitze und lange Eckzähne hat. Er ist sehr dunkelhäutig, ein Südthailänder, und er trägt Anzüge aus Bangkok. Er ist sehr groß für einen Thailänder. Um etwas zu untermauern, wölbt er die linke Braue oder schnippt mit den Fingern. »Er ist zu ... charismatisch«, zischt Ajahn Champa. »Zu temperamentvoll.« Der alte weiße Adler – unsere Schuldirektorin – nimmt Anstoß an seinem mangelnden Respekt vor Formalitäten und an seinen gewagten Ideen. Ich weiß nicht viel über seine Ideen, aber er versteht es, Witze zu erzählen, während er mit blitzenden Zähnen vor der Tafel auf und ab geht. Die Männer, die gegenüber von Meh Dangs Restaurant Reissäcke abladen, könnten seine Brüder sein. Diese Männer tragen keine Leinenanzüge; sie stechen Haken in Sackleinen und hieven die schweren Säcke mit nackten Armen und Rücken herunter. Wenn sie auf ihrer Ladung thronend mit dem Lastwagen auf dem Highway in die Stadt gerast sind, sind sie windzerzaust und hellwach, und ihre schwarzen Augen blitzen. Der Tiger hat die gleichen markanten Züge, aber er weiß mehr über seine historischen Präzedenzfälle. Die meisten Lehrerinnen finden ihn unattraktiv. »Er ist zu dunkel«, meint Peroontip, die von allen um ihre blasse Hautfarbe beneidet wird. Glanjanaa, die inzwischen hochschwanger ist, murmelt: »Er ist ein Wolf. Ich würde nicht in einem Wagen mit ihm fahren wollen.« Sangkaya räuspert sich. »Wer würde schon einen Mann wie ihn heiraten? Seine Haut ist schwarz, er ist zu dürr, und er hat diese häßliche Narbe.« Vor langer Zeit hätte der Tiger beinahe ein Auge verloren; eine Narbe zieht sich vom äußeren Rand seiner Wimpern bis unter seinen Wangenknochen. Yupa, die jüngste Lehrerin unter Ajahn Champas Leitung, klappt ein Wörterbuch zu und steht auf. Aufgeregt ruft sie auf Englisch: »Ich habe es gefunden! Ich habe die richtige Bezeichnung für den Tiger gefunden. P-I-R-A-T. Wie spricht man das aus?«

»Pirat.«

»Pirat«, probiert sie. »Pirat, Ja, das ist die perfekte Bezeichnung.« Sie stellt das Wörterbuch zurück an seinen Platz, wirbelt herum und ergreift in einer theatralischen Geste meinen Arm. Yupa hätte Schauspielerin werden sollen. Mit den Wimpern klimpernd sagt sie ernst: »Meine Liebe, ich denke, du solltest ihn besser nicht mit nach Kanada nehmen. Man würde ihn nicht einreisen lassen. Er sieht aus wie ein PIRAT! Oh! Wie traurig!« Die anderen Lehrerinnen klatschen lachend Beifall.

Lachend schüttle ich Yupas Hand ab. »Natürlich würde man ihn einreisen lassen.« Dann, nach einer kurzen Pause, sage ich. »Aber wer sagt denn überhaupt, daß ich ihn mitnehmen will?«

»Aaaaah!« Peroontip kichert und spricht Thailändisch. »Kalen ist in die Grube der Liebe gefallen.« Ich räuspere mich, verdrehe die Augen und haste, meine johlenden Lehrerinnen zurücklassend, zum Unterricht.

Er ist gar kein Pirat, er hat nur ... Persönlichkeit. Piraten benutzen kein Paco-Rabanne-Rasierwasser. Leider stimmen die meisten Schüler mit den Lehrern überein (die dicke Siphon sagt, er sähe aus wie ein lächelnder Dämon), aber wenn sie ihn auch nicht attraktiv finden, so können sie ihm doch nicht in die Augen sehen. Wenn er einen halben Meter von einem Mädchen entfernt ist, wenn er ihm eine Frage stellt, errötet es, fängt an zu kichern und verbirgt schließlich sein Gesicht in einem Nest aus Fingern und Papier. Unglücklicherweise hat er auf mich fast die gleiche Wirkung, und da ich so hellhäutig bin, fällt mein Erröten noch mehr auf als bei einem Thai-Mädchen. Wenn er mir eine Frage stellt, die ich nicht beantworten kann, oder mich zu einem Kommentar auffordert, mit dem ich nicht dienen kann, zerfließe ich beinahe vor Scham. Ich weiß, ich weiß, ich entwickle mich rückläufig. Zum erstenmal, seit ich elf war, bin ich verknallt. Ich träume von meinem Jura-Lehrer. Das Ganze ist so demütigend.

26. Mai

Ich fahre auf Meh Dangs klapprigem Fahrrad raus auf die Felder und hoffe, daß die Reifen die Wagenspuren und Pfützen überstehen. Die Räder ächzen bereits von der Anstrengung. Ich bin etwa eine Stunde von Denchai entfernt, wohltuend verloren in einem Lehmlabyrinth von Feldwegen. Wenn jemand wüßte, daß ich regelmäßig herkomme, würde man mich anbinden. Meh Somjit glaubt, daß ich mit Ajahn Ramyong im Kloster bin. Es ist schon sonderbar genug, daß ich gern allein in meinem Zimmer sitze und ein Buch lese, aber ganz allein auf den Feldern zu sein ist schier undenkbar. Ich radle an vereinzelten Höfen und Obstgärten vorbei. Meine Schienbeine sind mit demselben roten Staub bedeckt, der hinter dem Fahrrad aufwirbelt.

Stille durchströmt das flache Tal, nur unterbrochen von meinem Vorbeifahren. Ein kleines Dorf, durch das ich fahre und das nur aus einigen Häusern besteht, schläft bis auf drei Kinder. Menschen schnarchen in Hängematten, die zwischen Bäumen und Lastwagenstoßstangen gespannt sind; dösen auf Bänken, hölzernen Diwanen und gewobenen Matten. Nur die Kinder haben genügend Energie, sich zu rühren. Als ein kleiner Junge mich entdeckt, blinzelt er, öffnet den Mund und stößt seine Schwester an. Ich radle näher und näher. Er starrt mich staunend an, als sähe er eine Fata Morgana. »Wer ist das?« fragt er seine Schwester.

»Das ist ein *falang!*«

»Ein *falang!*«

Als ich an ihnen vorbeifahre, höre ich die ältere Schwester sagen: »Es ist ein Mädchen.« Sie schweigen, bis ich ein ganzes Stück weitergefahren bin, aber dann höre ich ihr Gelächter hinter mir. Nachdem ich die Häuser hinter mir gelassen habe, fange ich wieder an zu zählen. Bei zwanzig verliere ich den Überblick über die toten Schlangen; jetzt zähle ich nur noch Skorpione, Kröten und Frösche. Sieben schwarze zerquetschte Skorpione, sechs zermatschte Kröten, zwei tote Frösche und ein lebendiger. Es gibt zu viele Wasserbüffel, sie zu zählen. Sie verschwinden beinahe völlig in Schlammlöchern, tauchen ihre massigen Körper unter und bleiben unsichtbar, bis ich auf einer Höhe mit ihnen bin. Nur ihre langen Hörner verraten sie. Diese Tiere sind so pazifistisch, so buddhistisch, so Thai. Sie heben nicht einmal den Kopf, wenn ich ratternd vorbeiradle. Sie meditieren beim Wiederkäuen.

Heute sind die Berge dunkelblau, aber klarer als während der ganzen vergangenen Jahreszeit, jeder Hügel, jede Schlucht und jede Felswand ist deutlich auszumachen. Wenn ich fünf Minuten kräftig in die Pedale träte, könnte ich den Rand des Tales erreichen und am Fuß einer dieser blauen Riesen stehen. Der Himmel ist nicht länger die seelenlose Weite, die er während der Trockenzeit war, sondern wieder ein tiefer Ozean. Ich bin in der Sonne; dann, innerhalb von nur einem Atemzug, bedeckt mich ein gewichtsloses Schattensegel, meine Augen werden überschattet, und eine Wolke zieht vorbei. Ich radle noch schneller, und der Himmel verändert sich. Sonnenstrahlen fallen wieder auf mein Gesicht und blenden mich. Dieser Wettlauf mit den Wolken setzt sich fort, bis mir schwindlig wird. Ich werde müde von der Jagd nach Sonnenlicht.

In der Mitte eines trockengelegten Reisfeldes spricht eine alte Frau fröhlich mit ihren Kühen. An ihren Schulterstangen hängen schwere Wassereimer. Wir entdecken einander etwa zur selben Zeit und heben synchron eine Hand zum Gruß. Sie stellt die Eimer ab und kommt langsam über das stoppelige Feld auf mich zu. Ich lasse die Füße über den Boden schleifen. »Wohin willst du?« fragt sie. »Was machst du hier draußen?« Sie ist überrascht, mich zu sehen.

»Ich sehe mich nur um.« Ich blicke die Straße hinunter und hinauf. Sie lacht. Zwei buckelige gelbbraune Kühe kommen herbei und stupsen sie an. Sie schiebt sie fort.

»Hast du denn keine Angst?«

»Wovor? Den Kühen?«

»Nein, nein, Tochter, nicht vor den Kühen.« Wieder schiebt sie eine ihrer aufdringlichen Freundinnen fort. »Komm mit zu meinem Haus. Ich gebe dir etwas Wasser und Orangen.« Ich lasse das Fahrrad am Reisfeld zurück und gehe zu Fuß mit ihr zu einem kleinen Wäldchen. Im Inneren versteckt sich ein kleines Dorf aus alten Häusern und Ausläufen mit defekten Zäunen. Am Haus der alten Frau angelangt, warte ich unter dem Haus, während sie allein hinaufsteigt. Drei kleine Jungen in den Bäumen ringsum schießen mit Steinschleudern Mangos herunter. Sie sind alle um die sechs Jahre alt, mit aufgeschürften Knien und fehlenden Schneidezähnen. »Meine Enkel«, sagt die Frau, als sie mit Wasser und Orangen zurückkehrt. Die Mütter der Jungen kommen aus ihren Häusern, um mich zu begrüßen. Eine junge Frau zeigt mir stolz ihr Baby, hält es hoch in die Luft und singt ihm etwas vor. Wir setzen uns in den Schatten unter dem Haus und reden von Kanada, der Reisernte und Eis. Einer der Jungen kann einfach nicht glauben, daß es möglich sein soll, im Winter über einen ganzen See zu laufen. »Aber wie wird das Wasser so hart?« fragt er, mit den Fingerknöcheln auf den Boden klopfend.

Untereinander sprechen sie den nördlichen Dialekt. Die Hälfte davon verstehe ich in dem melodiösen Singsang und den sprachlichen Schnörkeln nicht. Die Mütter der Jungen bringen *som-tam* und einen warmen Korb mit klebrigem Reis. Wir verbringen den Rest des Nachmittages mit essen, reden und singen. Die Jungen zeigen mir ein Spiel, das *Jacks* ähnelt, bei dem aber Steine und Münzen benutzt werden. Es ist immer wieder demütigend, mit Kindern zu spielen, die so geschickt sind wie Gehirnchirurgen. Ich weiß nicht, wer wer ist, welches Kind zu welcher Frau gehört, welche Frau die ältere Schwester, Tante oder Kusine zweiten Grades der anderen ist. Die Kinder nennen alle Frauen »Mutter«, und jede Frau spricht die anderen mit »Schwester« an. Die Großmutter zeigt mir den Speicher ihres Hauses und die vielen Reiskörbe. Nachdem der Reis auf den Feldern gedroschen wurde, lagern sie ihn in riesigen bootsförmigen Körben. Der Überschuß wird in Säcke gefüllt und auf den Märkten von Denchai oder Prae verkauft.

Im Haus riecht es nach Zitronen und Mandarinen. Die alte Frau, ihre Tochter, ihr Schwiegersohn und ihre Kinder leben in zwei schlichten Holzzimmern, jedes ist mit einem Bett aus Matten und einigen Regalen ausgestattet. Gekocht und gewaschen wird auf einer offenen Veranda, die von Mangobäumen eingefaßt ist. »Wir haben alle Mangos gepflückt, an die wir heranreichen konnten«, sagt die Frau. Es ist wie ein Baumhaus.

Als es anfängt zu regnen werde ich eingeladen, zu bleiben und ein Schläfchen zu halten, bis der Schauer vorübergezogen ist, aber ich erkläre ihnen, daß meine Familie in Denchai mich zurückerwartet. Wir steigen die Stufen hinunter. Einer der Jungen läuft davon, um mein Fahrrad zu holen. Das Baby schläft tief und fest, so daß wir flüstern, als wir uns voneinander verabschieden und ich mich erneut für die Gastfreundschaft bedanke. Als ich auf einer schmalen Straße davonradle, laufen die Jungen um die Wette hinter mir her. In einiger Entfernung mache ich halt und blicke zurück zu den Häusern, die bereits wieder vollständig von den Bäumen verdeckt werden. Das letzte Kind auf der Straße winkt und trabt davon. Ich versuche, mir den Ort einzuprägen; er sieht aus der Entfernung so klein aus, winzig im Vergleich zur endlosen Weite des Himmels und des Landes, das Leben dort ist unter üppigem Grün verborgen. Ein Sturm bläst über das Wäldchen und überschattet das Land mit einem rötlichen Wolkenwirbel.

Als ich wieder nach vorn sehe und die Pedalen zurechtdrehe, um die Heimfahrt anzutreten, entdecke ich eine weitere Schlange, glänzend wie eine Satinpaspel, die gerade zwischen den zwei Reifen des Rades hindurchgleitet. Würde ich den Fuß bewegen, könnte ich sie mit den Zehen berühren. Ich halte die Luft an. Ich lasse sie durch die Speichen gleiten – ich möchte sie mit nach Hause nehmen! Sie ist vollkommen, grün wie ein Grashalm in der Sonne und läuft zum Schwanz hin spitz zu. Als sie unter mir vorbeigleitet, lege ich vorsichtig das Fahrrad auf die Seite und folge ihr. Sie rührt sich nicht – sie wird über die Straße gezogen – gesaugt – wie Flüssigkeit durch einen Strohhalm. Als sie den ersten kleinen Strauch erreicht, richtet sie sich auf, trotzt der Schwerkraft, ihr schmaler Schädel schwebt zu den tiefhängenden Ästen hinauf. Der leichte Regen dringt durch meine Kleider, während ich ihr zusehe.

Noch nie habe ich etwas so Anmutiges gesehen; eine langsame smaragdgrüne Ader. Als sie den Zweig erreicht, umschlingt sie ihn und gleitet hinauf in das Astgewirr.

Ich blinzle, verliere drei Sekunden die Konzentration – obwohl ich kein einziges Mal aufsehe oder den Blick abwende –, und schon ist sie verschwunden. Ich kann es nicht glauben. Ich biege einen Ast zurück und schaue nach. Ich gehe um die Pflanze herum und bücke mich, um die Zweige von unten zu betrachten. Ich werde klatschnaß bei meiner Suche nach einem meterlangen Reptil, das sich offenbar in Luft aufgelöst hat. Lange starre ich auf den Strauch, staunend wie Moses, aber nichts geschieht. Die Schlange hat sich in Holz und Blätter verwandelt. Ich springe wieder aufs Rad, das Haar klebt naß an meiner Stirn. Ich werde diesen Trick, sich wegzuzaubern, nie vergessen, diese Kunst, sich in Luft aufzulösen. Ich radle jetzt geradeaus durch die Pfützen und bin in Gedanken bei dem auf wundersame Weise verschwundenen grünen Band.

28. Mai

Ich gehe am frühen Abend, die Hände in den Taschen vergraben, die Yantrak hinunter. In der Nähe des Bahnhofs treffe ich einen Deutschen, der Singha trinkt und auf seinen Zug wartet. Er spricht kein Englisch, kann sich aber in bayerisch gefärbtem Thailändisch mit mir verständigen. Die Bahnpolizisten betreten die kleine Bar, um zwei Ausländern zu lauschen, die sich holprig in ihrer Sprache unterhalten. Der Deutsche lebt seit sechs Jahren in Thailand; er ist mit einer Thailänderin verheiratet. Er liebt das Land, findet jedoch keine Schuhe in seiner

Größe und vermißt gutes Brot und würzigen Käse. »Aber das Bier ist großartig«, versichert er mir. »Prost.«

Ich wundere mich über die Ausländer, mich selbst eingeschlossen. Manche von ihnen leben hier, weil sie nirgendwo sonst leben können. Der Deutsche ist nett, aber peinlich. Er spricht zu laut und steht auf, um seinen Standpunkt zu untermauern. Seine Kleidung stammt aus einem vergangenen Jahrzehnt, und in seinen Augen liegt ein sonderbarer Glanz. Er hat den sorglosen Charme eines gutgenährten Vagabunden, obgleich er mir erzählt, daß er alles andere als ein Vagabund ist. Er ist Direktor eines Unternehmens, das Geldbörsen herstellt. Er sagt mir, seine Frau wäre »wie eine Sonne«. Die thailändischen Polizisten stoßen sich an und kichern. Der Deutsche ist empört. »Thai-Männer sind notorische Fremdgänger, aber ich bin anders. Thailand ist ein traumhaftes Land für einen Mann, aber für eine Frau ist es die Hölle.«

Die Polizisten lachen wieder. Sie sagen ihr Sprichwort mit der hinteren Hälfte des Elefanten auf. »Ich liebe meine Frau, aber sie wird immer die Wäsche waschen. Männer sind für diese Art von Arbeit nicht geschaffen«, sagt einer von ihnen. Er holt eine hufeisenförmige Pfeife hervor, zieht ein graues Pulver durch die Nase, hustet und schüttelt sich. »Es ist einfacher, wenn die Frau Kinder hat und ihrem Mann hilft. In Nordamerika lassen sich alle scheiden.« Er wirft mir einen triumphierenden Blick zu.

»Sehen Sie?« sagt der Deutsche. »Sie verschwenden keinen Gedanken an Gleichberechtigung. Es ist so traurig.« Er öffnet und schließt einige Knöpfe seines Hemdes und leert sein Bier. Wir hören den Zug pfeifen. »Ich muß los, meine Fahrkarte kaufen«, sagt er widerstrebend. Wir schütteln uns zum Abschied die Hand. Die Polizisten grummeln mißbilligend. Händeschütteln ist in den Augen vieler Thais eine unschöne Abschiedsgeste. Sie ziehen den geschmeidigen *wai* vor. Der Deutsche stolpert in seinen zu engen Schuhen über die Straße, winkt und verschwindet im Bahnhofsgebäude.

Ich schlendere zur Brücke. Der neue Wasserzulauf im Fluß hat die Algen zurückgebracht. Ein frischer Grünton bedeckt die Bäume und die verschlungenen Uferpflanzen. Ich gehe zum Kloster, aber Ajahn Ramyong ist nicht dort. Anstatt kehrt zu machen, gehe ich weiter. Das Kloster liegt am Rand von Feldern, und es wird bereits dunkel, aber ich kenne die umliegenden Straßen recht gut. Ein kreideweißer Mond erhellt den Himmel. Als die Stadt hinter mir liegt, fange ich an zu laufen, aus keinem anderen Grund als dem, die Härte der Straße unter mir zu fühlen. Ich könnte die ganze Nacht weiterlaufen, nach Birma oder Vietnam, und den Schlangen, Insekten, Fröschen sowie dem Stampfen meiner eigenen Schritte lauschen. Ich springe über Pfützen und zermalme Kröten und sprinte so dicht an Menschen in Ochsenkarren vorbei, daß ich beinahe die Rippen der Wasserbüffel berühre. Die Sonne versinkt strahlendrot hinter den Bergen.

Ich laufe, bis die Sterne in der Dunkelheit funkeln, bis die Felder nur noch eine einzige schwarze Ebene sind, gesprenkelt mit vereinzelten Lichtern kleiner Höfe. Ich bin durchdrungen von Sternen. »Der Ursprung allen Lebens ist das Sternenlicht«, erinnere ich mich, und dann fällt mir etwas ein, das Ajahn Champa mit letztens gesagt hat. »Wenn man den Mond verkehrt herum betrachtet, sieht man den Schatten eines hoppelnden Kaninchens.« Ich bleibe stehen, beuge mich weit vor – und lache laut auf. Da ist es, ein silbergraues Kaninchen, das in den Nachthimmel hüpft. Als ich in die Stadt zurückrenne, drehe ich mich ein dutzendmal um, um dem Mond zu danken.

ZEHNTES KAPITEL

4. Juni 1987

Als erstes höre ich die Musik, die klimpernd und trommelnd den allgemeinen Lärm des Marktplatzes überlagert. Es ist Morgen, die Menschen haben es eilig. Als ich näher komme und mir einen Weg durch die geparkten Fahrräder und Motorräder bahne, höre ich ein Tamburin, begleitet vom gleichmäßigen Schlag einer Trommel. Ich erwarte eine kleine Kindergruppe und stoße stattdessen auf einen knorrigen alten Mann, der zwischen Kokosnußmilchgebäck und dem Ananasstand auf dem Boden sitzt. Er stimmt ein handgefertigtes Instrument und baut einen batteriebetriebenen Verstärker auf.

Das ist der neueste fahrende Musikant in Denchai. Ihm fehlt ein Auge, er hat auf dem anderen einen Star und kann nicht ohne Krücken gehen. Sein linker Fuß ist ein unförmiger Fleischklumpen, und seine Kleider sind nicht mehr als geschickt plazierte Lumpen. Seine Stimme ist phantastisch. Er hat Seele. Er ist eine Ein-Mann-Band und kein Bettler. Sein Instrument besteht aus einer großen leeren Ölbüchse (die Trommel), zwei Katzendarmsaiten, die entlang eines Holzgriffs gespannt sind, und einem Tamburin, das oben an diesem Holz befestigt ist: ein sehr primitives Cello mit einem Zirkustamburin. Das Cello zwischen den Beinen auf dem Boden sitzend, führt er den Bogen über die Saiten und trommelt mit dem gesunden Fuß auf der Ölbüchse. Sein verunstalteter Fuß ist zwar zum Gehen ungeeignet, aber trotzdem beweglich: eine Saite reicht vom Tamburin zu seinem dicken Zeh, und er spielt das Instrument, indem er das verkrüppelte Bein bewegt.

Aber es ist seine Stimme, die alle auf dem Markt in Erstaunen versetzt. Er singt nicht schön, zwitschert nicht wie ein Märchenvogel. Nein, er singt wie zwei Katzen in einer Gasse; unmöglich zu sagen, ob die Explosion von Gewalt oder Liebe kündet. In den ersten fünf Minuten ist seine Stimme ein perfekt gestimmtes Heulen, begleitet von gezupften Saiten und Rasseln, ein Klagelied auf einer Ölbüchse. Was einen verblüfft ist die Kraft dieser Stimme, die Klangpalette, die ein so geschundener Körper hervorbringt. Sogar die Menschen ganz hinten auf dem Markt heben den Kopf, um zu sehen, was los ist. Jemand hat einen alten Kieselstein auf Denchai fallen lassen, und ein Berg ist hervorgebrochen. Er trommelt, rasselt und zittert, heult dabei ohne Unterbrechung und sägt energisch an den Saiten des Cellos.

Ich stehe auf und wippe im Takt mit einem Fuß, starre gebannt auf diesen wunderbaren alten Mann und seine geplagte Ölbüchse. Solchen Einfallsreichtum werde ich in Kanada nie zu sehen bekommen. Eine Menge von Schaulustigen bildet sich; jemand bittet um ein bestimmtes Lied. Die verlangte Melodie ist viel offener und leichter, alles andere als eine Klage. Das Klimpern der Münzen in seiner Sammelschale ist gleichmäßig und ermutigend, und die Umstehenden klatschen und lachen, wenn er ein Lied spielt, das sie kennen. Die Marktfrauen kommen herbei und verlangen nach mehr. Ein Junge bringt dem Musiker eine Schüssel Wasser, und einer der Osbtverkäufer stellt einen Sonnenschirm hinter ihm auf, so daß sein Kopf im Schatten liegt. Wir lauschen der Musik, bis der alte Mann schließlich seine Instrumente einpackt, auf seine Krücke gestützt aufsteht und hinter den Markt humpelt.

Am späten Nachmittag, als das Licht sehr grell ist und die Menschen nach dem Mittagessen dösen oder tratschen, entdecke ich ihn auf der Bahnhofstreppe, wo er im Schatten zusammengesunken vor sich hinträumt. Seine Träume sind wie die eines Hundes, der von einer Hetzjagd träumt. Er zuckt unablässig. Die Hände in seinem Schoß spielen noch, zupfen, heben und senken sich, die Finger hellwach; der verkrüppelte Fuß ruckt weiter an der Tamburinsaite, und der gesunde Fuß schlägt auf die Ölbüchse, obgleich das Instrument in alte Lumpen gewickelt an der Bahnhofsmauer lehnt. Er spielt im Schlaf. Nur seine Stimme fehlt. Ich stehe im gleißenden Licht der staubigen Straße und warte darauf, daß er ein Lied anstimmt, aber er bleibt still. Lange Zeit beobachte ich ihn beim Träumen. Ich habe Angst, ihn durch mein eindringliches Starren zu wecken, aber sein Schlaf ist stärker als meine Augen. Als sich sein Anblick unauslöschlich in mein Gedächtnis eingebrannt hat, wende ich mich ab und gehe nach Hause.

9. Juni

Nach einem Tag, an dem das Licht einen mehr geblendet hat als jede Dunkelheit, zieht sich der Himmel zu. Der Wind fegt über die Berge, und Donner grollt, Welle für

Welle schwerer blauer Baumwolle. Erst schlagen die Vorhänge gegen die Fensterläden, dann werden sie nach draußen gesogen, als der Wind durch das Haus ausatmet. Ich habe seit meinen ersten Tagen hier keinen solchen Wind mehr erlebt. Ich laufe durch das ganze Haus und bete inständig: »Laß es regnen, laß es regnen!« Ich erinnere mich an das Prasseln des Regens, das so laut war, daß wir auf dem Badmintonplatz schreien mußten. Ich erinnere mich an das Grün, das ich hier zum erstenmal gesehen habe – ich würde mich gern in ein Pferd verwandeln, nur um diese Farbe schmecken zu können.

Jetzt stehe ich auf dem hinteren Balkon und betrachte die ersten Blitze der neuen Jahreszeit. In der ganzen Straße schlagen Fensterläden zu, die Menschen schließen ihre Geschäfte, Straßenhändler sammeln ihre Waren ein und humpeln davon. Auf dem Marktplatz kippen Sonnenschirme um, und Rufe fliegen mit den Tauben auf. Kinder kichern grundlos. Rote Hühner flattern gackernd unter die Häuser, wie von einem riesigen unsichtbaren Besen weggefegt. Gleich wird Meh mich aus dem zweiten Stock rufen, und ich werde hinunterlaufen, um ihr zu helfen, die Wäsche von der Leine zu holen. Es wird regnen, endlich, und zwar heftig. Ich kann sogar die Schweine im Schlachthaus vor Aufregung grunzen hören. Die Eidechsen an der Außenwand der Küche rufen *tu-kae, tu-kae, tu-kae*. Frösche, Vögel und Zikaden versuchen in einer wahren Kakophonie aus Quaken, Gurren und Zirpen, den Wind zu übertönen.

Blitze zucken hinter den pilzförmigen Wolken. Ich stehe da und warte auf das Knallen, versuche, mir die Blitze einzuprägen, weil man sie niemals auf Photos festhalten könnte. Licht ballt sich zusammen, schießt mit ohrenbetäubendem Knall herab und verlöscht wieder; der Wind rüttelt mich von allen Seiten her wach. Der Himmel öffnet seinen gewaltigen Schlund und brüllt.

13. Juni

Paw Sutape ist in Bangkok; die Atmosphäre zu Hause ist entspannter. Meh Somjit, Pla und ich lachen, essen *som-tam* und klebrigen Reis, sehen uns chinesische Seifenopern im Fernsehen an und reden über die bestaussehendsten Schauspieler. Die Kinder tollen durch das Haus und spielen im Lager Verstecken. Ich darf Meh Dang und Maw Piya sogar in ein kleines Dorf außerhalb der Provinz begleiten. Maw Piya hat dort Patienten.

Die Häuser des Dorfes stehen abseits unter den Bäumen. Es dämmert, der Geruch von Erde vermischt sich mit dem von dampfendem Reis. Der Doktor hat uns der Gesellschaft wegen mitgenommen und sagt Meh Dang, daß sie nicht mit ins Haus gehen muß, um ihm zu helfen. Wir bleiben zusammen draußen, spazieren zu den Feldern und kichern albern, wenn wir über Baumwurzeln stolpern. Als wir den Waldrand erreichen, stehen wir ganz still da und lauschen den gedämpften Gesprächsfetzen und dem Klappern von Geschirr in den umliegenden Häusern. Die Luft duftet wie ein göttlicher Salat. Wir stehen mit hoch erhobenem Kopf da wie Pferde mit geblähten Nüstern. Plötzlich stößt Meh Dang einen Schrei aus. »Sieht du das? Sieh doch, sieh dir das an!«

Sie zeigt auf eine kleine Brücke, die in der Dunkelheit kaum auszumachen ist. Lichter funkeln über dem seichten Fluß. Einen Moment denke ich, daß Menschen mit Zigaretten auf der Brücke stehen. Ich kneife die Augen zusammen. »Was ist das?«

Meh Dang lacht. »*Hinghoi!* Lichtinsekten!« Ich habe noch nie Leuchtkäfer gesehen. Wir rennen beide hinter den leuchtenden Punkten her. Meh Dang fängt als erstes einen. Sie ruft mich, öffnet die Hände, und als ich mich herunterbeuge, sehe ich das Licht an- und ausgehen. Ich lege einen Finger auf das Licht, in der Erwartung, daß es sich warm anfühlt; der Funke erhebt sich in die Luft. Meh Dang und ich stoßen beinahe mit den Köpfen zusammen.

Den Rest des Abends verbringe ich damit, Glühwürmchen zu fangen, wünsche mir Leuchtkäfer als Haustiere, möchte eine ganze Kolonie von ihnen züchten und sie in meinem Zimmer umherfliegen haben, möchte, daß sie wie Funken um meine Schultern sprühen. Es wird immer dunkler, und als Maw Piya das Bauernhaus verläßt, sieht er uns herumspringen wie Ziegen. Wir haben eine Tüte voller Leuchtkäfer erbeutet, aber der Doktor meint nur: »Ihr seid ja beide verrückt. Laßt die armen Tiere fliegen.«

Und das tun wir. Meh Dang schüttelt die Tüte aus, Licht verströmt, und ich scheuche sie in die Bäume. »Ich möchte auch einen Körperteil, der leuchtet. Ich möchte ein Licht«, sagt sie. Bevor wir in den Lastwagen steigen, dreht Meh Dang sich um und verneigt sich vor dem Wald. Wir lachen. Sie redet während der ganzen Heimfahrt, erzählt Geschichten von Insekten, von Fröschen, die in

Badezimmern gehalten werden, damit sie die Mücken fressen, von einer Kobra, die ihr Großonkel einmal geliebt hat, von der unzweifelhaften aphrodisierenden Wirkung von Reptilieneingeweiden. Ihre Stimme leuchtet auf dem ganzen Heimweg nach Denchai ins uns hinein.

17. Juni

Lin, Den, Boh und ich gehen frühmorgens raus auf die Felder, spielen mit den Motorrädern Fangen und rasen zum Fluß. Wir schrecken mit unserem Palaver sogar die Wasserbüffel auf. Wir folgen einem fast unsichtbaren Pfad über Straßen, holprige Wegstrecken und durch Gras und Dornengestrüpp. Das Wasser ist am Morgen ungetrübt. Der Himmel ist von silbrigen Fäden durchzogen, und im Tal wabert noch Nebel. Wir ziehen uns bis auf die Badeanzüge aus und lassen uns über das schlammige Ufer ins Wasser gleiten.

Das sandige Flußbett weckt in mir den Wunsch zu fragen, ob es hier Blutegel gibt, aber ich kenne das thailändische Wort für Egel nicht. »Gibt es in diesem Wasser irgendwelche blutsaugende Würmer?« frage ich.

Boh und Deh wenden sich mir zu und starren mich entsetzt an. »Gibt es solche Würmer in Kanada?«

»Manchmal schon, ja. Gewöhnlich leben sie in einer Umgebung wie dieser.« Beide Jungen schreien auf, strekken die Füße in die Luft und rudern mit den Armen. Lin fragt, wie groß sie sind, und nachdem ich ihr geantwortet habe, entspannen sich die Jungen wieder. Deh dachte, sie wären so groß wie Schlangen, Schildkröten oder Alligatoren.

Wir verbringen den Morgen im Wasser und fahren dann ins nächste Dorf, wo wir gebratenes Gemüse und *guitio* essen. Mit Staub in den Haaren und Schlamm an den Beinen machen wir Kämpfchen mit Eßstäbchen um die Nudeln und das Wasser der anderen. Die Frau hinter dem grasgedeckten Nudelstand gibt uns eine Cola aus, weil wir ihr helfen, Reissäcke von ihrem Karren zu laden.

Auf dem Heimweg singen wir lauthals den derzeit beliebten Song »We Are the World«. Deh gestaltet die Fahrt so holprig wie möglich, liefert sich ein Rennen mit Boh und läßt das Motorrad aufheulen wie ein feingliedriger Hell's Angel. Wir fliegen zurück nach Denchai, schlammbedeckt, mit Fliegen in den Augen, und die Gesichter so trocken wie lederne Masken. Als Meh Somjit mich so sieht, fragt sie: »Bist du im Krieg gewesen?« Sie droht, mich draußen im Hof mit dem Schlauch abzuspritzen, wenn ich nicht sofort bade. Ich laufe summend die Treppe hinauf. Es war ein wundervoller Tag.

23. Juni

Nach zahlreichen Telefonaten quer durch das ganze Land und den üblichen Ermahnungen meiner Rotary-Väter bekomme ich die Erlaubnis, allein nach Bangkok zu fahren, um mich mit Goong Samakeemavin zu treffen. Wir entdecken uns sofort auf dem Bahnsteig, unmittelbar nachdem ich mir an einer scharfen Kante der Zugtür in den Finger geschnitten habe. Es blutet stark, und Goong muß mir erst ein Taschentuch besorgen, ehe er mich in die Arme schließen kann. Goong ist ein junger Thai, der im Frühjahr sechs Wochen bei meiner Familie in Kanada gewohnt hat. Ich habe mehrmals mit ihm telefoniert, um diesen Ausflug zu organisieren, und ihn jetzt zu treffen ist, als würde ich einen alten Freund aus Kindheitstagen wiedersehen. Meine Mutter hat in vielen Briefen von ihm erzählt, ihrem Thai-Sohn, und ich war so versessen darauf, nach Bangkok zu kommen, daß nicht einmal das mißbilligende Schnauben Paw Sutapes mich entmutigen konnte. Nachdem mein Finger sauber verbunden ist, sagt Goong: »Ich dachte, du wärst viel größer.« Er blickt auf meinen Finger. »Wir müssen die Schnittwunde säubern, damit sie sich nicht entzündet.« Wir steigen in ein Taxi und reden beide gleichzeitig. Goong bringt einen spürbaren Hauch von Kanada mit; er erzählt von meinen Brüdern und Schwestern, so wie ich selbst es tun würde, von meiner Mutter, dem Hund, dem unberechenbaren kanadischen Wetter.

»Möchtest du dir die Photos gleich oder lieber später ansehen?« fragt er und holt einen dicken Umschlag hervor. Meine Mutter hat mir im Laufe des vergangenen Jahres nur sehr wenige Bilder geschickt, und ich kann es kaum erwarten, die Photos zu sehen. Das erste verblüfft mich. Ich erkenne meine Schwester kaum wieder. Sie ist kein magerer Wildfang mehr; sie hat sich in ein langhaariges weibliches Wesen mit Lipgloss verwandelt. Und das alles in nur einem Jahr. Mein jüngerer Bruder sieht irgendwie merkwürdig aus. »Was hat er mit seinem Gesicht gemacht?« wundere ich mich laut. Goong betrachtet das Photo eingehend. »Aaaaa, seine... seine... wie nennt man die noch gleich?« Er hebt eine Hand an die Stirn, und plötzlich fällt ihm das Wort wieder ein. »Augenbrauen! Das war in der Woche, als er sich die Augenbrauen abrasiert hat.«

»Was?« Mein Bruder ist zwölf Jahre alt.

»Er hat seine Augenbrauen abrasiert, weil ein Junge in der Schule ihm gesagt hat, sie würden innerhalb von einer halben Stunde nachwachsen.«

»Ist das dein Ernst?«

»Ja, wirklich. Er war sehr enttäuscht, als das nicht der Fall war.« Gemeinsam betrachten wir nochmals das Photo. Mein Bruder sieht aus wie ein kleiner Troll.

Als wir in der Soi Pradu ankommen, bin ich überrascht. Weil Goong in Übersee war und Englisch spricht, hatte ich angenommen, er käme aus einer wohlhabenden, gebildeten Familie. Die Soi Pradu vermittelt mir einen völlig anderen Eindruck. Es ist eine schmale, gewundene Straße voller Nudelkarren, Motorräder und hupenden *tuktuks*. Das Haus, in dem er lebt, ist ein dreistöckiges Gebäude voller chinesischer Zeitungen, alter Vogelkäfige, Bücherkartons, Holzkisten und Kleider, das Ganze mit einer dicken Staubschicht bedeckt und von einem kläffenden Terriermischling bewacht, der aussieht wie eine struppige Ratte. Im Augenblick ist der Hund in der Küche angebunden; jedesmal, wenn er an der Schnur zerrt, klappern Teller und Tassen über den Zementboden. »Es ist alles so unordentlich, weil wir gerade umziehen«, erklärt mir Goong. »Meine Eltern arbeiten rund um die

Uhr. Meine Großmutter liegt im Krankenhaus. Mein Bruder ist in der Schule. Die einzige, die dazu kam, sauber zu machen, war meine Großmutter. Darum bellt der Hund auch. Er vermißt Großmutter. Armer Hund.« Er beugt sich hinunter, um den Terrier zu streicheln, und schnippt eine große Kakerlake zurück in die Küche. »Normalerweise bleiben sie in der Küche und im Bad«, sagt er. »Vielleicht kommen sie nur hervor, um dich zu begrüßen.« Er blickt grinsend zu mir auf, und als er den Ausdruck auf meinem Gesicht sieht, sagt er: »War nur Spaß.«

Nachdem er mir mein Zimmer gezeigt und mir geholfen hat, das Bett zu machen, fällt ihm plötzlich mein Finger wieder ein. Unten in der Küche protestiere ich, daß Jod brenne, aber mit echtem urkanadischem Gusto sagt Goong: »Sei kein Waschlappen, Mann. Das hier ist Thailand. Hier entzündet sich jede Wunde sofort.« Ein paar Kakerlakenfühler zucken freudig, und Goong betupft meinen Finger mit Jod.

26. Juni

Das Leben in diesem Hühnerstall zusammen mit Goong und seinem Bruder Gop (*goong* bedeutet Garnele und *gop* bedeutet Frosch) ist sehr unterhaltsam. Seine Eltern wohnen bereits in der neuen Wohnung, so daß wir die in der Soi Pradu ganz für uns allein haben. Wir sind sehr respektlos, fröhlich und laut im Umgang miteinander, diskutieren über alles mögliche, vor allem Sex,

Gespräche, die wir in Englisch führen müssen, da ich die entsprechenden thailändischen Wörter nicht kenne. Goong ist der erste Thailänder, der mir Worte in seiner Sprache beibringt, die als tabu gelten. Tagsüber – wenn Goong zur Schule geht – besuche ich den Wat Prat Gaew und andere Tempel und bestaune die Wandmalereien, Statuen, Glaswände und Gartenlabyrinthe. Wenn Goong blau macht, gehen wir schwimmen, ins Museum oder in ein Café, wo wir in klimatisiertem Luxus Eiscreme essen.

Da er meine Familie so gut kennt, reden wir immer wieder von ihnen. Ich fühle ein schreckliches Ziehen kanadischer Realität. Heute habe ich meinen Rückflug für den 19. August gebucht, zwei Tage bevor das Jahr voll wäre. Unmöglich. Es kommt mir vor, als hätte ich schon immer hier gelebt. Die Zeit hat mysteriöse Proportionen angenommen. Ich kann mich nicht mehr so gut an Kanada erinnern wie früher: es ist weit weg, sogar in meinen Gedanken. Wenn ich durch meine geistige Landschaft der Stadt stolpere, grüße ich ein paar Leute, ja, meine Familie, drei enge Freunde, und dann falle ich in das Loch, das Michael hinterlassen hat. Darum fürchte ich mich auch heimzukehren. Obwohl ich sie im Augenblick nicht fühle, werde ich seine Abwesenheit bei meiner Rückkehr nur zu deutlich spüren.

Daran zu denken ist quälend, ich ignoriere es weitestgehend. Ich versuche jetzt, ganz in Thailand zu leben, in der kurzen Zeit, die mir noch bleibt, alles zu lernen und zu berühren, was ich kann. Ich schlafe schlecht wegen des Aufruhrs in meinen Gedanken. Ich kann die Augen nicht schließen, aus Angst, etwas zu versäumen. Wenn wir tagsüber schwimmen gehen, sagt Goong, ich soll entspannen. Niemand ist hinter mir her.

Abends gehen wir mit seinen Freunden tanzen, klappern die schloßähnlichen Diskotheken ab, in denen sich junge Leute versammeln, um zu trinken und zu singen. In den Nachtclubs von Bangkok amüsieren sich die verschiedensten Leute vom Thai-Teenager über berühmte Schauspieler bis hin zu Drogendealern. Die jüngeren Leute, die sich vor- und zurückwiegen und die thailändischen Lieder Wort für Wort mitsingen, bilden einen faszinierenden Kontrast zu den völlig anderen amerikanisierten Thais, die sehr sexy sind und bei denen Sehen und Gesehenwerden eine große Rolle spielt. Trotzdem sieht man in der Öffentlichkeit nur selten den Austausch von Zärtlichkeiten. Sogar unter den Angehörigen der sogenannten feinen Gesellschaft wird die thailändische Sittsamkeit gewahrt. Ausländer mit verblüffend hellen Augen und geröteter weißer Haut sind da weniger traditionell. Übergewichtige Touristen kleben förmlich an den makellosen Körpern der Prostituierten.

Die Tanzenden wiegen sich gemeinsam unter den Lichtern. Ihre Kleider und ihre Haut sind naß von parfümiertem Schweiß. Stimmen wirbeln um mich herum, ich frage mich, wo Goong sich versteckt. Er ist offensichtlich hinter der Italienerin her, deren lockige, dunkelblonde Mähne ihr ständig über die grünen Augen fällt. »Aber ihre Brüste sind viel zu groß«, hat Goong sich beklagt und mir erklärt, daß er die kleineren, festeren Brüste der Thailänderinnen vorziehe. Die Oberweite ist offenbar ihr einziger Makel, da sie sogar recht gut Thailändisch spricht. Als ich Goong endlich finde (die italienische

Schönheit ist nirgends zu sehen), schimpft er auf Englisch. »Wo hast du gesteckt?« worauf ich erwidere: »Ich? Wo ist die blonde Granate?«

Damit nehme ich Goong den Wind aus den Segeln. »Was ist eine Granate?«

»*Mai pen lai*«, schreie ich über die Musik hinweg. »Unwichtig.«

Als wir in die Soi Pradu zurückkehren, ist in die kleine Straße endlich Ruhe eingekehrt. Die Kakerlaken ziehen sich zurück, als Goong die nackte Glühbirne anknipst und sich daran macht, Tee zu kochen. Erschöpft und glücklich unterhalten wir uns mit gedämpften Stimmen, während wir Orangen schälen. Der Terrier schnarcht. Goong bekommt Heimweh nach Kanada, meinem augenbrauenlosen Bruder, meiner Mutter; auch sie hat oft bis spät in die Nacht mit ihm zusammengesessen und geredet. Nachdem wir längere Zeit schweigend unsere Orangenschalen zerpflückt haben – der ganze Raum duftet nach den Zitrusfrüchten – ruft Goong aus: »Wenn ich nach Kanada zurückkehre, werde ich deine kleine Schwester heiraten.« Ich lache. Wir sind beide von derselben Krankheit befallen. Für uns lebt ein Land in den Menschen.

ELFTES KAPITEL

1. Juli 1987

Heute abend gehen wir ins Krankenhaus, um Goongs Großmutter zu besuchen. Die Kliniken in Bangkok sind richtige Krankenhäuser, antiseptisch und furchteinflößend, voller Gespenster und Sauerstoffzelte. Schweigende Krankenschwestern gleiten lautlos vorbei: kein Klatschen von Gummisandalen. Wir unterhalten uns flüsternd. Goongs Eltern haben mich wie die einzige Tochter in die Familie aufgenommen. Als ich mit ihnen auf der Intensivstation bin, verneige ich mich zum Gruß vor der Großmutter. Sie ist nur noch die erschlaffte gelbe Hülle der Frau, die Goong mir beschrieben hat, der unermüdlichen Arbeiterin, der Frau, die Treppen nicht langsam hinaufsteigt, sondern rennt. Sie ist in den Neunzigern und ertrinkt langsam an ihrer Lungenflüssigkeit. Ihre Familie versammelt sich um ihr Bett, hält ihre Hand und redet leise mit ihr. Sie lächelt und sinkt immer wieder in Bewußtlosigkeit.

Goong und ich verlassen diskret die Station, weil er dem Buddha eine Jasmingirlande opfern will. Aber stattdessen stoßen wir auf eine beeindruckende Statue der Jungfrau Maria mit dem üblichen gütigen Gesichtsausdruck und einem leisen Lächeln um die Lippen. Es ist ein katholisches Krankenhaus. Ihre Arme sind in einer Geste des Willkommens oder dem Ansatz einer Umarmung ausgebreitet. Goong opfert der Heiligen Jungfrau seine Blumengirlande, indem er sie um ihr Handgelenk hängt. Dann schließt er die Augen und spricht ein christliches Gebet. Ich schweige während dieses Glaubensaktes respektvoll, aber als wir zurückgehen, sage ich: »Ich dachte, du wärst Buddhist. Wir haben doch letztens Opfergaben in den Tempel gebracht.«

»Ja.«

»Aber gerade hast du zur Jungfrau Maria gebetet.«

»Kalen, wenn es hilft, das Leid meiner Großmutter zu lindern, bete ich auch zu beiden. Ich bin auf einer katholischen Schule gewesen. Ich bin getaufter Katholik. Aber selbstverständlich bin ich auch Buddhist. Wie sollte ich auch kein Buddhist sein? Es liegt mir im Blut, in meiner Geschichte. Die Götter brauchen keine Namen. Nur Menschen brauchen Namen.«

8. Juli

Am frühen Morgen versammeln sich in Seide und mit Goldfäden durchwobene Kleider gehüllte Tänzerinnen vor dem Erawan Tempel. Gläubige, deren Wünsche erfüllt wurden, schicken die Tänzerinnen her, um den Göttern, die den Tanz lieben, zu danken. Sie treffen ein, bevor der lärmende Verkehr die Straßen verstopft. Goong und ich sehen ihnen zu und helfen, die Mönche des nahegelegenen Klosters zu verköstigen. Die Mönche kommen barfuß und mit gesenkten Augen, die Morgenstille umhüllt sie so anmutig wie ihre safranfarbenen Roben. Wir legen Reistüten und die besten Orangen in ihre Almosenschalen. Eine große Gruppe von Männern stellen sich zu beiden Seiten des Bürgersteiges auf, jeder mit einem Sack Lebensmittel für die Mönche. Als unsere Vorräte zur Neige gehen, und die Mönche ihre Runde beendet haben, kehren wir zurück zum Schrein, um uns die letzten Tänzerinnen anzusehen. Ihre Anmut ist wie die der Mönche zeitlos, nach innen gekehrt: sie tanzen für ein unsichtbares Publikum. Ihre Hände schlängeln sich geschmeidig wie erhitztes Kupfer durch die windstille Luft. Als sie fertig sind, verneigen sie sich drei Mal bis auf den Boden und schweben davon. Der dunkle Boden ist mit einem Teppich aus Rosenblütenblättern bedeckt. Nachdem die Mädchen fortgegangen sind, erstarrt der Tempelhof in Reglosigkeit. Goong und ich verneigen uns vor dem alten Buddha. Die Kiefer Bangkoks beginnen, sich zu öffnen, aber noch ist es nur ein Gähnen. Sonnenlicht breitet ein karmesinrotes Tuch über die Mauern der Stadt; Goong und ich betrachten die flammende Wolkenlandschaft. Wir haben kaum ein Wort gesprochen, seit wir am Morgen das Haus verlassen haben.

Als wir uns beide aus unserer knienden Haltung vor dem Schrein erheben, geschieht etwas Merkwürdiges. Eine Frau mit roten Haaren und heller Haut tritt barfuß hinter uns. Sie trägt weite schwarze Hosen, eine abgenutzte grüne Bluse und eine rote Maske im alten Commedia-Stil. Die hochgewölbten Brauen und die Hakennase schaffen einen unbeschreiblich leidenden Ausdruck. Goong und ich starren diese bizarre Erscheinung sprachlos an. Sie scheint mit dem Buddha sprechen zu wollen. Erst verneigt sie sich und mimt eine Begrüßung, indem sie einen unsichtbaren Hut abnimmt und ihm die Hand schüttelt. Sie spricht mit den Händen zu ihm, beugt sich vor, lauscht geflüsterten Instruktionen, nickt. Dann springt sie wie eine Wahnsinnige auf uns zu. Goong und ich weichen unwillkürlich zurück.

Sie tanzt, so wie Scrooge tanzen würde, ganz Knochen und abgehackte Bewegungen. Aber anders als Scrooge beginnt sie, Münzen aus der Luft, unter Steinen und hinter den Ästen eines kleinen Schmuckbaumes zu zaubern und sie in der Hofmitte aufzustapeln. Sie nähert sich Goong und mir, verbeugt sich tief und schüttelt mir die Hand, wie es ein *falang* tun würde. Dann nimmt sie meine beiden Hände, öffnet sie und breitet ihre eigenen Hände aus, die groß, grobknochig und leer sind. Einen Moment lang starren wir einander in die Augen. Ihre sind grün, was überrascht in einem Land schwarzäugiger Frauen. Als ich den Blick senke, liegt ein Fünfzig-Bath-Schein in meiner offenen Hand. Sie tanzt hinüber zu dem kleinen Sammelbehälter, hebt im Vorbeigehen ihren kleinen Münzhaufen auf, bespricht mimisch etwas mit dem Buddha und wirft mir dann einen Blick zu. Ich habe mich nicht von der Stelle gerührt. Sie zeigt auf den Sammelbehälter, den Buddha und den Fünfzig-Bath-Schein. Derweil wühlt Goong in seinen Taschen. »Ich hatte fünfzig Bath. Ich hatte fünfzig Bath.« Die Tänzerin reibt Daumen und Zeigefinger aneinander und deutet wieder auf den Sammelbehälter. Ich gehe hinüber und schiebe den Schein hinein. Zum erstenmal gibt sie einen menschlichen Laut von sich. Sie lacht.

Eine Gruppe junger Mönche und Tempelbesucher hat sich inzwischen auf dem Hof versammelt. Auch sie verfolgen diesen neuartigen Tanz für die Götter mit verdutzten Gesichtern. Einer der Mönche hastete mit ernstem

Gesicht davon. Die maskierte Frau fährt fort, über den Hof zu wirbeln und zu springen. Die Umstehenden lächeln und lachen über ihre Zwiesprache mit dem Buddha. Nach wenigen Minuten taucht ein Abt des Klosters auf, als er jedoch sieht, was vor sich geht, schmunzelt er und nickt. Sie spielt mit der Menge wie eine wildgewordene Marionette. Sie gibt vor, das gespendete Geld in einem Lederbeutel zu horten, gibt sich dann überrascht, als sie den Buddha hinter sich entdeckt, und sieht sich genötigt, die Münzen in den Sammelbehälter zu stecken. »Ha! Ha!« flüstert Goong. »Hast du das gesehen? Sie behält die Scheine für sich! Hast du das gesehen?« Aber sofern sie die Scheine für sich behält, scheint das sonst niemandem aufzufallen. Die Zuschauermenge ist angewachsen; die Leute zücken ihre Kameras und schießen Photos. Ich versuche, wieder einen Blick auf die grünen Augen zu erhaschen, aber sie ist damit beschäftigt, andere mit ihren Blicken zu fesseln.

Schließlich verneigt sie sich erschöpft vor ihrem Publikum; Schweiß rinnt ihr den Nacken hinunter und färbt den Rücken ihrer Bluse dunkel. Wir klatschen Beifall. Sie dreht sich um und verbeugt sich tief vor dem lächelnden Buddha. Dann geht sie. Sie steuert geradewegs die Straße an, immer noch barfuß und maskiert, aber jetzt entspannt und locker. Goong und ich tauschen einen Blick, setzen gleichzeitig zum Sprechen an und lachen.

Ich schlage vor, ihr nachzugehen und mit ihr zu sprechen, um herauszufinden, woher sie kommt und wie lange sie schon hier ist. Wir gehen hinaus auf die Straße, aber starker Verkehr verstopft die Fahrbahn, und sie ist bereits auf der anderen Straßenseite. Wir haben die grüne Ampel verpaßt. Sie hat die Maske abgenommen und den Rucksack, den sie gerade öffnet, muß sie vorhin irgendwo versteckt gehabt haben. Sie nimmt ein Paar schwarze Sandalen heraus und streift sie über. Als die Ampel grün wird und Goong und ich die Straße überqueren, winkt sie einen *tuk-tuk* heran und beugt sich vor, um mit dem Fahrer den Preis auszuhandeln. Ich rufe sie an: »*Falang!*« aber sie hört mich nicht. Der *tuk-tuk* fährt los und fädelt sich in den Verkehr ein. Sie verschwindet. Ich wende mich an Goong und frage scherzhaft: »Wer war dieser maskierte Mann?«

Er wirft mir einen sonderbaren Blick zu. »Kalen, das war eine Frau. Und sie war völlig verrückt.«

10. Juli

Diese Verrücktheit ist die Natur Bangkoks. Das ist einer der Gründe, weshalb ich diese schmutzige Stadt so liebe. Sie ist wild, unberechenbar und gibt keine Antworten auf die Fragen, die sie aufwirft. Den ganzen Tag lang halte ich, während wir über Märkte und durch überfüllte Straßen laufen, Ausschau nach der roten Maske mit der Hakennase, sehe sie aber nicht wieder. Das wäre auch ein unwahrscheinlicher Zufall in einer Acht-Millionen-Stadt. Als Goong und seine Eltern mich zum Bahnhof bringen, erwarte ich beinahe, sie in einem schwarzen Umhang aus einem der Züge springen zu sehen, aber leider verläuft meine Abreise völlig unspektakulär.

Ein Sitzplatz in der ersten Klasse wartet auf mich, und ich habe reichlich Zeit, mir für die Tagesreise einige Snacks zu besorgen. Goongs Eltern sind gekommen, um sicherzugehen, daß es auch keine Schwierigkeiten gibt. Wir schießen eine Reihe von Familienporträts, auf denen wir alle grinsen wie die Honigkuchenpferde, und wecken einen Zugkontrolleur, der gerade ein Nickerchen hält, damit er von uns allen ein Photo macht. Goongs Eltern unterhalten sich mit dem älteren Paar neben mir. Sie sind sichtlich erleichtert, daß jemand bis zu meiner Ankunft in Denchai auf mich achtgeben wird. Das ältere Ehepaar besitzt eine kleine Schirmfabrik in Chiang Mai. Goongs Vater warnt mich eindringlich, mich vor Fremden zu hüten. Seine Mutter, eine stämmige, praktisch veranlagte chinesische Geschäftsfrau, meint: »Sie ist ein großes Mädchen. Sie ist nicht dumm. Sie macht das schon.« Goong und ich verabschieden uns auf Englisch. Wir umarmen uns, womit wir die neugierigen Blikke des Fabrikantenehepaares auf uns ziehen. »Wir sehen uns also wieder, bevor du zurück nach Kanada fliegst, ja?«

»Natürlich. Vielleicht komme ich schon etwas früher und bleibe vor der Abreise noch ein paar Tage in Bangkok.«

»Ja, eine gute Idee. Ja, das solltest du tun. Ich werde dir den Rest von Bangkok zeigen, und wir gehen wieder tanzen. Mein Freund Rodney wäre begeistert; er ist wahnsinnig verliebt auf dich.«

»In dich«, verbessere ich ihn.

»Richtig, in dich.«

Der Zug pfeift, und Goongs Vater steckt den Kopf

durch die Tür. »Beeil dich, oder willst du nach Denchai umsiedeln?« Wir lachen. Goong umarmt mich noch einmal und springt aus dem Zug.

Wieder einmal reise ich ab. Die Stadt weicht zurück, während ich durch die rußigen Fensterscheiben hinausblicke und bei mir denke, daß ich die dritte Klasse vorziehe, weil man sich in den Wind hinauslehnen und die Gerüche um einen herum wahrnehmen kann. Ich wünschte, ich hätte für alles mehr Zeit. Das wird also mein Leben sein: eine Fülle von Momentaufnahmen, von Menschen und Orten, die nur flüchtig meinen Weg kreuzen. Das Land, das mir am nächsten ist, zieht verschwommen vorbei.

Ich fühle, wie die Stadt der Engel sich in meinem Inneren ausbreitet: Ich denke an die schmalen Gassen, die Märkte, die gewaltigen Gebäude, die Menschen, Menschen, Menschen, an Goong, seine Freunde und seine Familie. Ich fühle die Erde, als ich durch das Land rausche, und ich bin traurig. Der Tag ist nicht lang genug, die Nacht von Schlaf überschattet. Es ist schon Juli. Es ist spät. Ich stecke jetzt mitten drin, und ich kann nichts von alledem fest genug halten. Ich denke an das maskierte Mädchen mit den grünen Augen, das auf dem Tempelhof getanzt hat, zu niemandem gehörte und in den Tag hinein verschwunden ist wie ein Unbekannter aus einem Traum. Wo mag sie jetzt sein?

11. Juli

Bei meiner Rückkehr erfuhr ich gleich von einer kleinen privaten Tragödie. Die Dienerin, der Meh Dang am meisten vertraute, wurde dabei ertappt, wie sie Geld aus der Ladenkasse stahl. Meh Dang ist erfüllt von traurigem, resigniertem Zorn. Paw Teerug ist in Bangkok, was alles noch schlimmer macht. Die Hausangestellte Gnop versteckt sich oben in ihrem Zimmer, weil sie sich zu sehr schämt, ihr Gesicht zu zeigen, und in Meh Dangs Haus lastet schreckliche Schwere. Es scheint, als wären die Ventilatoren kaputt und als wäre der Wind, der so oft kühlend durch das Haus gestrichen ist, erstorben. Sak und seine Freunde vom Badmintonplatz schleichen seltsam still herein und hinaus. Meh Dang sitzt mit Papier und Bleistift am Tisch und kritzelt wütend kleine schwarze Schnörkel. Sie versucht auszurechnen, wieviel Gnop insgesamt gestohlen hat. »Ich glaube das einfach nicht! Tausende! Und weißt du, warum? Sie behält das Geld nicht einmal für sich! Sie schickt es ihrem Freund in der Armee! Damit er sich Alkohol, Zigaretten und diese billigen kleinen Huren von Pattaya leisten kann. Diese dumme Gans! Aaah! Das ist so traurig. Ich habe auf sie achtgegeben. Ich habe mich um sie gekümmert, sie ernährt, sie aus einer schmutzigen Hütte in Chiang Mai herausgeholt. Sie schläft mit meinen Kindern in einem Zimmer. Wir essen gemeinsam. Und sie stiehlt mein Geld! Ich kann es einfach nicht fassen!«

Ich habe Meh Dang noch nie so deprimiert gesehen. Die Leute scheinen die düstere Atmosphäre bis hinaus auf die Straße zu spüren; niemand betritt das Restaurant. Sogar Kinder mit Kleingeld für Eiscreme machen sich davon, als sie Meh Dangs verschlossenes Gesicht sehen. Sie sagt mir, daß der Laden jeden Monat weniger bringt, daß es so viele Rechnungen zu bezahlen gibt, die Kinder in die Schule müssen, Paw Teerug schon so lange fort ist, und sie so schrecklich, schrecklich müde ist.

Gnops Baby fängt an zu weinen. Obwohl der Kleine oben ist, weht sein Schreien die Treppe herunter und hallt von der hohen Küchendecke wider. Meh Dangs Züge verzerren sich. »Aaaaah! Ich werde noch verrückt. Dieses Kind schreit ohne Unterlaß. Ich habe solche Kopfschmerzen.« Die Schreie des Kindes regnen so anhaltend auf uns nieder, daß ich mich frage, ob es sich vielleicht weh getan hat. Als ich aufstehe, zieht Meh Dang mich auf meinen Stuhl zurück und sagt: »Nein, es ist alles in Ordnung. Er brüllt jeden Tag so.«

Sie reibt sich die braune Stirn und stöhnt. »Wo ist Paw Teerug?« Mir fällt nichts ein, was ich sagen könnte, um sie zu trösten. Ich massiere sie so lange, bis jeder einzelne verhärtete Muskel sich lockert. Ich bringe ihr kalten Tee. Das Baby hört auf zu weinen. Sie schiebt die vollgekritzelten Zettel beiseite und läßt den Kopf auf die Arme sinken. Zum erstenmal sehe ich das Restaurant leer und traurig. Die Gläser passen nicht zusammen. Die Tische sind aus kunststoffüberzogenem Preßspan. Die Wände sind schmutzig, geschmückt mit Plakaten von Früchten, Eiscreme und wunderschönen Frauen mit Kätzchengesichtern. Der Fußboden ist wie immer dreckig. Fliegen lecken übriggebliebenen Saft aus den Schalen fortgegangener Gäste. Struppige Hunde wühlen draußen in den Abfalleimern. Meh Dang hebt den Kopf von ihren Armen und hebt eins der Gläser vom Tisch hoch. »Siehst du das? Ein Glas. Gläser bekommen Sprünge. Wenn man den Sprung sieht, ist das Glas zerbrochen und zu nichts mehr nütze. Man muß es wegwerfen.«

Das Baby fängt wieder an zu schreien. Meh Dang biegt den langen Hals zurück und starrt an die Decke. »Das ist nicht mein Kind. Warum hat sie das getan?« Sie stützt ihren Kopf schwer auf eine Hand. »Ich vermisse Paw Teerug, Kalen.« Der angenagte Bleistift kratzt wieder über das Papier. Wir sagen nichts mehr, bis ich nach Hause gehe. Sie steht auf, um mit den Vorbereitungen für das Abendessen zu beginnen, und zerknüllt dabei ihre Berechnungen. »Ich glaube, ich werde bald nach Chiang Rai gehen«, sagt sie. »Um meine Mutter und meine Schwestern zu besuchen. Ich bin das alles hier so leid.« Sie läßt den Blick durch das Lokal schweifen und geht hinaus auf die Straße, wo gerade Arbeiterinnen aus der Sägemühle auf ihren antiquierten Fahrrädern vorbeifahren.

Bevor ich gehe, halte ich einen Augenblick ihre Hand. Sie lächelt und kehrt in den Laden zurück. Als ich fortgehe, höre ich sie Gnop rufen, damit sie herunterkommt und ihr bei den Vorbereitungen für die Abendmahlzeit hilft.

14. Juli

Seltsam, daß ich manchmal, wenn ich morgens aufwache, immer noch überrascht bin, hier zu sein. Ich werde von einer Lastwagenladung voller Akrobaten geweckt. Niemand weiß, woher sie gekommen sind und wann. Meh sagt, sie wären schon bei Morgengrauen hier gewesen, hätten gesungen und ihre große Trommel geschlagen und sich auf dem Feld neben dem Bahnhof aufgewärmt. Es scheint, als wären sie einfach aus dem Morgennebel aufgetaucht. Sie sind zu siebt, alle von unterschiedlicher Statur und Größe und in abgerissene pinkfarbene und grüne Kostüme gehüllt. Nach dem Frühstück gehe ich die Yantrak hinunter auf den Lärm zu, um ihnen auf ihrem Rundgang durch die Stadt zu folgen.

Auf dem Markt herrscht reges Treiben, und die Akrobaten sind soweit, mit ihrer Vorstellung zu beginnen. Sie sind ein merkwürdiger aber beeindruckender Haufen – eine Schar Hühner mit Pfauenfedern –, alles Jungs, die fröhlichen Lärm verbreiten. Es fängt am Bahnhof an: zwei von ihnen schlagen einen rasanten Rhythmus auf der großen Trommel und singen dabei einen unverständlichen Text, während die anderen fünf eine Reihe akrobatischer Kunststücke vorführen. Der kleinste der Jungen muß etwa acht Jahre alt sein. Er klettert an den vier älteren Jungen, die bereits in einer wackligen menschlichen Säule aus Armen und Beinen übereinanderstehen, hinauf. Mehrmals schließe ich die Augen aus Angst um den kleinen Akrobaten. Er erinnert mich an ein kleines Äffchen, so daß ich beinahe erwarte, einen Schwanz auftauchen zu sehen, an dem er sich in einen der Teakbäume schwingt.

Als er auf den Schultern des obersten Jungen angelangt ist, stößt er einen schrillen Schrei aus, und die Menge – inzwischen hat sich eine solche gebildet – klatscht und legt Geldscheine in die Schale, die zwischen den Ohren eines riesigen chinesischen Drachens balanciert, der reglos im Staub liegt und nur darauf wartet, zum Leben zu erwachen. Der Turm aus Akrobaten schwankt, als der Junge die Stufen aus Knien, Schultern und Köpfen hinabsteigt. Auf dem Boden angelangt, verneigt er sich freundlich, lächelt, macht einen Rückwärtsflip und verneigt sich wieder. Das Ganze macht ihm sichtlich Spaß. Er ist der geborene Straßenkomödiant. Er schnappt sich die silberne Schale und schiebt seinen braunen Körper durch die Menge. Sein breites Lächeln sorgt dafür, daß er von jedem, der Augen hat, etwas bekommt. »Jeder der uns sieht, muß bezahlen«, verkündet er und klappert mit der Schale. »Komm schon. *Falangs* sind reich.« Er blickt mit dem pragmatischen Lächeln eines Geschäftsmannes zu mir auf. Seine Zähne sind groß und rund, ebenmäßig wie Maiskörner aus Elfenbein. Anders als die meisten Thai-Kinder hat er ein schmales, längliches Gesicht, wodurch er älter aussieht, als er tatsächlich ist. Er gräbt mit dem dicken Zeh im Staub und lächelt. »Komm schon, Ältere Schwester.«

»Aber ich bin nicht reich, weißt du. Ich bin keine *falang*. Ich bin eine halb italienische Thai-Nonne.« Ich zeige ihm den buddhistischen Talisman um meinen Hals. »Siehst du?« Er kommt aus der Stadt und ist bei weitem nicht so leichtgläubig wie die Kinder in Nareerat. Er lacht, vollführt einen Rumpelstilzchentanz, schüttelt die Sammelschale und trabt mit meinem Geld davon.

Vom Bahnhof aus ziehen sie mit viel Getöse weiter zum Spirituosenladen, wo Pee-Moi und Meh die Jungen empfangen wie lang vermißte Verwandte, obwohl Pee-Moi mir versichert, sie habe sie noch nie zuvor gesehen. »Sie müssen neu sein, und wie lange ist es her, seit Akrobaten nach Denchai gekommen sind!« Die Jungen bilden Zweiergruppen und jonglieren mit leeren Sang-Som-Whiskyflaschen. Beim Jonglieren hüpfen sie die Treppe hinauf und hinunter, drehen sich um die eigene Achse, berühren mit dem dicken Zeh ihre Ellbogen, klatschen rhythmisch zu den Klängen von Trommel und Becken. Als sie aufhören, ist keine einzige Whiskyflasche zerbrochen, und zwei von ihnen laufen zurück zum Feld, um den Drachen zu holen.

Der Drachen erhebt sich, und die Kinder von Denchai überfluten die Straße in einer begeisterten Welle. Nachdem sie den Spirituosenladen geplündert haben – Pee-Moi ist übertrieben großzügig zu Straßenakrobaten – schlängelt sich das unverbesserliche Biest die Yantrak hinauf zum Markt. Jetzt sind nur noch der kleinste Akrobat und der Trommler zu sehen, die anderen sind tief im Inneren des seidenen Drachens verborgen. Er zwängt sich auf dem Weg in jedes Geschäft, den Juwelierladen, die Drogerie, das *Ente und Gans*-Restaurant, und schiebt seinen mit pinkfarbenen und grünen Federn geschmückten Schädel über den Tresen. Der Junge mit der silbernen Schale läuft voran und verkündet, daß in einer halben Stunde in der Nähe des Marktes eine Vorführung stattfinden wird. Die Leute hinter den Tresen sind entzückt, ein Drache, der seinen Schädel über der Morgenzeitung und einer Schale Reissuppe hin und her wiegt, ist ein gutes Omen. Die Trommelschläge hallen auf der Straße wie die Schritte eines Riesen, und die Menschen lehnen sich aus den Fenstern, um zu sehen, wer da kommt.

Das Ungeheuer schlägt mit dem Schwanz, wenn Kinder versuchen, es an den Barthaaren und Nüstern zu pakken. Ich habe noch nie so atemloses Gelächter gehört. Sie können nicht genug bekommen von diesem Teufel mit den spiralförmigen Augen, dessen Kopf größer ist als der eines Elefanten und dessen Füße aus einfachen Sandalen und Zehen bestehen. Sie jagen das schnaufende Monster und kreischen, wenn es unvermittelt nach ihnen schlägt. Der Drachen zieht brüllend die Yantrak hinauf und auf der anderen Straßenseite wieder herunter. Derweil verkündet der kleine Akrobat lauthals Neuigkeiten zu dem großen Finale auf dem Marktplatz und sammelt Geld für ein Spektakel, wie es noch niemand gesehen hat. Der Trommler, müde sein Instrument auf dem Metallwagen vor sich herschiebend, schüttelt sich den Schweiß aus den Haaren. Als er sich dem Marktplatz nähert, stößt der Drachen sein bislang lautestes Gebrüll aus (die verborgenen Akrobaten riechen Brathähnchen, Kokosnußgebäck und gebackene Bananen) und fliegt hoch in die Luft. Die Jungen kommen mit verschwitzten Gesichtern zum Vorschein und blinzeln im grellen Sonnenlicht, die Vorstellung kann beginnen.

Menschen strömen vom Markt herbei, um zu sehen, was los ist. Wieder entsteht der wankende Turm, Zehen krallen sich an Schultern, und Hände umklammern Füße.

Sie sind jetzt müde und stöhnen vom untersten bis zum obersten Mann. Die Menge schnappt hörbar nach Luft, als zwei der Akrobaten die Balance verlieren und halb von den glitschigen Schultern der Jungen unter ihnen abrutschen. Als sie schließlich ihr Gleichgewicht gefunden haben, klettert der kleine Gibbon, Finger und Zehen in seine Kameraden grabend, behende an ihnen hinauf. Einige von ihnen verziehen das Gesicht und blinzeln Schweiß aus ihren Augen, aber der Kleine grinst, ohne sich um den Schmerz zu scheren, den seine scharfkantigen knochigen Füße den anderen zufügen. Oben angelangt, dreht er sich um und balanciert auf einem Fuß auf dem Kopf seines Untermannes, während er den anderen an die gegenüberliegende Schulter hebt. Alle starren gebannt nach oben. Die Kinder staunen Bauklötze; in einigen offenen Mündern blitzen Goldfüllungen.

Der kleine Junge sonnt sich in der allgemeinen Bewunderung. Er holt ein Streichholz aus einer Tasche und wirf ein paar Feuerwerkskörper über unsere Köpfe. Die Detonationen erschrecken die Hunde und lassen uns alle gleichzeitig zusammenfahren wie in einem gemeinsamen Schluckauf. Ein Junge neben mir faßt sich an die Backe und stöhnt, er hat sich auf die Zunge gebissen. Der oberste Akrobat dreht sich mit einem furchtlosen Lachen wieder herum. Er verläßt seine luftige Bühne nur ungern, und so verneigt er sich noch einige Male. Als er sich schließlich an den Abstieg macht, jubelt die Menge.

Nachdem sie den Turm aufgelöst haben, wirbeln die Jungen einzeln durch die Luft, geschmeidige Turner in alten Pyjamas. Ihre fleckigen Kostüme haben Löcher an den Knien und ausgefranste Säume. Zwei Paare von Jungen fangen an, mit allem zu jonglieren, was die Umstehenden ihnen reichen: eine Flasche Fischsauce, ein Kinderspielzeug, eine chinesische Rübe, eine Mango, ein Krebs. Einer der älteren Jungen wendet sich von der Gruppe ab und nimmt einen großen Schluck aus einer mitgebrachten Flasche. Er stellt sich mitten auf die Straße, wo einer seiner Kameraden ein Feuerzeug in die Luft hält. Dann spuckt er die Flüssigkeit aus seinen aufgeblähten Backen und bläst eine gewaltige Flamme in Richtung der Zuschauer. Die Hitze leckt an unseren Gesichtern. Einige der Umstehenden weichen keuchend zurück, während der kleinste der Akrobaten ausgelassen kreischend auf und ab hüpft. Der Truppe gefällt dieser Teil der Show am besten. Ihre Augen glänzen vor Bewunderung, als der Feuerschlucker den Mund erneut mit der Flüssigkeit füllt und diese in eine Flamme verwandelt. Kinder schreien auf und legen schützend die Hände vor die Augen. Männer schütteln die Köpfe vor Staunen – Frauen vor Entsetzen. Plötzlich muß ich niesen vom Benzinrauch.

Der Drachen liegt riesig und verkrümmt auf dem Boden. In meinen Augen verwandelt sich der Feuerspeier in dieses Wesen mit den Spiralaugen. Er ist wild genug, ein Drachen zu sein, ein wahnsinniges Grinsen auf dem Gesicht, als orangefarbene Flammen aus seinem Mund züngeln und sich zu schwarzen Rauchwolken kräuseln. Die Vorstellung müßte ein markanteres Zeichen zurücklassen – irgend etwas müßte brennen; der Tempel beispielsweise, oder das alte Teakholzhotel. Jeden Augenblick müßten siamesische Soldaten auf Elefanten vom Tennisplatz herbeistürmen.

Die letzte Flamme ist ein transparentes Flimmern. Der Feuerspeier hustet, spuckt und spült sich den Mund mit Wasser aus. Sein gerötetes Gesicht ist schweißüberströmt; sein Hemd klebt ihm am Rücken und an der Brust. Der Geldsammler waltet seines Amtes. Als die Zuschauer reichlich gelöhnt haben, verbeugen sich die Akrobaten und klatschen, um uns für unsere Großzügigkeit zu danken. Die Zuschauer ihrerseits applaudieren noch ein letztes Mal, ehe sie auseinandergehen und sich wieder ihren morgendlichen Erledigungen zuwenden. Die Truppe zieht los, um sich auf dem Markt etwas zu essen zu kaufen.

Der jüngste der Akrobaten bewacht den Drachen, den niemand mehr beachtet, außer den Kindern. Der Junge ermahnt sie, vorsichtig zu sein, sanft und ihre Herzen zu beruhigen, wenn sie ihn tatsächlich *anfassen* wollen. Die Kinder werden ganz ernst. Sie schieben die Hände zwischen die Kiefer des Ungeheuers und kreischen so leise wie möglich. Ein Mädchen, das kleiner ist als der Drachenkopf, kniet sich vor ihn und streckt die Hand aus, um die Spirale seiner Augen nachzuzeichnen. Andere Kinder folgen ihrem Beispiel und streicheln mit blassen Handflächen die regenbogenfarbene Iris. Als die anderen Akrobaten vom Marktplatz zurückkehren, werfen sie sich den Drachen über und fangen an zu brüllen, so daß die Jungen und Mädchen in ekstatisches Geschrei ausbrechen.

Am Bahnhof laden die Jungen die Lebensmittel, die Trommel und den Drachen auf einen völlig verrosteten Lastwagen. Als er den skeptischen Blick bemerkt, mit dem ich das Fahrzeug betrachte, sagt einer der Jungen: »Wir nennen ihn die Braune Schildkröte.« Er springt auf die Ladefläche, entwirrt Seide, Federn und Troddeln und schlingt sich den Drachenkörper um das Kinn. Die Truppe ist auf dem Weg zu einem kleinen Dorf außerhalb von Prae, wo die Schwester eines der Jungen wohnt. »Bei ihr können wir baden«, erklärt der Feuerspeier, der an einem Stück Eis lutscht. Drei von ihnen steigen ins Führerhaus des Lastwagens, und die anderen vier machen es sich auf der Ladefläche bequem und schlürfen Orangenlimonade aus Plastiktüten. Wir sind uns einig, daß sie bald nach Kanada kommen müssen; sie werden nach mir Ausschau halten, wenn sie dort sind. Sie brausen die Yantrak hinauf und lassen mich in einer Wolke aus rotem Staub vor dem Bahnhof zurück, ein so strahlendes Lächeln auf dem Gesicht, daß es schmerzt.

17. Juli

Der Regen hat nicht die prasselnde Gewalt, die ich erwartet hatte. Tatsächlich hat sich das Wetter so allmählich und natürlich verändert, daß mir kaum auffällt, wie viel es tatsächlich regnet. Schauer sind bald wieder vorüber, und die Sonne purzelt aus weißen Wolkenschlössern. Wir steigen vorsichtig wie Katzen über die Pfützen und schütteln den Schlamm von unseren Füßen. Oft gießt es nachts in Strömen; wenn wir aufwachen, sind die Straßen naß, und ein Teppich von noch üppigerem Grün bedeckt die Erde. Die Pflanzen wachsen so schnell, daß ich stehenbleibe, um die sichtbare Entwicklung der Ranken und Blätter zu verfolgen.

Wenn ich dem, was in der Erde vorgeht, zu viel Aufmerksamkeit widme, machen meine Freunde sich über mich lustig. Heute beugt sich Lin vor und fragt leise: »Sprechen diese kleinen Bäume Englisch oder Thailändisch?« Ich lache.

»Kalen, kennst du *mai-yer-rap?*«

»Ist das eine Pflanze oder etwas Eßbares?«

»Eine Pflanze!« Sie nimmt meine Hand und führt mich zu einem Feld in der Nähe des Bahnhofs, ein Ort, den ich häufig allein aufsuche. An einer bestimmten Stelle bleibt sie stehen und breitet über dunklem Unkraut mit rosafarbenen Blüten die Arme weit aus. Ich bin nicht sonderlich beeindruckt. »Sieh genau hin«, sagt sie. Ich betrachte die Pflanzen eingehend aus zusammengekniffenen Augen, während sie einige kleine Steine aufhebt. »Sieh hin.« Sie lehnt sich über das Gestrüpp und streut die Steine darüber wie Zimt.

Die kleinen Blättchen rollen sich unter dem Steinregen zusammen. Die Bewegung besitzt die geschmeidige Symmetrie eines sich schließenden Fächers oder einer zugezogenen grünen Jalousie. Lin nimmt einen langen Stock und streicht damit über den dunklen, smaragdgrünen Teppich: die Farbe verschwindet, und nur dunkle, eingerollte Ranken bleiben zurück. Ich schnappe unwillkürlich nach Luft. Lin geht in die Hocke, schlingt die Arme um die Knie und lacht, erfreut über meine Überraschung. »Es gibt also kein mai-yer-rap in Kanada.«

»Ich habe noch nie welches gesehen.« Wir hocken uns an den Wegrand und warten, daß die Pflanzen uns vergessen und sich langsam wieder öffnen, ihre Finger wieder von den dunklen Stämmen fortrecken. Ich muß an die sachten, vorsichtigen Bewegungen von Seeanemonen denken. Ich fahre mit dem Daumen am Rand einer langen Reihe von Blättern entlang, und sie rollen sich bei der Berührung sofort zusammen.

Wir gehen zurück in Richtung Spirituosenladen, damit ich meine erste Familie besuchen kann. Prasert ist in Prae, und so gehen Pee-Moi und ich in die Küche. Lin bleibt draußen am Steintisch und liest die Zeitung. Tief im Inneren des Hauses ist die Luft schwer vom Geruch nach Reis und Gewürzen. Meh hat gerade Hähnchen fertig gebraten, und der Deutsche Schäferhund winselt. Pee-Moi wirft dem Hund die glänzenden Innereien hin und wendet sich dann wieder mir zu. »Ich möchte nach Phitsanulok, wie meine Schwester, und mir eine Arbeit in einem Büro suchen.« Bislang verbringt sie ihre ganze Zeit im Laden und mit der Buchhaltung. »Meine Augen werden bereits schlechter. Ich werde alt.« Sie wäscht sich die Hände und spült einen Stapel Teller. Sie spricht weiter, mehr zu sich selbst als zu mir. »Aber da sind die Jungen und die Großeltern. Jemand muß mit anpacken. Meh kann nicht alles allein schaffen. Wie könnte ich sie verlassen?« Ganz einfach. Viele Thai-Frauen, die ihre Lage als ausweglos betrachten, wissen sehr wohl, wo das Problem liegt; sie besitzen sogar die Fähigkeit, sich selbst zu befreien. Aber die meisten von ihnen haben nicht den Mut und den nötigen Egoismus, mit den Konventionen zu brechen. In Thailand ist Geschichte kein Thema. Sie ist eine Kraft, die einen festhält. Pee-

Moi ist achtundzwanzig und wird bald als alte Jungfer betrachtet werden, weil sie keinen Freund hat.

Viele meiner Briefe nach Hause sind erfüllt von selbstgerechtem Zorn, wenn ich den Frauen hier zugehört habe, die mir ihr Leid klagen. Sie sind überall: ich lebe mit ihnen unter einem Dach, sie sind meine Lehrerinnen in Nareerat, sie verkaufen mir Ananas, sie plaudern mit mir in den *songtows*, beschreiben mir ihre gewalttätigen Männer, ihre Männer mit zwei Ehefrauen, ihre Ehemänner, die für Tage auf dubiose Geschäftsreisen verschwinden. Und zum Abschluß dieser vertraulichen Klagen sagen sie: »Erzähl niemandem davon.« Ich bin Weiße und schüre mit meinen Erzählungen von Frauen in Nordamerika die Unzufriedenheit. »Nein«, sage ich ihnen, »es stimmt nicht, daß sich im Westen alle scheiden lassen und verrückte Kinder haben! Seht mich an!« Und ich schneide eine Fratze, um ihnen zu demonstrieren, daß ich geistig völlig gesund bin. Heute habe ich nicht die Energie für Ausbrüche, weil die Luft zu schwül und zu süß ist. Ich höre Pee-Moi zu, weil sie jemanden braucht, der ihr zuhört, und sie weiß, daß sie mir vertrauen kann, aber ich werde heute keine Tiraden vom Stapel lassen, daß man stark sein und sein eigenes Leben in die Hand nehmen muß. So etwas zu sagen ist reine Kraftverschwendung. Und ich habe heute viele Stunden mit Lin zusammen verbracht, ihre sorglose gute Laune läßt mich stets alles mit den Augen einer Thailänderin betrachten. Ich brauche nur eine Stunde mit ihr zu verbringen, um an die unumstößliche Weisheit des *mai pen lai* zu glauben. Ajahn Champa sagt, ich solle mich in acht nehmen, sonst würde ich auch noch als Ehefrau eines Thailänders enden, Wäsche mit der Hand waschen und mein Englisch vergessen.

Gegen fünf Uhr geht Lin nach Hause, während ich bleibe, um den frühen Abend mit Pee-Moi, Meh, den Jungen und den Großeltern zu verbringen. Nach dem Essen sehen wir uns Zeichentrickfilme an. Wie gewöhnlich lachen die Großeltern lauter als alle anderen, rücken nach besonders komischen Szenen ihre Brillen zurecht und lutschen schmatzend Kampferbonbons. Obwohl beide fast neunzig sind, ist offenkundig, daß sie nicht daran denken, zu sterben. Koon Tah steigt nach schweren Regenfällen immer noch aufs Dach, um die Regenrinnen zu reparieren. Die Jungen und ich sitzen auf dem Fußboden vor dem Fernseher und essen Erdnüsse. Geway gibt vor, seine Englischhausaufgaben zu machen, aber tatsächlich zeige ich ihm die richtigen Antworten während der Werbepausen.

Als Jaree, der Diener, von der Auslieferung einer Ladung Spirituosen nach Prae zurückkehrt, laufen die Jungen ihm entgegen. Seine Hände mit den dicken, rauhen Knöcheln, sind wie eine Muschel aneinandergelegt. »Ich habe etwas«, verkündet er, woraufhin die Jungen an ihm hochspringen und an seinen Kleidern zerren. »Augenblick, Augenblick. Kalen, komm doch einen Moment her, ja?« Er öffnet die Hände. Ein schwarzer Käfer nimmt den Großteil seiner linken Handfläche ein. Am Kopf sitzen zwei große Fühler, von denen der obere über den unteren hinausragt. Ein Nashornkäfer groß wie ein Ei. Ich habe Abbildungen dieser Käfer in Büchern gesehen. Dieser hier rührt sich nicht. Jaree versichert mir, daß er tot sei. Obgleich die Jungen um ihn herumspringen und darum betteln, daß er ihnen den Käfer gibt, fordert er mich auf, ihn als erste zu berühren. Ich lege eine Fingerspitze auf den gepanzerten Rücken. Er ist glatt, härter als es ein Insekt sein sollte, und kalt wie ein Stein. »Drück fester zu.«

Der Käfer ist nicht tot. Er zischt, indem er die Luft unter seinem Panzer ausstößt, und beginnt, über Jarees Hand zu krabbeln. Ich halte die Hände unter seine, und der Käfer fällt auf meine Handfläche. Die Kinder lachen, als ich kreische. Sie können einfach nicht fassen, daß sich mir bei großen Insekten immer noch die Nackenhaare sträuben. Jetzt, wo er auf die helle Haut auf der Innenseite meines Arms zukrabbelt und sich an mir festkrallt, kommt er mir noch größer vor. *Er hält sich an mir fest.* Als ich den Arm drehe, fühle ich, wie er mich kneift. Das macht mich nervös. Ich versuche, den Käfer abzuschütteln. Er läßt einfach nicht los. Ich lege die Finger der anderen Hand um seinen Leib, ziehe und werfe ihn weg. »Nein, nein, nein«, sagt Jaree, als mir klar wird, daß der Käfer verzweifelt versuchte, sich festzuklammern und mir dabei mit den Krallen die Haut aufriß. Bluttropfen bilden sich auf meinem Arm.

»Warum hast du ihn gewaltsam weggezogen? Er wollte dir doch nichts tun. Hattest du Angst vor seinen Hörnern? Sie bewegen sich doch gar nicht, Kalen.« Der Käfer strampelt auf dem Rücken liegend mit den Beinen. Jaree nimmt ihn auf und legt ihn Geway auf die Hand. Die Hörner, erklärt er, dienen dazu, andere Tiere abzuschrecken. »Hat ja wunderbar geklappt.« Er lacht. Nashornkäfer sind harmlose Pflanzenfresser. Die Jungen setzen ihn mit einer geschälten

Banane in einen Korb. Geway wendet sich mir zu. »Hast du denn vorher noch nie einen solchen Käfer gesehen?« Er hebt den Korb hoch, wo der Käfer bereits an der Frucht nagt.

»Nein, habe ich nicht. Die gibt es in Kanada nicht.«

Er nickt ernst, als bedaure er mich wegen meiner entbehrungsreichen Kindheit – ohne Nashornkäfer! »Möchtest du diesen hier mit nach Hause nehmen?« Seine Züge erhellen sich, als er mir den Käfer zum Geschenk macht.

»Das würde ich gern, aber ich glaube nicht, daß ihm der Flug gefallen würde. Aber trotzdem, vielen Dank.« Den Rest des Abends spielen wir mit dem Käfer oder beobachten, wie er sich über die Banane hermacht. Ich bin überrascht, als ich erfahre, daß dieses verhältnismäßig schwere Insekt fliegen kann: als die Kinder den Käfer in meine Richtung werfen, breitet das Nashorn die Flügel aus und rast mit lautem Surren vorwärts wie ein Miniaturflugzeug, wobei es rasch an Höhe verliert. Mit einem dumpfen Aufprall landet er auf meiner Schulter. Ich schreie. Jaree fragt sich laut, ob der Käfer bis zum Morgen den Weg in mein Zimmer gefunden haben wird. »Große Insekten mit Hörnern fühlen sich unwiderstehlich zu *falangs* hingezogen«, erklärt er. Pee-Moi beruhigt mich und entfernt vorsichtig den Käfer von meinem Hals. Wenn die Kinder im Bett sind, wird sie den Käfer draußen im Garten in die Freiheit entlassen.

21. Juli

Heute haben Sangkaya, Glanjanaa, Yupa, Peroontip und ich uns im Lehrerzimmer ein richtiges Festmahl aus *som-tam* und Hühnchensalat gegönnt. Ajahn Champa mag es nicht, wenn ich zu viel Zeit mit den Lehrerinnen verbringe, aber sie sind meine besten Freundinnen hier in Nareerat. Und Ajahn Champa ist auf einer Konferenz in Chiang Mai. Die englische Abteilung ist ungewohnt entspannt, die Lehrerinnen ziehen die Schuhe aus und sitzen mit gekreuzten Beinen an ihren Pulten. Yupa ist zur Cafeteria gegangen und hat das *som-tam* geholt, Peroontip hat den Hühnchensalat gleich hier im Lehrerzimmer zubereitet.

Wir stopfen uns zusammen mit klebrigem Reis den Papayasalat in den Mund, unsere Gesichter sind gerötet von den scharfen Pfefferschoten. Wir haben uns gerade über sonderbare englische Wörter unterhalten, und jetzt reden wir über Sex. Diese Gespräche sind immer von Schüchternheit geprägt, aber es wird auch viel gelacht. Glanjanaa ist hochschwanger, sanft und wunderschön. Ihre Augen *schmelzen* in die Augen anderer. Sie macht einen glauben, daß es bequem, ja geradezu entspannend sei, in so heißem, schwülem Wetter schwanger zu sein. Als sie sich über ihren Bauch beugt, verwandelt ein geheimniskrämerischer, unergründlicher Ausdruck ihr Gesicht. »Kalen, darf ich dir bitte eine Frage stellen?« Ich nicke. Sie fährt sogar noch leiser fort. »Was bedeutet... den Hof machen?«

Ebenso ernst lehne auch ich mich vor. »Den Hof machen bedeutet, alles zu tun, damit jemand sich in einen verliebt.«

»Und was genau tut man?«

»Glanjanaa, ich denke, das weißt du bereits.«

»Aber wie macht man das im Westen?«

»Genauso wie hier, denke ich, nur schneller.«

»Ja, aber was macht man genau?«

»Alles mögliche. Man geht ins Kino, zum Essen oder tanzen. Man schenkt Blumen, Pralinen, kleine Präsente. Man schreibt Liebesbriefe. Du weißt schon.«

Sie nickt nachdenklich. »Ich weiß nicht.« Sie lächelt. »Ich frage mich, ob die Männer in Kanada einer Frau geschickter den Hof machen als Thailänder.«

»Kanadier können wunderbar küssen.« Ich esse den letzten Rest des *som-tam* und wische mir die Finger an einer Handvoll rosa Servietten ab.

Glanjanaa mustert mich mit gewölbten Brauen. »Wo küssen sie?«

»Wo tun sie was?«

»Wohin küssen sie einen?«

Ich stehe auf, beuge mich über ihre Schulter, lasse aus reiner Effekthascherei den Blick um mich schweifen und flüstere ihr ins Ohr: »Überallhin!« Sie bricht in schallendes Gelächter aus. Sangkaya, Yupa und Peroontip möchten wissen, worüber wir reden. Während die Einzelheiten weitergegeben werden, schütteln sich die Lehrerinnen in gespieltem Entsetzen und stellen vergleichende Fragen über Thailänder und Kanadier. Sangkaya, die glücklich verheiratet ist und eine kleine Tochter hat, seufzt. »Schade, daß ich nicht in Kanada geboren wurde«, sagt sie und fächelt sich Luft zu.

Yupa, die einzige unverheiratete Lehrerin der englischen Abteilung, stellt eine ernsthafte Frage. »Warum ist ›nacken‹ kein Wort?«

»Wie bitte?«

»Nacken. Warum ist das kein Verb im Präsens. Warum gibt es nur ›nackt‹?«

»Weil nackt ein Adjektiv ist, und es das Verb nacken einfach nicht gibt.«

»Nacken als Verb gibt es also nicht, aber es gibt nackt und entkleidet.«

»Richtig.«

»Und was ist sexyer, nackt oder entkleidet?«

»Aber Yupa. Das ist dasselbe.«

»Ich meine das Wort selbst, welches der beiden ist sexyer? Würdest du sagen ›Ich habe einen schönen nackten Mann in meinem Schlafzimmer gesehen‹ oder ›Ich habe einen schönen entkleideten Mann gesehen‹? Was klingt besser?« Yupa ist inzwischen hochrot im Gesicht, und die anderen Lehrerinnen lachen hinter vorgehaltener Hand.

»Ich persönlich würde eher ›nackt‹ sagen.«

»Noch eine Frage. Man kann ›süß‹ in ein Verb verwandeln, indem man ›en‹ hinzufügt. Süßen. Aber warum kann man nicht ›kalten‹ sagen? Wie beispielsweise in ›Ich möchte das Wasser kalten‹?« Alle warten gespannt auf meine Antwort.

»Yupa, das Wort ›kalten‹ gibt es in meiner Sprache einfach nicht.«

»Ja, aber warum nicht?«

»Yupa, das weiß ich nicht!«

»Du möchtest doch Schriftstellerin werden, oder? Solltest du dann nicht über solche Dinge Bescheid wissen?«

Ein Lächeln umspielt ihre Lippen und Augen. Sie neckt mich. Ich antworte mit tiefer Stimme. »Englisch ist eine große rätselhafte Sprache, Yupa, so wie Gott.« Sie lacht, verdreht die Augen, und wir machen uns über den Hühnchensalat her.

25. Juli

Früh am Morgen, vor Schulbeginn, taucht Meh Dangs Sohn Sak am Laden auf und pfeift nach mir. Ich bin in der Küche und suche nach etwas Eßbarem. (Aus einem unerfindlichen Grund verschwindet der Großteil der Vorräte über Nacht, so daß ich meist in der Schule essen muß.) Sak hüpft an der Tür aufgeregt auf und ab und winkt mir herüberzukommen. »Meh Dang möchte dich sprechen, bevor du zur Schule gehst. Es ist sehr wichtig, sie hat eine Überraschung für dich.« Ich schlüpfe in meine Sandalen und verlasse das Haus, bevor Paw Sutape aufsteht und fragen kann, wo ich hin will.

Meh Dang ist bereits hellwach. Sie ist in der Küche und singt, die Finger voller Blut und Hühnerinnereien. Als sie mich sieht, wechseln ihre Lippen von Gesang zu Sprache, wie ein Vogel, der sich niederläßt. »Kalen, *sawatdee*, wie geht es dir heute? Nein, ich weiß, daß es dir gut geht, weil du immer lächelst. Ich habe eine Überraschung für dich.« Sie blickt von ihrem Huhn auf, um zu sehen, ob ich ihren schnell gesprochenen Worten auch folge, nimmt sich ein weiteres nacktes Huhn und bricht es auf. »Ich möchte, daß du mich nach Chiang Rai begleitest, okay? Ich spreche mit Ajahn Champa und dem Rotary Club. Natürlich kommst du nur mit, wenn sie es erlauben.«

Ich bin skeptisch. »Meh Dang, du weißt, daß Paw Sutape behaupten wird, es wäre zu gefährlich. Wenn ich nicht einmal abends mit dir nach Prae darf, wird er mich ganz sicher nicht nach Chiang Rai fahren lassen.«

Meh Dang ist verblüfft. »Gefährlich? Gefährlich? In Begleitung von Meh Dang? Ich werde auf dich achten, als wärst du meine leibliche Tochter! Gefährlich...« Sie schnaubt verächtlich. »Chiang Rai ist die beste Stadt in Thailand. Ich bin dort geboren.« Jetzt lächelt sie und wirft die Hühnerinnereien in einen Eimer, der neben ihr steht. Sie steht auf, um sich die Hände zu waschen. »Dieser ganze Erlaubniskram. Was sollte denn schon passieren? Du brauchst die Erlaubnis des Clubs und aller deiner Väter hier in Denchai. Das Ganze ist lächerlich. Brauchst du auch Mr. Prems Erlaubnis, um auf die Toilette zu gehen?« Mr. Prem ist der Premierminister des Landes. Sie wirft einen Blick in den Laden, um sich davon zu überzeugen, daß wir nicht von Spionen belauscht werden, und flüstert: »Wußtest du, daß Paw Sutape kein echter Thai ist?«

»Nicht?«

»Natürlich nicht. Er ist ein laotisches Ungeheuer!« Sie bedeckt in gespieltem Entsetzen erst ihren Mund und dann ihre Augen mit den Händen.

Wir fangen beide an zu kichern, aber ich sage: »Meh Dang! Wie fies!« Auf der Skala der von Vorurteilen geprägten thailändischen Beleidigungen kann man nicht tiefer greifen, als jemanden als laotisches Ungeheuer zu bezeichnen.

Jetzt hackt sie mit einem Fleischermesser auf Ananas ein, die Muskeln ihrer Arme spannen sich bis hinauf zu ihrem Hals und verschieben sich bei jedem Positionswechsel unter der Haut.

»Möchtest du hiervon etwas haben? Es schmeckt sehr gut, weißt du.« Ohne meine Antwort abzuwarten, reicht sie mir eine große süße Scheibe. »Ich gebe dir ein Dutzend solcher Ananas, wenn du mit mir nach Chiang Rai kommst.«

»Meh Dang, ich *will* ja mitkommen, aber...«

»Ich weiß, ich weiß, es ist zu gefährlich. Oh, Thailand ist ein schlechtes Land. Die Männer sind große starke Kinder, die nie Wäsche waschen. Wirklich ungezogen. Und wir müssen immer fragen, ob wir allein irgendwohin gehen dürfen. In Kanada ist das nicht so?«

»Nein, das ist in Kanada besser.«

»Warte mal! Jetzt ist es also in Kanada besser, ja? Ich dachte, du liebst Thailand. Lügen! Lügen! Du möchtest zurück ins Eisland!«

»Meh Dang! Ich meinte die Männer! Und ich möchte nicht zurück. Aber, haben wir nicht gerade von Chiang Rai gesprochen?«

»Ja. Wir reden von Chiang Rai. Du wirst mich begleiten, weil ich nicht allein fahren möchte.«

»Ich glaube wirklich nicht, daß Paw Sutape es erlauben wird.«

Meh Dang lacht nur, Ananassaft auf den Lippen. Sie hat kein Problem damit, mit vollem Mund zu sprechen. »Kalen, welch eine Überraschung. Du wirst mitkommen, keine Angst. Ich bin Meh Dang, weißt du.«

28. Juli

Wir sitzen in dem schmutzigsten Bus, der mir in Thailand je untergekommen ist, und das ist ein wahrlich bemerkenswerter Superlativ. Es ist ein gewöhnlicher Bus, ein orangefarbenes Geschoß, ohne Klimaanlage, zuverlässige Bremsen oder bequeme Sitze. Er ist gerammelt voll – weinende Kinder, Männer mit fettigen Haaren, erschöpfte Marktfrauen mit Säcken voller Obst und Mais. Ganz hinten steht eine wacklige Holzkiste mit vier aggressiven Hühnern. Alle paar Minuten versuchen sie, einander zu Tode zu hacken, um dann seltsame gurgelnde Drohlaute auszustoßen.

»Am besten schläft man die ganze Fahrt bis Chiang Rai. Halt deine Tasche gut fest, bis wir da sind, okay, Kalen?«

»Wie lange wird die Fahrt dorthin dauern, Meh Dang?«

»Nicht lange. Wenn wir ein Auto hätten, vielleicht vier Stunden.«

»Aber wie lange mit dem Bus, Meh Dang?«

»Mit dem Bus? Diesem Bus?«

»Ja, diesem Bus. Wie lange?«

»Oh, etwa sechs Stunden oder so. Ich weiß es nicht genau. Mach einfach ein langes Schläfchen!«

Wie viele Thailänder besitzt auch sie die bewundernswerte Fähigkeit, in jeder Lebenslage schlafen zu können. Es spielt keine Rolle, daß sie auf einem unbequemen Holzsitz hockt: innerhalb einer Stunde ist sie eingeschlafen. Ich kann die Augen nicht geschlossen halten. Je weiter wir nach Norden kommen, desto wacher werde ich.

Das Land erstreckt sich in Falten und Wellen vor mir. Ein Gitternetz von Feldern dehnt sich bis zu den terrassierten Berghängen aus, wo Frauen knöcheltief im Wasser stehen und Reis pflanzen. Der Himmel bläst Nebel und Regen herab.

29. Juli

Wir wohnen mit Surapong, dem Anwalt, der früher in Denchai gelebt hat, in einem alten Teakholzhaus. Am Morgen beuge ich mich über den Rand meiner Matratze und blicke durch die Ritzen zwischen den Fußbodenbrettern. Blaue Blumen und limonengrünes Moos wachsen drei Meter unter dem Haus. Der Mann nebenan hält drei Affen in einem großen Drahtkäfig; in seinem Garten stehen Mangobäume dicht an dicht. Ich wache gemeinsam mit den Affen auf, deren Geschnatter uns während des Frühstücks begleitet. Surapong ist bereits zur Arbeit gegangen und hat Meh Dang und mir seinen Wagen für den Tag überlassen.

»Aber erzähl bloß Paw Teerug nichts davon«, warnt sie mich, als wir einsteigen und ein paar Landkarten ausbreiten. »Vergiß die Karten«, sagt sie, als wir uns nicht zurechtfinden. »Wir werden ohne nach Maysalong fahren. Ich bin Jahre nicht mehr dort gewesen, aber so alt bin ich auch wieder nicht. Ich werde mich an den Weg erinnern.«

Maysalong ist der höchste Berg im Goldenen Dreieck. Während der kommunistischen Revolution in China sind viele Menschen über die Grenze nach Südostasien geflohen. Einige der Dorfbewohner haben sich nach ihrem langen Weg über die Berge zwischen Laos und Birma dort niedergelassen. Die thailändische Regierung gestattete den Flüchtlingen, sich im Maysalong-Gebiet anzusiedeln, und dort leben sie seither. Sie leben auf dem Berg wie Chinesen, sprechen ihren eigenen chinesischen Dialekt und pflegen chinesische Bräuche.

Wir befinden uns bereits tief in den Bergen, auf Straßen, die in Serpentinen immer höher und höher hinauf in den Nebel führen. Die Berge ragen grün aus den Wolken; wir sind nur eine Armeslänge vom Himmel entfernt. Meh Dang erzählt mir einige Horrorgeschichten von verrückten kommunistischen Bergstämmen, mordenden laotischen Soldaten, Golddieben und Drogenschmugglern. Ihre Finger kriechen spinnenartig über das Lenkrad. »Es ist gefährlich hier oben, weißt du, sehr gefährlich.« Sie grinst mich an. »Willst du lieber zurück? Man kann nie wissen, was diese Wahnsinnigen mit zwei schwachen Frauen anstellen, vor allem einer Weißen.«

»Meh Dang!«

Sie brüllt vor Lachen. »Ich mache doch nur Spaß!« Obgleich die Geschichten größtenteils wahr sind, liegt Maysalong nicht tief genug im Dreieck, als daß wir Schwierigkeiten bekämen. Hoffe ich. Ich habe erschrekkende Zeitungsartikel gelesen über Touristengruppen, die tagelang nichts zu essen bekamen, während ihre kommunistischen Entführer aus Laos überlegten, was sie mit ihnen anstellen sollten. Solche Geschichten nehmen nicht immer ein glückliches Ende.

Wir befinden uns, wie es so schön heißt, mitten im

Nichts. Meh Dang ist seltsam still und blaß geworden. Als ich frage, ob sie okay ist, antwortet sie leise: »Mein Magen sagt nein.« Jedesmal, wenn wir um eine Kurve fahren, verschwindet die Straße hinter uns. Erst wenn wir eine neue Steigung angehen, kann ich herunterblikken und die Stelle sehen, an der wir eben noch waren. Die Reisterrassen sind diesem Gefälle nicht gewachsen, sie fallen zurück ins Tal und überlassen das Land dem rauheren Grün der Bambushaine, Bananenbäume und anderen ledrigen Pflanzen mit rasiermesserscharfen Blättern. Sogar die Menschen hier sehen anders aus; dunkelhäutig, in schlichten Kleidern, oft barfuß, steigen sie allein mitten auf der steilen Straßen die Berge hinauf. Wenn der Wagen sie passiert, warten sie am Straßenrand und starren uns nach.

Dieser Ort ist zu hoch gelegen, zu schroff. Die Berge ragen auf und fallen gleich wieder steil ab. Das Land hält nur sich selbst, sonst nichts. Ich kann einfach nicht glauben, daß hier Menschen leben. Sogar die Straße bricht auf und wird immer schmaler, wird von der Erde verschlungen. Das hier ist eine Steilwand über der Welt, ein neues Land inmitten jenem, das ich zu kennen glaubte, wilder als ich es erwartet hatte. Ich war auf eine Landschaft gefaßt gewesen ähnlich der in den Bergen um Chiang Mai, aber hier regiert eine völlig andere Atmosphäre. Tief unten, wie ein sonnenbeschienenes Märchenland, schimmert das Chiang Rai-Tal in einem Meer aus silberdurchwobenem Grün.

Auf der Straße über uns entdecke ich einen Mann mit einem struppigen Pony. Das Pony ist sehr klein, rostfarben und trägt eine Ladung Holz auf dem Rücken. Als wir näherkommen, macht der alte Mann keine Anstalten, dem Wagen auszuweichen. Wir kommen so nah heran, daß ich die einzelnen Wirbel an seinem nackten Rükken erkennen kann. Dann frage ich mich, ob er tatsächlich so alt ist. Als er uns sieht, lächelt er, und die Haut spannt sich straff über seine vorstehenden Wangenknochen. Seine Rippen führen wie zwei Leitern bis zu seinem Hals hinauf.

Meh Dang flüstert: »Siehst du? Siehst du, dort drüben? Das ist Maysalong.« Vier Grate weiter ragt ein Berg aus dem grünen Chaos, der mit braunen Hütten und Backsteingebäuden bedeckt ist. Bevor wir dort ankommen, bringt Meh Dang den Wagen zum Stehen, schafft es gerade noch, die Handbremse anzuziehen und springt aus dem Auto. Zwei Minuten lang hustet und würgt sie am Straßenrand. Ich reiche ihr einige Taschentücher und eine Flasche Wasser, als sie fertig ist. Sie steigt wieder in den Wagen und lächelt. »Jetzt fühle ich mich schon viel besser.«

Das Dorf Maysalong ist wie ein Haufen brauner Wurzeln, die sich, kaum verankert, an den Berg klammern. Was machen sie bloß bei Sturm? Als wir die Straße hinauf ins Dorf fahren, sehen wir einige Fahrräder und klapprige Lastwagen vor den ungestrichenen Häusern, aber nichts rührt sich. Es hat angefangen zu regnen, aber die Straßen waren bereits naß. Rote Erde vermischt sich mit grauem Schlamm. Die Menschen, zumeist alte Männer, die in den Türen und Fenstern ihrer Häuser stehen, haben müde Augen. Eine kleine Gruppe von Kindern starrt uns schweigend an. Ihre Füße sind schlammbedeckt.

Wir fahren durch den Ort bis zum Bergplateau, wo die Chinesen einen Markt, ein Restaurant und ein Gästehaus für thailändische Touristen unterhalten. Meh Dang fragt einen der Händler, ob die Bergstämme immer noch auf der grünen Lichtung hinter dem Markt tanzen. »Ich erinnere mich, daß wir Tänzer und Trommler gesehen haben. Vom Stamm der Karen, wenn ich mich nicht irre. Sie sprachen nicht einmal Thailändisch.« Der Händler sagt, daß sie immer noch kommen, inzwischen aber im voraus bezahlt werden wollen. Offenbar ist dieser Mann ihr Agent. »Ich weiß, wo sie sind, falls Sie eine Vorstellung sehen möchten«, sagt er. »Aber ich muß jemanden losschicken, um sie zu holen, und das wird Sie etwas kosten.« Andere Thailänder auf dem Berg sowie einige der Dorfbewohner möchten die Stammestänze ebenfalls sehen. Meh Dang versteht es, geschickt zu verhandeln. Sie feilscht mit dem Agent um das Honorar der Tänzer, die Kosten für die Musik und die Anzahl der Lieder. Sie gibt ihm etwas Geld, und er bittet sie, mindestens eine halbe Stunde zu warten.

Solange er fort ist, sehen wir uns die Stände an, die Schmuck und ungeschliffene Edelsteine anbieten. Die Regale um uns herum sind vollgepackt mit Tee aus China, Tigerbalsam und alten Heilmitteln aus gemahlenem Schildkrötenpanzer, Elefantenstoßzähnen und Schlangeninnereien. Sie machen Frauen fruchtbar, Männer unwiderstehlich, stärken jene mit schwachen Lungen oder steigern die Intelligenz. Meh Dang hat jedoch Kopfschmerzen von der Übelkeit, und Aspirin gibt es keins.

Zwei Stunden später, nach dem Mittagessen, kommen die Tänzer und Musiker des Bergstammes in einem rostigen Lastwagen den Berg heraufgefahren. Die Menschen unterhalten sich leise in einer Sprache, die weder Chinesisch noch Thailändisch ist. Sie sind aus ihren Wäldern gekommen und gehen leichtfüßig auf das Plateau am Bergrand, nichts als Himmel hinter sich. Hinter uns, über den anderen Graten, wirbeln Wolken in langen blaugrauen Regenschwaden. Die jüngeren Kinder des Stammes versammeln sich unter den Bäumen, um ihren Eltern und Geschwistern zuzusehen. Babys sind mit Riemen aus gewirktem Tuch auf den Rücken der Kinder gebunden. Sie starren mit den schwärzesten Augen, die ich je gesehen habe, über die Schultern ihrer Schwestern.

Die Alltagskleidung der Tänzer würde bei uns glatt als Kostüme durchgehen. Bunte Leggins, schwarze gesteppte Jacken mit roter, blauer, grüner und gelber Stickerei und silbernen Glöckchen geschmückt. Ketten und bunte Perlenschnüre baumeln auf der Stirn der Frauen und unter ihrem Kinn. Ihr Kopf ist mit einem Kopfputz umwickelt, ihre Zähne sind rötlich schwarz vom Betelnußkauen. Sie sehen völlig anders aus als Thailänder, viel zäher und drahtiger. Die älteren Frauen, die nicht mittanzen, haben knotige, klauenartige Hände. Diese Menschen sind so unübersehbar Teil des Landes, in dem sie leben, sie sind Wurzeln, die in die Sonne, den Wind und den Regen hineinwachsen.

Männer schlagen bronzene Trommeln. Seltsam und metallisch unirdisch vibriert die Musik in der Luft, weht zitternd in grüne und rote Stille hinein. Jemand bläst in eine fünfreihige Bambusflöte. Die Musik weht nicht davon, sondern bleibt bei uns, ist ihr eigenes Echo. Zuerst tanzen sie ganz langsam in einem anmutigen, rituellen

Rhythmus, biegen die Finger von den offenen Handflächen zurück. Die Menschen um sie herum singen Geschichten, die ich nicht verstehe. Sie wechseln fließend von einem Tanz zum nächsten, erzählen dieselben Geheimnisse wieder und wieder, ohne jedoch irgend etwas zu verraten. Ihre Gesichter bleiben verschlossen. Bronzene Worte, ihre Worte, der tiefe Singsang der Flöte, die Sprache ihrer Schritte auf der Erde – das alles verbindet sich zum Puls eines Lebens, das uns Zuschauern immer verborgen bleiben wird. Sie tanzen so selbstverständlich, wie Regen vom Himmel fällt.

Sie tanzen das Gras in seine eigene Erde, tanzen es flach und glitschig, wirbeln umeinander herum, begegnen sich, trennen sich wieder, drehen sich in schwarzen, buntgeränderten Kreisen zum Bimmeln kleiner Glöckchen. Sie tanzen, bis der Regen ihnen gebietet aufzuhören. Dann brechen sie ganz plötzlich ab, werfen sich die Bronzetrommeln über die Schultern und wickeln ihre Bambusflöten in alte Lumpen. Lachend und fröhlich hasten sie, ihre Kinder auf den Armen, auf den alten Lastwagen zu. Fünfzehn Personen verschwinden so plötzlich, wie sie aufgetaucht sind. Der Lastwagen entfernt sich hustend, schwankend und vom Regen gepeitscht. Meh Dang läuft die Handtasche über dem Kopf zum Markt. Ich schleiche verstohlen auf die Bäume zu.

Der Klang der Bronze hat eine Stelle an meinem Schädel weichgeklopft. Mein Kopf fühlt sich hohl an, leicht wie eine Eierschale. Ich trete zwischen die feinstämmigen Nadelbäume – die ersten, die ich in Thailand zu sehen bekomme – und nähere mich dem Steilhang. Der Geruch nach Regen und Kiefern erinnert mich an Kanada, aber die Wirklichkeit meiner Heimat läßt sich unmöglich mit dieser hier vergleichen. Hier fühle ich mich Welten entfernt von Thailand. Aber Nordamerika ist noch ferner. Ich kann nicht an Kanada denken, ohne eine leise Furcht vor Schnee, Gabeln, Vororten und Beton zu spüren.

Während ich den Blick über die Berge schweifen lasse, schleichen sich Kinder von hinten an mich heran. Sie kommen einzeln, bis schließlich acht oder neun sich hinter mir versammelt haben. Sie verstecken sich hinter den Bäumen, einige von ihnen tragen Babys auf dem Rükken. Als ich sie rufe, weichen sie scheu wie Wildkaninchen zurück. Ihre Füße sind nackt und mit Schlamm und kleinen Zweigen verklebt, aber sie lachen, vermutlich über mich, die *falang*, die draußen im Regen steht. Drei oder vier von ihnen haben aufgeblähte Bäuche, und ihre Arme und Beine sind sehr dünn.

Als alle anderen davonlaufen, bleibt ein Mädchen mit hellbraunem Haar zurück, sie hockt in ihrem Tarnanzug aus schmutzigen Kleidern und ebenso schmutziger Haut auf dem Boden. Ich bemerke sie erst, als ich mich tiefer zwischen die Bäume wage. Sie hält zwei kleine Steine umklammert, die sie aneinanderschlägt wie die Bronzespieler des Bergstammes. Als ich sie anlächle, lächelt sie mit schiefem Mund zurück, die Zähne faulen jetzt schon in ihrem Kiefer. Ich drücke ihr ein paar Münzen in die Hand, und sie verneigt sich zum Dank. Ich spreche sie auf Thailändisch an, aber sie versteht mich nicht. Sie ist Chinesin. Sie wirft die Steine fort und läuft davon, in dieselbe Richtung, in der bereits ihre Freunde verschwunden sind. Plötzlich stolpert sie und stürzt mit einem dumpfen Aufprall und einem trockenen Husten. Noch bevor ich bei ihr bin, hat sie ihre Münzen bereits wieder eingesammelt, sich mit dem Arm das Gesicht abgewischt und läuft weiter, noch schneller als zuvor. Ihre schmutzigen Fußsohlen winken mir zu, dann sind sie verschwunden.

Ich höre Meh Dang rufen. »Kalen! Kalen! Wo bist du? Ich will nicht in den Wald gehen! Komm her!« Am Rand der Lichtung stoße ich zu ihr. Als sie mich sieht, verzieht sie das Gesicht und stöhnt. »Wie häßlich, wie häßlich.« Sie bricht einen Ast von einem Strauch ab und schnippt die Raupen von meinem Rücken. »Darum will ich nicht in den Wald, verstehst du?« Die Raupen sind schwarz und haarig und fünf bis acht Zentimeter lang. Ich beuge mich vor und schüttle ein halbes Dutzend aus meinem Haar.

Wir reisen wieder ab. Es bleibt uns nichts anderes übrig, weil wir nicht hierher gehören. Ich bekomme kaum Luft, als wir die Berge verlassen. Ich lehne mich aus dem offenen Wagenfenster und präge mir die Pfade ein, die okkerfarbenen, in den Berghang gehauenen Stufen. Jede Schneise in der grünen Mauer führt irgendwohin. Alles hat eine Bedeutung, einen Namen, den ich nicht kenne. Die Perlenschnüre und die Bögen, die die Finger der Tänzer beschrieben haben, haben Dinge erklärt, die ich nicht verstehen konnte. Die Erntezeit für die mageren Erträge der steilen Felder ist ein Geheimnis. Es erscheint mir schon wie ein Wunder, daß sich so unwirtlichen Bergen überhaupt Nahrung abringen läßt. Würde ich mich hier verlaufen, wäre ich innerhalb einer Woche verhungert; ich würde zu einer verschrumpelten Haut schrumpfen und mich im Dornengestrüpp verfangen. Schlangen würden in meinem Brustkorb nisten.

Wir gleiten schweigend immer tiefer. Unsere Köpfe sind leicht vom bambusdurchwobenen Nebel. Wir fahren davon und treffen wieder auf weichere Erde, Erde, wie wir sie kennen. Ich kann wieder freier atmen, als wir die dünne Bergluft hinter uns gelassen haben. Meh Dang summt ein Lied und entspannt sich auf den flachen Straßen. Als wir Chiang Rai erreichen, kommt es mir vor, als würde ich in eine Stadt zurückkehren, die ich schon immer geliebt habe. Hier sind die Kinder inzwischen auf dem Heimweg von der Schule, sie bevölkern in ihren vertrauten blau-weißen Uniformen die Straßen und schwenken ihre Schultaschen wie meine Freunde in Nareerat. Ihre weißen Socken sind trotz der Pfützen auf der Straße sauber. Die vertraute Szenerie der Straßen bricht auf und schlägt mir entgegen: am Eingang zum Markt drängen sich gelbe und blaue Schirme, und um die Stände herum herrscht reges Treiben, belebt von den leuchtenden Farben der Kleider und Früchte.

Mein Leben hier war so leicht, daß der Gedanke, auf dem Maysalong zu leben, mich niederschmettert.

Thailand hat die Welt in einen großen Splitter verwandelt und unter meine Haut gebettet. Ich denke nicht an ein einzelnes Land, ich denk in einem schwer zu handhabenden weiten Blickwinkel an sie alle. Ich bilde mir gern ein – manchmal glaube ich sogar daran –, daß jede Grenze zwischen den Menschen überquert werden kann, daß wir durch unsichtbare Bande, die jede Entfernung überspannen, miteinander verbunden sind. Meine Haut spannt sich über die Erde. Ich denke an Atlanten und erinnere mich gleichzeitig an Geschichte und Zukunft.

Ich werde nie das Skelett vergessen, das mit dem Pony unterwegs war. Ich werde die Bettler und die barfüßigen Kinder nicht vergessen, obwohl ich nicht genau weiß, warum es so wichtig ist, mich an sie zu erinnern. Warum schenke ich Details, die ich doch nicht ändern kann, solche Aufmerksamkeit? Warum sehe ich diese Dinge mit solcher Klarheit? Bin ich nur hier, um zu sehen, im einen Augenblick staunend und im nächsten abgestoßen?

Wir sind wieder in dem Holzhaus, und ich bin immer noch wach. Meh Dang schläft selig auf der anderen Matratze. Ich schreibe diese Zeilen im schwachen Mondlicht. Schlaflos in Chiang Rai. Nicht einmal im Land der Froschkonzerte und der flüsternden Zikaden gibt es einen Laut, der sanft genug wäre, mich einzulullen. Ich bin müde, aber ausdauernd. Im Schatten des Moskitonetzes kneife ich die Augen zusammen, um zu sehen, was ich schreibe. Es ist nicht der Wunsch zu schreiben, der mich wachhält, es ist mein Verstand. Ich sehe Truppen grünhäutiger Berge vor meinem geistigen Auge vorbeimarschieren, die Gesichter knochiger Menschen, Bronzetrommeln, Kinder, die Steine aneinanderschlagen. Und zwischen all diesen Bildern verbirgt sich kein Schlaf. Ich frage mich, was die Kinder von Maysalong gerade träumen.

30. Juli

Auf der Rückfahrt nach Denchai hält der Bus an einem Markt am Straßenrand mitten zwischen Pyramiden grüner Kokosnüsse, Tischen, auf denen sich Berge von Bananen türmen, und Woks mit brutzelndem Öl. Hunderte von Menschen haben ihre Wagen und Motorräder entlang des schmalen Highways geparkt. Es ist ein waldiger Abschnitt – vornehmlich Teakbäume –, und ein Fest scheint in Gange zu sein. Fremde lachen gemeinsam; Männer mit langen Stangen und Netzen laufen umher. Das unablässige laute Zirpen der Zikaden unterstreicht die allgemeine Erregung noch.

»Was machen denn all diese Leute hier?« frage ich.

»Ach, sie fangen *jakjan*.«

Ein Mann läuft mit ausholenden Schritten über die Straße. Er trägt seine Stange wie ein Speerwerfer und hält eine Plastiktüte hoch. »Fünfzig, ich habe fünfzig Stück!« ruft er. Meh Dang lacht. Wir gehen zu einer Menschenmenge, die sich um einen der Woks versammelt hat, hinüber. Plötzlich geht mir auf, was *jakjan* sind. Der Läufer schüttelt seine Tüte und öffnet sie über dem heißen Öl. Dutzende benommener Zikaden fallen in den Wok und verwandeln sich sogleich in knusprige schwarze Happen. Ich bekomme eine Gänsehaut und gebe einen sonderbaren Laut von mir. Meh Dang erklärt den Umstehenden: »Die *falang* hat so etwas noch nie gesehen.« Sie drehen sich um und sehen mich an, und einer der Männer macht einen Scherz über Kentucky Fried Chicken. Ich starre in den Wok. Die Zikaden sind etwa fünf Zentimeter lang. Als sie durchgebraten sind, fischt eine junge Frau sie mit einem Schöpflöffel aus dem Öl, läßt sie abkühlen und verteilt sie an die Umstehenden.

Und die Leute essen sie. Überall um mich herum kauen Leute fritierte Zikaden. Meh Dang nimmt sich eine, bricht sie auf und reicht mir einen Flügel. Sie schiebt sich den Rest in den Mund, verzieht ein wenig das Gesicht, schluckt aber. »Etwas zu durch, denke ich.« Ich halte immer noch den schwarzen Flügel in der Hand und sehe sie angewidert an. Sie kichert. »Kalen, das bringt Glück. Und der Flügel schmeckt sowieso nach nichts. Probier doch.« Plötzlich geht eine der Beutetüten auf, und eine ganze Schwadron von Zikaden fliegt auf mich zu. Ich lasse schreiend meinen glücksbringenden Flügel fallen und wehre mit Händen und Füßen die Insekten ab. Ich laufe zum Bus zurück. Die Thais lachen und schlagen sich auf die Knie. Meh Dang brüllt vor Lachen. Sie kommt auf mich zu und ist ganz außer Atem vom Lachen. »Kalen, Kalen, Kalen, verzeih mir, ich wollte dich nicht erschrecken.« Sie kauft mir eine gekühlte aufgeschlagene Kokosnuß mit einem Strohhalm. »Hier trink das. Wir fahren jetzt zurück nach Denchai. Du brauchst kein *jakjan* zu essen.« Wieder mischt sich Gelächter in das Summen der Zikaden. Sie steigt in den Bus und wischt sich die Lachtränen aus den Augen. »Aber es bringt Glück, sie zu essen, weißt du. Wir brauchen alle Glück, oder? Vielleicht wirst du dieses Glück eines Tages brauchen.« Sie zwinkert mir zu und setzt sich. Bald darauf haben auch die anderen Fahrgäste ihre Plätze wieder eingenommen, und wir lassen das Insektengelage hinter uns.

ZWÖLFTES KAPITEL

4. August 1987

Jeden Tag passiert etwas, und ich habe keine Zeit, es aufzuschreiben. Doch auch wenn ich etwas nicht niederschreibe, glaube ich, daß ich besagten Tag, diesen Augenblick, die Worte aus dem lachenden Mund nie vergessen werde. Es gibt so vieles, was ich nicht aufgeschrieben habe und noch vieles mehr, was ich nicht einmal berührt habe. Die Tage vergehen jetzt wie im Flug. Ich fürchte mich davor, eines Tages aufzuwachen und festzustellen, daß ich alt geworden bin. Ich werde in die Vergangenheit blicken und wissen, daß die ganzen Jahre, die ich gelebt habe, nur einige wenige lange Augenblicke waren, und ich nie genug wissen werde. Ich habe die Fluggesellschaft in Bangkok angerufen, um meinen Flug zu bestätigen – der 19. August, zwei Tage vor Ablauf eines vollen Jahres. Ich will nicht zurück.

Entlang der Straßen, auf den wilden morgendlichen Fahrten nach Prae oder zum Markt, sogar wenn ich am Morgen über die Brücke radle – wieder und wieder begegne ich Geschichten und ziehe an ihnen vorüber, weil nicht genug Zeit ist, die Gefühle zu spinnen und zu Worten zu weben. Ich bin zu lebendig, und die Tage stehen niemals still.

Ich radle hinaus auf die Felder und begegne zwei Frauen. Während sie sich am Brunnen waschen, erwacht ein Grashalm zum Leben und gleitet auf die Steine. Die Frauen kreischen, der Wind bläst vom Himmel herab, und fünf sandfarbene Hunde laufen über das Feld. Mit Bewegungen wie aus einem Tanz schlagen die Frauen mit Stöcken auf die gefleckte grüne Schlange ein. Sie ist anderthalb Meter lang, dick wie eine Segelleine und liegt reglos und blutig auf den Steinen. Das lange Haar der Frauen gleitet über ihre Schultern und fällt ihnen ins Gesicht. Ihre *pasins* sind mit zinnoberroten, blauen und gelben Blüten bedruckt, der Himmel hinter ihnen ist rot-grau gefleckt vom Regen. Als eine der Frauen die Schlange auf einen Stock spießt und über dem Kopf kreisen läßt, springen die Hunde bellend in die Luft, ihre Bäuche sind cremeweiß. Als die Schlange über sie hinwegstreicht, stürzen sie ihr nach, knurren und schnappen.

All dieses phantastische Grauen spielt sich innerhalb von Sekunden ab, auf einem Reisfeld hinter dem Kloster. Die Frauen beugen sich wieder über das Wasser. War die zuckende Schlange real? Habe ich sie wirklich gesehen?

Werde ich mich an diesen Himmel und die Menschen darunter erinnern? Ajahn Champa hatte recht, als sie vor einem Jahr sagte (vor einem Jahr? Warum ist die Zeit bloß so schnell vergangen?), daß Thailand mir wie ein Traum vorkommen würde. Das tut es bereits, aber es ist ein Traum, den ich tagtäglich lebe. »Bald wird Kanada für dich wieder real sein«, sagte sie letztens. Kanada. Kanada. Ich schiebe das Wort über meine Zunge. Das Land der kalten Felsen. Bin ich wirklich dort geboren?

Ich glaube jetzt alles, nehme es wortwörtlich, wenn neue Marktfrauen mich fragen, woher ich komme. Ohne nachzudenken, entgegne ich »vom Fluß« oder »aus der

Schule«, »vom Tempel«. Ich erwäge nicht einmal ein anderes Land. Dieses hier ist genug.

Kanada? Das Wort ist eine einzige Frage.

8. August

Ich bereite mich auf die Abreise vor. Ich grabe in den Dingen, die ich im Laufe dieses Jahres angehäuft habe: Papiere, Bücher, Seidenkleider, Silberschmuck, drei Saphire, Briefe, goldverzierte Holzkästchen, eine Opiumpfeife mit Elefantenkopf, Zauberschuhe, Löwenschnitzereien, getrocknete Mohnkapseln. Ich nehme Thailand mit nach Hause. Zwei große Kisten sind bereits per Schiff unterwegs. Nachdem ich mit dem Rotary Club und Ajahn Champa gesprochen habe, wurde mir gestattet, die letzten fünf Tage bei Goong und seiner Familie in Bangkok zu verbringen. Ich rufe meine Freunde in Chiang Mai und den Anwalt Surapong in Chiang Rai an.

In Nareerat halte ich während der Morgenversammlung eine Ansprache und scherze darüber, daß ich die Schuluniformen immer noch hasse, vor allem die Schuhe. Alle lachen bei der Erinnerung an die zwei Paar Schuhe, die in diesem Jahr auf wundersame Weise aus den Fluren verschwunden sind. Ich spreche davon, was ich alles in Thailand gelernt habe, davon, wer ich hier geworden bin und wie verändert ich mich fühle. Natürlich läßt sich nicht in Worte fassen, was ich ihnen wirklich sagen will. Ich weine, als ich sage: »Ich weiß nicht, wann ich wiederkommen kann.« Die Kinder und Lehrer von Nareerat murmeln und klatschen. Wieviele Namen kenne ich hier? Wieviele Menschen habe ich kennengelernt? Die runden *chedis* der Tempel heben sich golden vom blauen Himmel über Prae ab. Die Palmen sind plötzlich wieder bemerkenswert.

Alles, was ich in diesen letzten Tagen tue, ist bedeutungsvoll. Ich bewege mich sehr langsam, sehr vorsichtig, mir jeder Handbewegung bewußt, auf den Geschmack all dessen achtend, was ich esse, darauf, wie es sich anfühlt, wenn kaltes Wasser auf meinen Rücken spritzt. In all das mischt sich auch Freude, wenngleich ich glaube, daß die Freude vor allem aus dem glitzernden Staub der Erregung entsteht. Ich werde mittags und abends zum essen eingeladen; ich besuche Rosengärten und kleine Landhäuser, die den Rotary-Club-Mitgliedern gehören, elegante Behausungen mit Marmorböden und mit Orchideen geschmückten Räumen. Ich verbringe die Mittagspause in der Schule mit Siphon, Dewey, Chet, Lin. Sie haben mich tatsächlich dazu gebracht, Zikaden zu essen. Wir singen auf den Fluren Lieder aus dem Norden und trommeln an die Türen. Gemeinsam mit den Lehrern feiere ich im Lehrerzimmer der Englisch-Abteilung meinen Abschied. Wir essen *som-tam*, das scharf genug ist, einen Skorpion umzubringen. Ich bedauere, daß ich in Thailand nicht auf Schlaf verzichten konnte. Ich hätte rund um die Uhr wach sein, hätte mehr lernen müssen.

Ich sage mir: Kanada ist sauber, jung und wild, dort gibt es Weite, mehr Freiheit, und niemand wird mich wegen meiner weißen Haut anstarren. Aber meine zweite

Hälfte entgegnet, daß ich diese Menschen aus dem grünen Land liebe, wie ich noch nie jemanden geliebt habe, nicht einmal meine eigene Familie. Ich will nicht mehr Raum und auch nicht mehr Freiheit. Ich will nur eins: mehr *Zeit*.

11. August

Regen. Es gießt. Regen prasselt in gnadenlosen Bataillonen aus den rötlichen Wolken. Blitze zucken herab wie bläulich-weiße Peitschen. Kwan und Nong Meh lehnen sich aus den Fenstern des Ladens und strecken mit fröhlichem Kreischen die Hände hinaus in das kalte Wasser.

Eine Stunde später sind die Wolken wieder weiß und blähen sich meilenweit in den Himmel. Als ich in die Stadt gehe, spritzt bei jedem Schritt Schlamm an meine Beine. Am Rand von Denchai stelle ich fest, daß das Rinnsal zu einem braunen, schäumenden Strom angeschwollen ist. Ganze Baumstämme schwimmen vorbei, dann eine Plastiktüte, ein durchweichter Staubwedel. Ich gehe am steilen Ufer entlang, bis ich die Stelle erreiche, an der die Kinder schwimmen. Sie springen von einem überhängenden Baum aus in den Strom und packen dann nach seinen Ästen, wenn sie an ihnen vorbeigetrieben werden. Die Wasserströmung ist hier nicht sehr stark, und die Kinder fürchten sich nicht. Sie spielen Fangen. Sieben kleine Jungen verwandeln sich in anmutige Wassertiere, deren glänzende Leiber nur flüchtig an der Wasseroberfläche auftauchen, um gleich wieder in den Fluten zu versinken. Ich sehe ihnen lange zu und lache, wenn sie auf dem Baum ausrutschen und ins Wasser fallen oder einander geduldig wie Krokodile auflauern und erschrekken.

Die Wolken ziehen höher in den strahlenden Himmel. Eine schwere Decke aus Licht liegt auf meinem Gesicht und meinen Schultern. Zweimal sehe ich eine schwarzgestreifte, beigefarbene Eidechse im Gebüsch am Flußufer, aber sie verschwindet gleich wieder. Die Häuser am Wasser sind schlichte Holzhütten, umgeben von Hühnern und Hunden. Ein Hahn mit glitzernden Schwanzfedern plustert seinen roten Federkragen auf und kräht über das Tosen des Wassers hinweg. Die Frau, die gebackene Bananen verkauft, winkt mich herüber, und wir plaudern eine Weile. Wie immer kaufe ich eine Tüte gekochter *glu-aye kai*. Als sie erfährt, daß ich in weniger als einer Woche abreise, stößt sie einen Schrei aus und gibt mir mein Geld zurück. »Oh, wie traurig! Wer wird dann meine Bananen kaufen? Wer wird die Elefanten in Denchai photographieren?« Sie ruft ihren Sohn herbei, einen jungen Mann, den ich aus der Autowerkstatt kenne, wo er mir einmal eine gerissene Kette gelötet hat.

Die Bananenverkäuferin fragt: »Wohin willst du jetzt? Sag. Mein Sohn wird dich fahren. Du brauchst nicht zu laufen. Wohin möchtest du?«

»Ich gehe nur spazieren«, erwidere ich.

»Nein, nein, der Boden ist ganz schmutzig. Jop wird dich fahren.«

Anstatt weiter zu protestieren, nehme ich Bananen und Fahrt an und sage Jop, daß ich zur Hängebrücke möchte. »Bis dorthin wolltest du laufen!« ruft seine Mutter. »Das sind zehn Kilometer!«

Vermutlich wäre ich nicht soweit gegangen; die Sonne schwebt bereits als roter Ball über der Erde, und bald wird es dunkel. Aber jetzt, da Jop mich fährt, schaffe ich es locker bis zur Brücke und zurück, ehe die Nacht anbricht.

Er schiebt sein Motorrad vom Haus herüber. Es ist ein richtiges Motorrad und kein kleiner Roller. Und er ist sichtlich stolz darauf. Sobald wir außer Sichtweite seiner Mutter sind, gibt er Gas und rast den letzten Teil der gepflasterten Straße hinunter. Als wir die Felder erreichen, stelle ich fest, daß er es liebt, durch Pfützen zu fahren. Er entschuldigt sich, aber ich schreie über das Dröhnen des Motors hinweg: »*Mai pen lai!* Der Schmutz macht mir nichts!«

»Hast du Angst?«

»Nein!« brülle ich ihm ins Ohr und gebe ihm freie Hand. Sein Leichtsinn ist nicht größer als seine Geschicklichkeit, sage ich mir, wenn die Räder den Bodenkontakt verlieren. Wir lassen Denchai hinter uns, und rotes Wasser und Schlamm spritzen unter uns auf. Das Licht ist jetzt ideal, streicht mit samtiger Hand über die Felder und die blauen Berge in der Ferne. Der Reis ist auf einigen Feldern noch jung und grün, während er auf anderen bereits reif und rot-golden ist. Männer mit Pflügen, die von Wasserbüffeln gezogen werden, waten bis zu den Schienbeinen durch den Schlamm.

Als wir die hohe Hängebrücke erreichen, versinkt die Sonne wie rote Lava hinter den Bergen. Jop läßt das Motorrad am Flußufer stehen, und wir gehen gemeinsam hinüber und bringen die Stahlseile zum Schwingen und Ächzen, indem wir auf und ab springen. Ich beuge mich über das Geländer und starre hinab auf das tosende Wasser. Der Fluß ist hier immer tiefer und breiter als in Denchai. Ich bin schon mit Lin, Deh und Boh hier schwimmen gewesen.

Am anderen Ufer sagt Jop, er hätte einmal eine Frau gekannt, die exakt an dieser Stelle gestorben wäre. Schlangenbiß. Als wir den Pfad entlanggehen, halte ich den Blick auf das Gras gerichtet. Er lacht. »Ich bin sicher, daß dich keine Schlange beißen wird. Keine Angst.« Die Blumen an den Ufern haben sich in der abendlichen Kühle geöffnet, und ihr dezenter Duft parfümiert die Luft. Eine kleine, lilafarbene Blume riecht wie Maiglöckchen. Als wir eine wilde Jasminpflanze entdecken, sagt Jop, ich solle die Blüte nicht berühren, weil das Unglück bringen könnte. Ihr Duft ist jedoch berauschend, und wir atmen ihn gierig ein, bis wir von den Mücken vertrieben werden.

Als wir nach Denchai zurückkehren, fragt Jop, ob ich noch woanders hin möchte. Ich bitte ihn, mich zu dem Kloster zu fahren, wo ich den australischen Mönch kennengelernt habe. Es kommt mir vor, als läge das eine Ewigkeit zurück. Ich kann mich kaum noch erinnern, worüber wir an jenem Tag gesprochen haben, an dem ich noch solche Schwierigkeiten mit dem Thailändischen hatte. Wir lassen das Motorrad zum Abkühlen in einiger Entfernung des Klosters stehen und gehen zu Fuß weiter. Die Mönche sind gerade bei ihren Abendgesängen im Haupttempel. Pali-Rhythmen erheben sich in die Nachtluft. Es gibt auf der ganzen Welt keinen vergleichbaren Klang. Ihre

Stimmen könnten Gold schmelzen. Durch die Tempelfenster sehen wir den Abt und seine Mönche mit gekreuzten Beinen im Kerzenschein sitzen, die Gesichter leuchten offen über ihren safranfarbenen Kutten.

Wir folgen der Straße zum kleineren Tempel, streifen schweigend die Schuhe ab und betreten das schmale Gebäude mit der hohen Decke. In der Nähe der Tür schimmert ein Licht. Motten und Mücken umschwirren es und werfen tanzende Schatten an die gegenüberliegende Wand. Szenen aus *jakata* – den früheren Leben des Buddha – baumeln von den Wänden und der Decke. Ihre strahlenden Farben trotzen der Dunkelheit. Jop zündet einige Glücksstäbchen an und legt ein paar Münzen in die Sammelschale neben dem Schrein. Wir knien uns auf den Boden und verneigen uns dreimal tief vor dem Prinzen, der im Kerzenlicht beinahe aussieht, als wäre er aus Fleisch und Blut. Wir verlassen den Tempel sehr langsam, wie ein alter Mann und eine alte Frau. Wir haben in der vergangenen Stunde nicht mehr von uns gegeben als einzelne Silben. Als er mich am Laden absetzt, verneigt er sich sehr förmlich und fährt wortlos davon. Es hat wieder angefangen zu regnen, wenn auch nur ganz leicht. Fröstelnd gehe ich ins Haus.

13. August

Pla und ich sitzen draußen vor dem Laden und sehen zu, wie die Menschen auf Fahrrädern und in *songtows* von der Arbeit kommen. Schulkinder laufen an uns vorbei.

Pla nimmt meine Hand. Ihre Haut ist ganz weich, und es ist kaum ein Knochen zu spüren – anders als meine eigene harte Hand mit den groben Knöcheln. Seit Monatsanfang haben wir jeden Morgen und die meisten Abende gemeinsam verbracht und versucht, die Lücken einer Freundschaft auszufüllen, für die wir beide nicht genug Zeit hatten. Pla ist oft melancholisch, ganz anders als alle anderen Thailänder, die ich hier kennengelernt habe, aber manchmal vergißt sie ihre Niedergeschlagenheit. Dann waschen wir gemeinsam Wäsche, gehen uns ein Eis kaufen oder beklagen uns gutgelaunt über die Tyrannei der Thai-Männer. Jetzt sitzen wir da und beobachten, wie der Abend auf den Marktplatz zuhastet.

»Morgen reise ich ab.« Natürlich weiß sie das, so wie fast jeder in Denchai. Ich kann es immer noch nicht fassen. Wenn ich die Männer auf der anderen Straßenseite Reissäcke abladen und in Nois Laden schleppen sehe, kann ich mir nicht einmal vorstellen, sie nicht mehr sehen zu *können*. Der Sog von Zeit und Ort ist zu stark für mich: Kann es Kanada überhaupt geben? Der Mittelpunkt der Welt ist diese kleine Stadt; die Kinder auf dem Badmintonplatz, die sich über meine schwache Rückhand kaputtlachen; Meh Dang, die herumschreit; Beed, die ihrer Tochter etwas vorsingt; Ajahn Champa, die wie eine Weise lächelt. Namen schießen mir durch den Kopf, Namen von Dutzenden von Menschen und die namenlosen Gesichter, die ich tagtäglich sehe.

Pla läßt meine Hand los und steht auf, um einem Kunden in den Laden zu folgen. Sie sagt: »Ich weiß, daß du morgen abreist. Und ich bin traurig. Dann werde ich wieder allein sein.«

Ihre Worte bewirken eine seltsame körperliche Reaktion bei mir; mein Herz verrutscht in meiner Brust und kommt aus dem Takt. Meh Somjit hat mir heute morgen genau dasselbe gesagt, als ich ihr geholfen habe, die Wäsche abzuhängen.

14. August

Die Lehrerinnen aus Prae sind gekommen. Yupa, Sangkaya, Peroontip und Glanjanaa. Ajahn Champa wird sich am Flughafen von Bangkok von mir verabschieden. Meh Dang ist hier, meine beiden Familien, Beed, alle meine Freunde und die Mitglieder des Rotary Clubs mit Geschenken und Visitenkarten. Es müssen an die hundert Menschen auf dem Bahnsteig sein, die alle durcheinanderreden, ihre Adressen aufschreiben, mir alles Gute wünschen und Photos machen.

Meine riesigen Reisetaschen sind sicher verstaut, als der Zug pfeift. Meh Dang schluchzt wie ein professionelles Klageweib. Ich umarme so viele Menschen, wie ich nur kann, bevor ich den Zug besteige, und der Schaffner erlaubt mir, mich aus dem Fenster zu lehnen, um zu winken. Der Wind, die Gleise unter mir, die lebendige Hitze des Zuges, der immer schneller wird ... und dann bin ich fort. Ich höre den Schaffner sagen: »Ich habe Angst, daß du hinausfällst.« Inzwischen kann ich den Bahnsteig nicht mehr sehen, Denchai ist verschwunden, und ich weine und weine, weil ich mich fühle, als hätte ich diese sanften Menschen für immer verloren.

18. August

Die Tage in Bangkok habe ich in den *klongs* verbracht, in den Tempelhöfen, mit einer letzten Flugbestätigung, einem kurzen harmlosen Besuch bei Bom (und seiner Freundin). Goong, seine Freunde und ich geben heute abend eine Party mit Champagner, Tanz und einer verrückten Fahrt durch das Rotlichtmilieu. Bangkok hatte seine ganz eigene Art, mir auf Wiedersehen zu sagen: Auf einem im Bau befindlichen Autobahnabschnitt inmitten riesiger, orangefarbener Bulldozer und geheimnisvoller Straßen, die sich in der Dunkelheit verlieren, entdecken wir einen großen Elefanten, dessen Haut im grellen Licht der Straßenbeleuchtung elfenbeinfarben schimmert. »Ein Geisterelefant!« ruft Goong. »Ein Geisterelefant.« Aber ich finde, daß er recht lebendig aussieht. Ein weißer Elefant um Mitternacht. Ich weiß nicht, was der thailändische Wahrsager davon halten würde, aber das *muß* einfach Glück bedeuten.

Es ist nach zwei Uhr früh und bereits der 19. August, der Tag meiner Abreise. Nachdem wir alles gesagt haben, was wir zu sagen hatten, bleibt uns nichts anderes zu tun, als unter der nackten Glühbirne in der Küche zu sitzen und den leisen Schritten der Kakerlaken zu lauschen. (Zuerst glaubte ich nicht, daß man sie hören kann, aber dann hat Goong mir gezeigt, wie es geht. Wir haben beide die Luft angehalten und uns ganz aufs Hören konzentriert. Und es hat funktioniert; sie sind überall.) Schließlich, als wir auch diesen wunderbaren Zeitvertreib leid werden, gestehen wir uns ein, daß wir ins Bett müssen. Goongs Eltern kommen um sieben vorbei, um mich zum Flughafen zu fahren.

»Und du kommst ganz sicher wieder?« fragt Goong.

»Ja, natürlich komme ich wieder.«

»Versprichst du, daß du wiederkommst?«

»Ich habe gar keine andere Wahl. Was ist mit dir? Wann kommst du wieder nach Kanada?«

»Ich weiß nicht, aber ich komme bestimmt.«

»Siehst du? Mir geht es genauso.« Trauer hängt jetzt zwischen uns, und etwas wie Bedauern. Aber wie ist das möglich, da wir doch nichts getan haben, was wir bedauern müßten? Plötzlich sind wir beide schrecklich müde.

»Wovon wirst du heute Nacht träumen?«

Ich werfe ihm einen sonderbaren Blick zu. »Ich weiß nicht. Ich weiß nie im voraus, was ich träumen werde.« Pause. Er lächelt leise. Ich hebe die Augenbrauen und frage: »Weißt du denn, was du heute nacht träumen wirst?«

»Natürlich.«

»Und das wäre?«

»Ich werde vom Lake Louise und dem vielen Schnee träumen.«

»Machst du Witze?«

»Nein. Es ist wie mit den Kakerlaken! Was hast du eigentlich auf der Schule gelernt?« Er lacht. »Bevor du einschläfst, mußt du an das denken, wovon du träumen willst, Szene für Szene, und es laut aussprechen. Wenn du auf Englisch träumen willst, sag es in Englisch. Wenn du auf Thailändisch träumen willst, sag es in Thailändisch. Dann sagst du dir beim Einschlafen immer wieder ›träume das‹. Und dann wirst du diesen Traum auch träumen.« Triumphierend steht er auf. Ich mustere ihn immer noch mit sonderbarem Blick. »Glaub mir!« Er zieht mich von meinem Stuhl, und wir umarmen uns.

Im Bett denke ich an morgen – oder besser heute – früh. Ich weiß jetzt schon, daß ich Dutzende von Taschentüchern brauchen und auf dem ganzen Heimflug eine dunkle Brille tragen werde. Ich werde mich durch ein Dutzend Zeitzonen schluchzen, über den Pazifik, über die Welt. Aber davon möchte ich nicht träumen; das wird bald genug Wirklichkeit sein. Statt dessen denke ich an meine Schule in Prae, an die eleganten, blaßgrünen Gebäude, meinen unmöglichen Tanzunterricht, die Rhythmen der Bergstämme, die durch die Flure hallen. Ich denke an den Klang der Schule selbst, an ihre Musik, den Puls der Schüler und Lehrer, die die Treppen hinauf und hinunterhasten, murmeln, lachen. Und ich denke: ›träume das, träume das!‹

Und das tue ich. In dieser Nacht sehe ich Ajahn Champa allein im Englischzimmer arbeiten. Cremeweiße Rosen stehen auf ihrem Schreibtisch, und durch die offenen Fenster weht eine sanfte Brise herein. Als sie mich sieht, lächelt sie und fragt auf Thailändisch: »Möchtest du jetzt gehen?« Ich träume, daß wir gemeinsam die Treppe hinunter zur Morgenversammlung gehen. Tausend schwarzhaarige Kinder singen auf den Feldern von Nareerat.